北京师范大学全球环境政策研究中心（CGEP）系列丛书

中国省级林业绿色经济评价研究

毛显强　赵海兰　何　峰　邢有凯　刘丰赫　著

中国环境出版集团・北京

图书在版编目（CIP）数据

中国省级林业绿色经济评价研究/毛显强等著．—北京：中国环境出版集团，2021.3

（北京师范大学全球环境政策研究中心（CGEP）系列丛书）

ISBN 978-7-5111-4535-2

Ⅰ．①中…　Ⅱ．①毛…　Ⅲ．①林业经济—绿色经济—经济评价—研究—中国　Ⅳ．① F326.2

中国版本图书馆 CIP 数据核字（2020）第 251389 号

出 版 人　武德凯
责任编辑　李兰兰
责任校对　任　丽
封面设计　宋　瑞

出版发行　中国环境出版集团
（100062　北京市东城区广渠门内大街 16 号）
网　　址：http://www.cesp.com.cn
电子邮箱：bjgl@cesp.com.cn
联系电话：010-67112765（编辑管理部）
发行热线：010-67125803，010-67113405（传真）
印　　刷　北京建宏印刷有限公司
经　　销　各地新华书店
版　　次　2021 年 3 月第 1 版
印　　次　2021 年 3 月第 1 次印刷
开　　本　787×1092　1/16
印　　张　13
字　　数　260 千字
定　　价　60.00 元

前　言

习近平总书记提出“绿水青山就是金山银山”，为发展绿色经济指明了方向。林业既是国民经济的重要组成部门，又在保护生态环境方面具有得天独厚的优势。发展林业绿色经济是践行“绿水青山就是金山银山”理念的重要一环。

本书通过建立评价指标和方法体系，对全国31个省（区、市）（不包括香港、澳门、台湾）的林业绿色经济发展水平进行评价，希望其既能帮助我们评判当前全国林业绿色经济发展水平，又能通过比较排序，鼓励先进、激励后进，促成你追我赶的局面，进一步推动各省（区、市）林业绿色经济的发展。

本书由来自北京师范大学环境学院与国家林业和草原局经济发展研究中心的研究人员共同完成。感谢国家林业和草原局林业绿色经济评价项目的支持。对给予本书大力支持的领导和专家，特别是国家林业和草原局经济发展研究中心刘珉处长，我们表示衷心感谢！

书中难免存在遗漏和不足，恳请广大读者批评指正！

作　者

2021年1月

目　录

第1章 绪 论

1.1 研究背景

1.1.1 中国特色社会主义“五位一体”的总体布局

2012年11月，党的十八大首次提出了“五位一体”总体布局，指的是经济建设、政治建设、文化建设、社会建设和生态文明建设的五位一体。“五位一体”总体布局体现了中国共产党作为中国特色社会主义事业的领导核心，在马克思主义理论的指导下，在中国当前社会面临各种不确定性因素的情况下，对我国经济、政治、文化、社会、生态文明全面发展的总体性认识。2013年11月召开的党的十八届三中全会，围绕党的十八大提出的战略部署，进一步强调了我国的“五位一体”总体布局，指出我国必须加快发展社会主义市场经济、民主政治、先进文化、和谐社会、生态文明；2014年10月召开的党的十八届四中全会，对于“五位一体”总体布局的战略目标提出了进一步要求，强调我们必须努力实现经济发展、政治清明、文化昌盛、社会公正、生态良好，从而进一步实现中国和平发展。要把握好“五位一体”总体布局，就应在经济不断发展的基础上，不断协调推进政治、文化、社会和生态文明的建设。要建设好中国特色社会主义，必须将生态文明建设放在重要位置上，因为良好的生态环境是我们普惠的民生福祉，是人民群众的期望，如果为了经济发展而牺牲生态环境利益，那么这样的发展是我们不愿意看到的，生态环境问题折射出的也是我们的社会问题和政治问题。

习近平生态文明思想，是在对马克思主义经典理论进行充分吸收、对人类文明历史经验教训深刻总结的基础上形成的。习近平生态文明思想的核心：一是像对待生命一样对待生态环境；二是保护生态环境就是保护生产力；三是建设生态文明，要坚持系统的思路，实行最严格的生态环境保护制度。习近平总书记提到，生态兴则文明兴，生态衰则文明衰，牢固树立生态环境就是生产力的思想，这一论断准确判断了新时代生态环境保护和经济发展之间的关系，认为经济发展不再是发展的唯一指标，要求摒弃当前为了追求高速经济发展而牺牲美好生态生活环境的发展模式，提倡绿色发展、低碳发展。

林业在我国生态文明建设中占据主导地位，在改善我国生态环境过程中发挥着重要作用。一是森林、草原、湿地、荒漠生态系统，构成了陆地生态系统的主体；森林和草原作为重要的自然可再生资源，具备资源节约和环境友好的特性，为我国的循环经济、低碳经济、绿色经济做出了重要贡献。二是林业是生态文化的重要阵地，对全社会树立生态文明观具有举足轻重的作用，林业生态文化建设是我国林业建设的三大任务之一。三是人与自然和谐发展是生态文明的本质所在，林业则是人与自然和谐发展的纽带，同时也是不断推进生态文明建设的载体。根据党的十八大提出的建设生态文明的目标任务，林业部门主要承担着六项重大职责：保护自然生态系统、实施重大生态修复工程、构建生态安全格局、促进绿色发展、建设美丽中国、为应对全球气候变化做贡献。建设生态文明的总目标，要求林业部门以改善生态、改善民生为总任务，不断加快发展现代林业。

1.1.2 新时代引领中国未来发展方向的五大发展理念

党的十八届五中全会提出了五大发展理念，即创新发展、协调发展、绿色发展、开放发展、共享发展，五大发展理念丰富了马克思主义发展观，是对当前我国经济社会发展规律的深刻认识，为全面建成小康社会、中国特色社会主义现代化建设提供了理论基础和思想保障。绿色发展是相对于黑色发展、褐色发展而言的。随着中国经济在过去若干年的高速发展，环境污染成为我们当前面临的重要问题，从空气污染、水污染、土壤污染到声环境污染等，人们从未像现在这样感受到环境污染给我们带来的切身之痛。近些年来，重大生态环境事件时有发生，自然环境向我们提出了警告，敲响了警钟。绿色发展倡导人与自然和谐，解决的是人与自然之间和谐共存的问题。随着人们生活水平的不断提高，人们日益增长的美好生活需要与发展的不平衡不充分成为社会发展的主要矛盾：人们对于美好生活的需要（如新鲜干净的空气、干净透明的水、安全优质的食品以及安全优美的生活环境等）日益强烈，而环境恶化给人们生活带来的负面影响成为当前突出的民生问题。正因为如此，党的十八大将生态文明列入了“五位一体”的总体布局，同时强调，生态文明是一种发展理念，该理念的基本内涵是绿色循环低碳发展。从国际的角度来看，绿色循环低碳发展是今后产业变革的基本方向，同时也是最具前景的发展领域。我国作为世界上最大的发展中国家，推动绿色发展是必然选择，潜力和空间巨大。

习近平总书记提出的“两山理论”，即“绿水青山就是金山银山”，蕴含着丰富的绿色发展理念。首先，“既要绿水青山，也要金山银山”，经济发展固然重要，但生态环境同样重要，两个方面要同时抓。我国改革开放带来了巨大发展，伴随经济高速发展的粗放型生产与消费方式，正日益成为束缚生产力发展的桎梏。要改变过去的“先污染后治理”的做法，必须彻底转变以牺牲生态环境换取经济发展的观念，将经济发展和生态环境保护综合规划、统筹兼顾，这是时代所需、民生所向。其次，“宁要绿水青山，不要金山银山”，一些盲目的开发行为带来了严重的生态环境危机，雾霾、干旱、水灾等问题频频发生，粗放的发展道路难以为继，我们必须对自身发展方式进行深刻反省。若经济发展与生态环境保护二者之间不可兼得时，我们首先应该把生态环境保护放在首要位置，不能再无止境、无节制地向大自然索取，因为这样下去，迟早有一天将遭到大自然的报复。最后，“绿水青山就是金山银山”，美好的生态环境是人类赖以生存的基础，它是经济发展的基石，本身也是一种宝贵的自然资本，可为经济发展提供源源不断的活力。解决好人类和环境之间的关系问题，选择好正确的发展方式，就可以把美好的生态环境优势转化为良好的经济发展优势，把绿水青山转化为金山银山。

林业具有得天独厚的绿色发展特征：一是森林资源分布的普遍性。森林分布世界五大洲，不存在有和无的问题，只有多和少的差别。只要气候、土壤、水分条件允许，就可以植树造林，荒漠变绿洲，穷山变金山。森林是自然财富的源泉，是天然的绿色银行，森林为全世界所有人免费提供氧吧、碳汇等生态产品，促进社会的和谐，提高人类健康品质。二是森林产品生产的可循环性。森林资源具有再生性和循环性，依靠自然的力量，通过光合作用，生产无以计数的林产品和非林产品，是世界上最大的无人无烟工厂，源源不断地、周而复始地沿着“僻壤穷山—绿水青山—金山银山”之路进行再生产，日复一日，年复一年，为人类提供物质产品和精神产品，正所谓“青山常在，永续利用”。三是林业生态系统的多样性。我国林业草原部门管辖之下的森林生态系统、草原生态系统、湿地生态系统、荒漠生态系统及其生物多样性，构成了我国陆地生态系统的骨干框架。其中森林被称为“地球之肺”，湿地被称为“地球之肾”，生物多样性被称为地球的“免疫系统”。正是林业生态系统的良性循环，保护着地球生命的健康，保护着自然资本的生产力。四是森林产品生产和消费的低碳性。低碳经济、低碳社会、低碳生活，是当今世界的时尚，也是绿色发展的必然要求。与水泥、钢材、玻璃等传统三大原材料相比，无论是生产过程，还是消费过程，木材都具有明显的低投入、低能耗、低碳产业的特征和优势。五是森林产品市场价值的珍贵性。森林蕴藏着很多市场价值极高的林木产品，“黄金非宝，林为宝”。在市场上有“红木论吨卖，黄花梨论斤卖，沉香木论克卖”之说，说明提升森林质量，培育珍稀大径材苗木有着巨大的市场空间，探索森林可持续经营有着巨大的发展前景。林业产业的五大特征，集中体现了绿色发展的本质要求，也决定了森林是绿色发展的稀缺战略资源。

1.1.3 全球可持续发展背景下的国际生态环境治理体系

随着全球化进程的不断深入，世界各国和地区已经联系为一个整体，生态破坏、环境恶化、能源危机等生态问题已经超越单个国家的掌控，成为国际社会关注的重点问题，加快构建全球生态环境治理体系成为必然趋势。

继千年发展目标之后，2015 年 8 月，联合国 193 个会员国就 2015 年后发展议程达成一致，之后联合国可持续发展大会形成了《我们期望的未来》宣言文件，包括提出要设定 2015—2030 年的“可持续发展目标”（SDGs）。可持续发展目标包括 17 个大目标及其下的 169 个子目标，可以概括为 5 个方面，即 People（人类）、Planet（星球）、Prosperity（繁荣）、Peace（安全）和 Partnership（伙伴关系）（简称“5P”）。联合国可持续发展目标中与生态相关的内容分布在 17 大类目标中，主要内容涵盖农业、能源、湿地、可持续的生产和消费方式、气候变化、生态系统等，其中目标 15 主要涉及“保护、恢复和促进可持续利用陆地生态系统，可持续地管理森林，防治荒漠化，制止和扭转土地退化，阻止生物多样性的丧失”。同时，联合国设立高级别政治论坛来整合经济、社会和环境三方面的发展政策，升级联合国环境规划署（United Nations Environment Programme，UNEP），增加其资源和权限。在“里约+20”峰会的呼吁下，联合国大会于 2013 年 3 月通过决议，把由原来 58 个成员国参与的联合国环境规划署理事会，升级为普遍会员制的联合国环境大会。另外，以中国为代表的发展中国家，在国内生态文明建设、推动区域乃至全球合作方面取得重大成果，为全球环境治理注入新的领导力和活力。

人与自然是命运共同体，人类只有一个地球，各国共处一个世界，生态安全是全球公共产品，树立全球生态观，认同全球生态命运共同体，有利于全人类的切身利益。国际生态环境治理体系的集中体现是生态环境国际公约。林草部门牵头履行的公约有《联合国防治荒漠化公约》《湿地公约》《濒危物种野生动植物物种国际贸易公约》《国际森林文书》，此外，参与的涉林国际公约还有《联合国气候变化框架公约》《生物多样性公约》《国际植物新品种保护公约》《植物保护公约》等，在履行国际公约和维护全球生态安全方面取得了很大成就，特别是在新增造林、荒漠化防治等方面贡献突出。当前联合国可持续发展目标为林草进一步设定了硬约束，国际承诺“倒逼”约束作用，国际合作机制的引领带动作用，将带来强大的正向激励和内生动力，有利于统筹国际国内两个大局，积极推动“走出去、引进来”战略，为我国在国际舞台上树立负责任大国形象，为应对全球生态危机、加强全球生态治理，贡献林草部门的智慧和力量。

1.2 研究目的及意义

中国正处在工业化发展阶段的中后期，相当一部分生产还处在产业链的低端，经济发展相对粗放，不可持续性极为突出。党中央审时度势，及时提出用科学发展观来指导中国特色社会主义建设，并提出以转变发展方式为主线，建设资源节约型、环境友好型社会，这个发展方式的转变方向就是绿色发展。

2015 年，党中央、国务院发布了《关于加快推进生态文明建设的意见》，明确了要在“自然资源资产产权和用途管制、生态保护红线、生态保护补偿、生态环境保护管理体制等关键制度建设取得决定性成果”，丰富生态文明建设内涵的同时，也为解决经济社会发展过程中的种种问题，明确了努力方向。

面对资源约束趋紧、环境污染严重、生态系统退化的严峻形势，中国必须站在中国特色社会主义全面发展和中华民族永续发展的高度，增强生态危机意识，充分认识生态文明建设的重要性、必要性、紧迫性，抓紧实现经济社会的绿色化转型。

国际上对绿色经济及其相关概念有多种阐述。经济合作与发展组织（Organization for Economic Co-operation and Development，OECD）认为“绿色增长指的是促进经济增长和发展，同时确保自然资源能持续提供人类所依赖的资源和环境服务”。联合国环境规划署给出的定义是：“绿色经济——改善人类福祉和社会公平，同时极大地减少环境风险和资源稀缺性，具有低碳、资源节约和社会包容性的特点。”这个定义比起 OECD 对绿色增长所下的定义，增加了低碳性和社会包容性的内容。2012 年，联合国可持续发展大会（里约+20）以“可持续发展和消除贫困下的绿色经济”（The Green Economy in the Context of Sustainable Development and Poverty Eradication）为主题，提出发展绿色经济是实现可持续发展的有效工具。从国际社会看，绿色经济是人类为解决资源能源枯竭、生态环境恶化等世界性难题而发展出的新型生产方式和消费方式的总和，是世界经济转型发展的必然趋势。

随着经济社会的发展及认识水平的提高，我国在近 20 年的时间里也先后引进吸收了循环经济、低碳经济和绿色经济的理念。循环经济以生产剩余物及产出物的循环利用为特征，有利于节约资源和减少污染。低碳经济以减少和高效利用化石能源资源为特征，意在减少碳排放，有利于应对全球气候变化。而绿色经济则包含循环经济和低碳经济，在生态环境容量和资源承载力的约束条件下，绿色经济是着眼于经济、社会、生态、环境综合效益的一种新型发展模式。

林业既是生态保护和建设的主体，同时也是一项重要的绿色产业。改革开放以来，党中央、国务院高度重视林业发展，实施了一系列重大战略举措，充分发挥了林业在生态建设与环境保护中的主体作用，为生态文明建设奠定了坚实基础。

森林有着巨大的生态、经济和社会效益，林业兼有生态保护建设功能和绿色生产功能，这在所有生产部门中是一个为数不多的特例，因此具有发展绿色经济的特殊优势。难能可贵的是，林业是真正的绿色产业，其生产过程大多是纯自然、低能耗、少污染的，其产品都是可再生、高安全、易降解的。只要经营管理得当，森林的生产（供给）功能完全可以同调节、支持和文化功能相兼容。林业必然成为绿色经济的重要组成部分。发展现代的多功能林业已经是一个明显的趋势，林业在绿色经济中的地位尤为重要。

发展林业绿色经济，可以充分发挥森林对经济社会的巨大作用，是林业参与经济社会转型发展的主要内容和途径，是建设资源节约型、环境友好型社会的本质要求，对于优化经济结构、改善民生、促进社会和谐发展，都有着积极的推动作用。发展林业绿色经济，是落实“两山理论”的具体实践，对于进一步推进我国的生态文明建设、经济社会绿色化转型、提升人民生活品质具有重要意义。

绿色经济评价，是绿色经济研究的重要内容。林业绿色经济评价，是认识林业绿色经济发展水平的重要依据。采用科学的评价方法取得合理的评价结果，可以为相关部门制定和实施林业绿色发展政策、科学选择绿色发展模式提供参考依据，有利于进一步推动我国林业绿色发展，更好地服务于生态文明建设，全面提升我国经济社会质量。

针对省级林业绿色经济发展开展评价比较研究，对于掌握林业绿色经济发展的总体水平和地区差异，对于有关部门因地制宜采取措施，补齐短板，不断提高林业质量效益，推动生态林业、民生林业平稳健康发展，维护国土生态安全，拓展环境容量和生态空间，满足人民对林业生态服务和林产品的需求，增进人民群众生态福祉，实现可持续发展战略长期目标，都有重要指导意义。

1.3 研究对象及范围

本书在全国 31 个省（区、市）（不包括香港、澳门、台湾）层面上，针对林业生态、生产系统开展林业绿色经济评价和比较分析研究，涉及林业基础资源、林业产业发展、林业社会民生福祉、林业生态安全与环境保护等各个方面。时间为 2013—2016 年，共 4 个自然年。

1.4 研究方法

本书的研究方法包括：

（1）文献分析

本书以文献分析研究法作为切入点，广泛检索国内外相关文献与研究报告，分析归纳总结关于林业绿色经济的内涵、发展状况、评价方法、评价指标体系等研究成果并收集整理相关数据。

（2）专家讨论

作者研究团队邀请林业及相关行业的专家共同探讨并不断完善林业绿色经济的内涵，集思广益，逐步筛选优化林业绿色经济评价指标，完成核心指标体系构建。

（3）数据标准化方法

由于指标体系中的各个指标度量单位不同，为了便于评价计算，本书需要对指标进行标准化处理（无量纲化），即通过函数变换将其数值映射到一定的数值区间，使各指标数据之间可加或可比。本书采用 min-max 标准化对各个指标基础数据进行标准化处理。

（4）熵权法与多指标综合评价法

按照信息论的基本原理，信息是系统有序程度的一个度量，熵是系统无序程度的一个度量；指标的信息熵越小，则该指标提供的信息量越大，在综合评价中所起作用理当越大，权重就应该越高。本书应用熵权法与多指标综合评价法对林业绿色经济存量状态指标进行评价。

（5）数据包络分析（DEA）

数据包络分析（Data Envelopment Analysis，DEA）用于对多投入/多产出的多个决策单元（Decision Making Unit，DMU）进行相对效率评价。本书基于构建的绿色经济评价指标体系，建立相应的指标投入产出关系，应用数据包络分析，从产出效率角度对林业绿色经济发展水平进行评价分析。

本书将从经济、社会、生态、环境等角度，全面定义林业绿色经济的内涵，并基于此构建评价指标体系，建立一套熵权法和数据包络分析（DEA）法结合的综合评价方法，从各分要素的存量状态和产出效率两方面开展评价，对我国各省级行政区的林业绿色经济发展状况开展空间和时间维度上的比较、分析，力图取得全面、客观的评价结果。

第 2 章　林业绿色经济评价的基础

2.1　相关研究综述

2.1.1　绿色经济

2.1.1.1　绿色经济理念的发展历程

绿色经济是基于可持续发展思想产生的新型经济发展理念，最早可追溯至 20 世纪 60 年代由于全球粮食安全问题引发的讨论。1989 年，英国环境经济学家大卫·皮尔斯（David Pierce）撰写的《绿色经济的蓝图》（*A Blueprint for Green Economy*）一书中，首次提及“绿色经济”这一概念：从社会及其生态条件出发建立起来的“可承受的经济”——自然环境和人类自身能够承受的、不因人类盲目追求经济增长而导致生态危机与社会分裂，不因自然资源耗竭而致使经济不可持续发展的经济发展模式。

20 世纪 90 年代，绝大多数围绕绿色经济的讨论，均是从环境经济学的角度考虑如何进行环境保护和环境改善等[1]。在这一阶段，人们开始对以牺牲环境为代价的发展方式进行反思，将资源枯竭、环境污染等问题归因于工业文明发展，并希望提出采取新的政策手段和方法解决环境问题。这一阶段提出绿色经济概念的创新之处在于：一方面提出了遏制环境污染和生态破坏的经济政策工具，建议以经济激励手段部分替代传统的行政规制；另一方面要求从传统的污染末端治理迈向整个生产过程的绿色化。

1992 年，联合国环境与发展大会在巴西里约热内卢召开，会上通过了《21 世纪议程》《关于森林问题的原则声明》《生物多样性公约》《联合国气候变化框架公约》等重要文件，并提出了人类“可持续发展”的新战略和新观念，即人类应与自然和谐一致、可持续地发展，并为子孙后代提供良好的生存发展空间。中国政府代表团参与了大会，签署了《里约环境与发展宣言》《21 世纪议程》等文件，随后制定了《中国 21 世纪议程》（即《中国 21 世纪人口、环境与发展白皮书》）和《国家可持续发展报告》等，这标志着中国政府开始在政策实践中重视可持续发展、绿色经济等理念。

2002 年联合国开发计划署（United Nations Development Programme，UNDP）发布《中国人类发展报告：绿色发展，必选之路》，对中国实施绿色发展提出了系统的构想，包括九点内容：有效控制人口增长；提高人均收入水平，改善收入分配，减少贫困；提高用水效率，有效控制水污染，恢复水生生态环境；严格保护耕地，保证耕地面积；提升能源利用率，进一步减少煤炭在能源消费中的比重；减少二氧化碳排放，有效控制城市污染；改善生态系统，增加森林面积，扩大林木蓄积量；恢复已经退化的草原，扩大水土保持面积；加强国家自然灾害安全网络，建立应急反应和救援体系。

2007 年，联合国环境规划署（UNEP）等国际机构在《绿色工作：在低碳、可持续的世界中实现体面工作》报告中首次定义了绿色经济，即重视人与自然、能创造体面高薪工作的经济[2]。

2008 年，联合国开发计划署将现有的传统产业经济模式定义为与绿色经济概念相反的“棕色经济”，即依赖低能效、利用不可再生能源、高材耗、对生态环境的不可持续利用以及带来气候变化的高风险[3]。在此阶段，金融危机的爆发促使各国重新思考经济政策，并逐步将绿色低碳经济的理念引入经济增长的财政经济政策之中。同时，经济合作与发展组织（OECD）提出了向绿色经济过渡的八个关键经济议题[4]，联合国环境规划署提出了与绿色经济有关的八大行业，标志着对绿色经济的研究迈入可操作层面。亚洲科学院协会对所有亚洲国家面临的可持续发展问题，包括人口增长、减少贫困、污染控制、生态恢复以及区域发展问题等进行了大量调查，对亚洲的可持续发展形势进行总结，并提出了促进绿色转型的具体政策建议和最佳实践指南[5]。这一时期绿色经济的研究重点在于经济系统的整体转变，即将绿色经济等同于“经济绿色化”的过程。这是由于在可持续发展、绿色经济等概念提出 20 余年以来，环境污染、生态破坏的速度仍在加剧；就环境问题论环境问题的治理方式引发了诸多反思，从而推动了绿色经济概念及实证研究的发展。

2010 年，“里约+20”峰会第一次筹备会议将大会的主题词之一定为“可持续发展和消除贫困下的绿色经济”，这意味着绿色经济已成为可持续发展战略的核心之一。同年，联合国开发计划署将绿色经济定义为“带来人类幸福感和社会的公平，同时显著地降低环境风险和改善生态缺乏的经济”[6]。这一定义认为绿色经济的收入、就业的增长可以通过加强有利于减少碳排放和污染排放，提高能源和资源利用效率，防止生物多样性和生态系统服务丧失的私人投资和公共投入等实现；该定义将绿色经济的概念纳入经济-生态-

社会复合系统的共同发展中，要求革新现有发展方式，达到经济高效、生态和谐、社会包容的目的；该定义进一步聚焦于将经济发展与生态保护、社会公平等目标相互协调、平衡。塞尔邦·斯克列丘（Serban Scrieciu）认为，“绿色经济的理念对于引导可持续发展的政策极其重要，因其指向了问题的核心：通过适合当地及全球生态基础条件和长期动力的方式来组织经济”。[7]

绿色经济自2010年后逐步成为学界的热点。联合国环境规划署、联合国开发计划署、世界贸易组织、世界银行等国际机构多次发表与绿色经济相关的研究报告，号召全球向绿色经济过渡。与此同时，2012年在墨西哥洛斯卡沃斯举行的G20峰会、在里约热内卢举行的联合国可持续发展大会等会议中，绿色经济都是热议的主题。

2011年，联合国亚太经济与社会委员会（United Nations Economic and Social Commission for Asia and the Pacific，UNESCAP）对绿色经济给出了较为宽泛的定义，认为绿色经济是使经济增长和生态可持续发展相辅相成的经济[8]。

同年，联合国环境规划署出版的《迈向绿色经济——实现可持续发展和消除贫困的各种途径》报告认为：迈向绿色经济具有潜力，可以前所未有的规模和速度实现可持续发展和消除贫困。报告的具体内容包括：绿色经济认可自然资本的价值并对自然资本进行投资；绿色经济是缓解贫困的核心；绿色经济创造就业机会，促进社会公平；绿色经济用可再生能源和低碳技术替代化石燃料；绿色经济促进资源及能源效率的提高；绿色经济可实现可持续的城市生活和低碳交通；从长期来看，绿色经济增长快于棕色经济，并可保持和恢复自然资本。

2012年，在“里约+20”峰会之前，联合国环境规划署、联合国粮农组织、联合国开发计划署等国际机构联合发布了题为《蓝色世界中的绿色经济》（*Green Economy in a Blue World*：*Synthesis Report*）的综合报告，阐述了海洋与沿海环境之间的关系，认为既能提高人类福祉、又能确保社会公平的可持续发展将在保护海洋、沿海环境的同时，实现经济的增长；并希望在可持续发展和减贫的双重框架下推动绿色经济转型[9]。

同年，在巴西里约热内卢再次召开的联合国可持续发展大会，即“里约+20”峰会，确定了两大主题：可持续发展和消除贫困背景下的绿色经济，以及促进可持续发展所需的体制框架。会议强调，这一背景下的绿色经济应该有助于消除贫困，促进经济持续增长，增进社会包容性，改善人类福祉，为所有人创造体面的就业机会，同时维持地球生态系统的健康运转。会议再一次肯定了里约三大公约、森林以及山区和绿色经济的重要作用，并进一步就可持续发展三大支柱的诸多方面达成共识。时任中国国务院总理温家宝在大会上指出，“展望未来，我们期待一个绿色繁荣的世界”，“携手推进可持续发展，应当积极探索发展绿色经济的有效模式”。

在"里约+20"峰会组织的"世界森林在向新的绿色经济转型中扮演主要角色"的主题讨论中，联合国粮农组织指出，"把森林纳入绿色经济的核心内容"，要引领森林角色的转变，政府必须制定规划和政策，释放森林的潜力并确保森林被可持续管理。"里约+20"峰会后，联合国环境规划署将其此前提出的绿色经济倡议（Green Economy Initiative，GEI）更新为包容性绿色经济（Inclusive Green Economy，IGE），通过强调生态阈值的概念，更好地拓展绿色经济这一概念的包容性和公平性[10]。2015 年，联合国环境规划署在联合国大会上发布了《包容性的绿色经济：给领导人的总结》（*An Inclusive Green Economy: A Summary for Leaders*），强调了绿色经济所需要的共享、循环、协作、团结、弹性、机会和互相依赖等要素[11]。

在中国，党和政府一向鼓励绿色经济的研究、探索和实践。原环境保护部针对我国全力建设小康社会的关键阶段的环境与经济问题，提出了需要调整经济结构、改变消费模式，在以环境保护为基本国策的基础上改变经济模式、优化经济发展，力争取得经济发展与环境保护的"双赢"[12]；2011 年，我国《国民经济和社会发展第十二个五年规划纲要》指出，要持续推进并解决那些严重制约经济社会中长期发展的重大问题，积极寻找转变经济发展方式的路径和方向，制订切实可行的举措以改善宏观经济环境，持续推进产业结构优化调整，实现国民经济和社会发展的绿色转型[13]。

2012 年，党的十八大报告中提出，要把资源消耗、环境损害、生态效益等纳入国民经济和社会发展评价体系，明确提出构建包括生态文明在内的"五位一体"的新布局。

2017 年，党的十九大报告中提出，要推进绿色发展，坚持资源节约，提供更多优质生态产品以满足人民日益增长的优美生态环境需要，构建绿色低碳循环发展的经济体系，创新绿色技术体系，清洁低碳安全高效能源体系，社会参与环境治理体系，设立国有自然资产管理和自然生态监管机构，完善生态环境管理制度。这一系列方针政策的出台，为绿色经济转型指明了方向。

2.1.1.2　绿色经济研究进展概述

（1）国外绿色经济研究

分析国外针对绿色经济开展的研究工作的特点，可以看出主要分为以下三个类型（研究导向）：

① 第一类：以提高效率为导向。以效率为导向的绿色经济研究倾向通过提高经济系统的效率来解决发展问题。其核心方法是促使资本由资源利用率较低、污染排放较高的经济部门流向资源利用效率较高、污染排放较低的经济部门。其理论研究主要集中于三个方向：

a．市场外部性成本的内部化。包括对生态稀缺性的经济分析和损益评估；运用产权分析等方法将生态与自然系统损失纳入市场研究，以及对于将生态环境效益纳入绿色经济财政金融体制的探索，如对生态系统服务的全球支付、货币交易税收和国际融资等的研究等[14]。

b．改革国民财富的经济核算方式。包括对 GDP 核算缺陷的深入探讨；使用影子价格对自然资本和生态系统服务的货币价值计算方式的研究；对新型财富指数框架的研究等。

c．国民经济结构调整和绿色产业的发展。包括通过产业结构调整促进绿色经济增长；绿色产业政策设计的相关原则，如积极和多元化的产业政策，适合当地自然条件的绿色产业选择等；具有责任感的合作伙伴和社区参与者；绿色技术和新兴绿色产业的发展等[15]。

② 第二类：以控制规模为导向。以控制规模为导向的绿色经济理论，强调经济增长必须控制在地球极限或者关键自然资本允许的边界之内。这一理论强调不可继续使生态系统恶化。以控制规模为导向的绿色经济主要是控制经济的增长速度，实现经济发展与关键自然资本消耗和污染排放的脱钩。这类绿色经济研究主要集中在三个方面：

a．生态空间的极限。主要是对人类经济增长的地球物质极限进行测算，包括对地区的生态足迹测算等，并强调要保持生态系统的完整性，而未将可持续发展的其他方面（如社会影响等）纳入评估之中。

b．探讨对关键自然资本的保护政策。如汉斯·霍赫芬（Hans Hoogeveen）等就曾提出森林系统与可持续发展的众多议题，包括减贫、维持生计、经济发展、生物多样性和气候变化等都息息相关，应建立一个新的全球森林管理体系对其进行维护[16-17]。

c．控制消费，建立延长物品使用寿命、重复使用物品、减少物品消耗、充分回收的消费文化。这种消费文化的建立，有的需要政府通过一系列监管、激励和惩罚措施来实现。

③ 第三类：以社会公平为导向。以社会公平为导向的绿色经济理论，强调社会公平是遏制生态压力增大、实现可持续发展的关键。人类福利优先还是生态保护优先的顺序性冲突，可以通过社会系统的公平发展进行调和。导致目前生态压力持续扩大的主要原因并非经济增长和福利水平的提高，而是财富分布的极端不均。联合国开发计划署在其发布的 2011 年人类发展报告——《可持续性与平等：共享美好未来》中指出，要让当前占总人口 19%的还没有用上电的人口都摆脱能源贫困，代价只是让现有的二氧化碳排放量增加 1%。但是，目前世界上一半的碳排放是由占世界 11%的人口造成的。因此，人类福利优先还是生态保护优先的矛盾，事实上可以部分通过公平导向的绿色经济来解决[18]。

联合国等国际机构在多项报告和文件中提出政策建议：一是要求发达国家对发展中国家在资金和贸易等多方面开展援助，在全球范围内推广绿色技术，以推动发展中国家经济向绿色经济过渡；二是鼓励发展中国家向发达国家出口绿色产品和服务，特别是注意解决绿色保护主义下的国际贸易壁垒问题；三是增进妇女、儿童、残障人士、土著居民和少数族裔等弱势群体的福祉，为其创造机会、维护权益。

（2）国内绿色经济研究

关于绿色经济的研究，我国学者已从多个方面、多个角度进行了全方位的探讨，在理论研究、实证研究、评价发布等方面均取得了丰硕的成果。

在理论研究方面，主要包括绿色经济界定、意义、战略、政策及相关研究等。其中胡鞍钢[19]对绿色发展进行了定义，回顾了绿色发展理论，阐述了中国绿色发展之路。刘珉等[20]研究了林业与绿色经济，并对各省份林业绿色经济进行了试评价。刘纯彬等[21]对资源型城市绿色转型进行了探讨。张叶等[22]从制度层面提出了有利于绿色经济发展的路径与政策建议。张春霞[23]从绿色生产、绿色消费、绿色营销以及绿色市场等方面阐述了我国绿色经济的发展现状、运行机理、约束因素及应对策略等。杨朝飞等[24]对制约我国经济向绿色方向发展的因素进行了分析，包括经济高速增长、结构性特征、制度和监管障碍以及全球化带来的外部压力等。张莹等[25]对绿色经济的内涵进行了讨论，提出促进我国绿色经济发展的政策性意见和建议。曹东等[26]系统归纳总结了国外发展绿色经济的经验及中国发展绿色经济所面临的主要问题和挑战，提出必须调整以 GDP 为导向的地方政府和官员绩效考核体系及现有的财政税收体系。王琳等[27]阐述了绿色经济发展所需的配套改革措施，开展了绿色经济约束下的企业经济责任审计研究。陈琪等[28]探讨了在新农村建设中发展绿色经济的必要性、障碍及动力。孙伟等[29]认为我国发展绿色经济除了需强化战略规划，增加金融扶持，加大绿色科技研发力度，培育绿色消费市场，还需将市场调节与政府调控相结合，发展绿色新兴产业，同时重视传统产业的改造。中国环境与发展国际合作委员会也对 2007—2012 年中国绿色经济发展政策进行了研究，阐述了相关领域所面临的主要问题、需要采取的行动、未来发展趋势等，并提出了具体的政策建议[30-31]。

在实证研究方面，主要分为以下两个方面内容，一是关于绿色经济效率的测算，二是关于绿色经济的影响因素分析。

在绿色经济效率的测算研究方面，专家学者们将环境因素纳入经济效率的核算体系中，核算的方法各有不同，一般可以分为以下三个类型：

① 将环境污染作为负向指标构建评价体系。该方法需要对环境污染的指标进行简单的数学处理，如杨龙等[32]利用熵值法构建综合环境污染指数，并将其纳入地区单位污染

产出中，进行经济效率测算。

② 将环境污染作为投入变量，纳入核算模型，进行效率测算。如陈诗一等[33]选用二氧化碳作为环境污染的变量，并将其作为投入纳入模型中进行测算。

③ 将环境污染作为一种非期望产出，与期望产出一同纳入核算模型。如钱争鸣等[34]运用我国 28 个省（区、市）的年度数据，以国内生产总值（GDP）作为期望产出指标，以工业废气排放量、工业废水排放量、工业固体废弃物为非期望产出指标，对省际绿色经济效率及绿色全要素生产率进行了核算。

在绿色经济的影响因素方面，专家学者们的研究归纳起来有以下几个方面：

① 环境规制与绿色经济。环境规制影响绿色经济效率的机制较为复杂，往往是非线性的，因而导致对其影响无法进行准确判断[35]。一些学者开展一系列实证研究，认为环境规制对绿色经济发展的影响可分为推动、阻碍和无作用于绿色经济发展 3 种情况[36]。

② 产业发展与绿色经济。产业发展与绿色经济的关系主要是产业转移，产业结构调整，产业集聚或经济集聚等因素对绿色经济效率产生的影响。如李晓阳等[37]选用 Super-SBM 模型研究了产业转移对绿色经济效率的影响。叶仁道等[38]以“一带一路”倡议经济区 16 个省（区、市）为例，研究了产业结构调整对绿色经济效率的影响。林伯强等[39]运用非径向方向距离函数来评价中国地级及以上城市的绿色经济效率指标。

③ 对外贸易及生活水平等与绿色经济。对外贸易与能源环境效率之间存在着正向作用，即对外贸易通过进口和出口的技术外溢，对能源环境效率产生了积极的促进作用[40]。涂正革等[41]认为生活水平的不断提高极大地促进了环境技术效率的提高。

在评价发布方面，多个科研院所以及政府部门发布了相关研究报告。季铸等[42]对中国各省市绿色经济进展进行动态跟踪，定期发布绿色经济与绿色 GDP 指数。李晓西等[43-44]连续编写和发布《中国绿色发展指数报告——区域比较》年度报告，形成了中国省际绿色发展指数和中国城市绿色发展指数两套体系，其中省级指标 60 项，城市指标 44 项；两套指标体系分别从经济增长绿化度、资源环境承载潜力和政府政策支持度三个方面，全面评估中国 30 个省（区、市）及 100 个城市的绿色发展水平。国家统计局[45]2016 年首次公布了各省（区、市）绿色发展指数，在这份榜单中，北京、福建和浙江位居前三名，而宁夏、西藏和新疆排名垫底。

2.1.2　林业绿色经济

2.1.2.1　林业绿色经济理念的发展历程

林业绿色经济理念的发展，与绿色经济理念的发展和影响力的扩大密不可分。对绿色经济理念的发展起到重要推动作用的 1992 年联合国环境与发展大会、2002 年可持续发展世界首脑会议及 2012 年联合国可持续发展大会，均设置了涉及林业的重要议题。

1992 年后，国际社会更加重视林业在推动可持续发展中的地位和作用。在这一阶段，我国林业抓住机遇，开展了退耕还林还草、天然林保护工程、重点地区防护林体系建设工程、城乡一体化林业生态工程、野生动植物保护和自然保护区工程、水土保持生物治理工程等十大林业重点工程，实现了跨越式发展，大大提高了我国林业生态资源总量，并有力促进了我国的生态建设进程。

2002 年，以“拯救地球、重在行动”为宗旨的可持续发展世界首脑会议，在森林等领域建立了很多跨国、跨机构的伙伴关系合作项目。

2011 年 2 月，联合国森林论坛第九次大会在探讨“森林造福人民、改善民生、消除贫困”时提出，林业在应对气候变化、保护生态环境、创造绿色就业等方面，对构建绿色经济潜力巨大。要发展绿色经济，必须将林业置于优先发展的领域。

2011 年 10 月，在德国波恩召开了联合国森林论坛“森林对绿色经济的贡献”国家倡议会议，会议认为，林业在实现绿色经济转型中发挥着关键作用，将对实现可持续发展和联合国千年发展目标做出重要贡献：森林在改善社会福利和减轻贫困中发挥着重要作用；林业产业对全球经济增长做出了重要贡献；森林为人类提供了丰富的产品和服务，减少了环境高风险，降低了生态的脆弱性；对林业的绿色投资可以带来长期、安全的投资回报，有助于应对当前金融风险。

2011 年 11 月，联合国环境规划署在北京发布了题为《迈向绿色经济：实现通向可持续发展和消除贫困之路》的报告，报告指出：绿色经济是可以改善人类福祉和社会公平，同时显著降低环境风险与生态稀缺的经济。报告确定了对绿化全球经济至关重要的 10 个经济部门：农业、建筑业、能源供给、渔业、林业、工业（含能源效率）、旅游业、交通运输业、废弃物管理和水资源。报告对政策结果进行了模拟，提出 2011—2050 年，在绿色经济政策的引导下，如果各国国内和国际层面每年将约 1.3 万亿美元（大约相当于全球生产总值的 2%）作为绿色投资投向包括林业在内的 10 个关键经济部门，便可推动全球向绿色经济转型。在绿色经济模式下，对森林保护和重新造林进行投资，到 2050 年，仅这一领域中的正式就业岗位就能增加 20%，比常规模式提供更多的就业机会。

2012 年，联合国可持续发展会议肯定了森林和绿色经济的重要作用，就可持续发展三大支柱（经济发展、社会发展、环境保护）的诸多方面达成共识。

2013 年 4 月 2 日，习近平总书记在参加首都义务植树活动时强调，“森林是绿色陆地生态系统的主体和重要资源，是人类生存发展的重要生态保障。不可想象，没有森林，地球和人类会是什么样子。”习近平总书记在《摆脱贫困》中指出，“森林是水库、钱库、粮库”。山是载体，财富在林，森林有着取之不竭的巨大效益，“钱库”就是其中经济效益的形象比喻。习近平总书记要求，要从“美化、净化环境，为人们提供良好的生活条件”的高度认识林业的生态效益和社会效益。

2017 年，党的十九大指出：坚持人与自然和谐共生。我们必须树立和践行“绿水青山就是金山银山”的理念，坚持节约资源和保护环境的基本国策，像对待生命一样对待生态环境，统筹山水林田湖草系统治理，实行最严格的生态环境保护制度，形成绿色发展方式和生活方式，为全球生态安全做出贡献。

近年来，林业部门和林业工作者在“两山理论”的指引下，牢固树立林业绿色经济理念，以发展林业绿色经济助力生态文明建设，取得了显著成效。

2.1.2.2 林业绿色经济评价指标相关研究

目前与林业绿色经济相关的评价指标体系研究，主要体现在林业可持续发展评价指标体系、林业循环经济评价指标体系和林业低碳经济评价指标体系这三个方面，直接针对林业绿色经济评价指标体系开展研究的文献很少。

（1）林业可持续发展评价指标体系

从指标体系构成内容和结构上来看，大部分学者都是围绕经济、自然（森林）资源和社会三个方面来构建林业可持续发展评价指标体系。

高瑞馨[46]评价林业可持续发展的指标体系包括 3 个一级指标、13 个二级指标和 52 个三级指标，选取的具体指标较多，评价的内容较为全面。而陶少军[47]构建的指标体系包括 3 个一级指标、5 个二级指标、19 个三级指标和 32 个四级指标。谢明华[48]构建的指标体系包括 3 个一级指标、5 个二级指标、16 个三级指标和 33 个四级指标，二者构建的指标体系相近，指标分层较为具体详细。侯黎明[49]构建的指标体系包括 3 个一级指标和 27 个二级指标，指标体系分层较少，具体指标数量也较少。

（2）林业循环经济评价指标体系

从指标体系构成内容上来看，于波涛[50]从经济、产业、生态以及社会 4 个维度来构建评价指标体系。徐寅杰[51]从林业资源消耗、林业产业废物排放和林业资源综合利用三个方面构建指标体系。前者涵盖范围较宽；后者则以资源环境为重点构造指标体系，内容更加集中和具体。从指标体系构成层次和具体指标上来看，前者包括 4 个一级指标、13 个二级指标和 47 个三级指标，采用专家打分法和人工神经网络相结合的双层计算方法来确定相应的指标权重。而后者构建的指标体系包括 3 个一级指标和 10 个二级指标，采用等权法来确定指标权重。前者的指标体系具体指标较多，层次清晰，且赋权方法有一定的创新；后者指标体系构成层次和具体指标数量较少，权重确定方法也比较简单。

（3）林业低碳经济评价指标体系

关于林业低碳经济评价指标体系的研究较少。其中，刘华[52]强调要将低碳经济评价指标体系与林业统计指标体系结合运用；在指标体系构成层次和具体指标上，应主要考虑资源与环境这两个层面，指标具体围绕林业生产力指数、林业生物多样性指数、林业健康指数、林业生态效益指数、环境质量指数等方面设置。

林业可持续发展评价指标体系、林业循环经济评价指标体系和林业低碳经济评价指标体系，与林业绿色经济评价指标体系存在较多的共性，所以这三个方面的研究成果，对于林业绿色经济评价研究有一定的参考借鉴价值。不同的指标体系研究建议选取的指标总体上比较繁杂，有些存在意义上的重复，有些在数据获取上存在一定的困难。本书在借鉴相关研究成果的基础上，在保证全面性和科学性的前提下，力争以简单明晰和数据可获取的指标及其构成的指标体系反映林业绿色经济的发展水平。

2.1.2.3 林业绿色经济效率评价研究

效率是指经济活动中各种投入要素转化为产出的有效程度，即投入要素的有效利用程度。

对于绿色经济效率的定义可以追溯到 20 世纪 70 年代，Freeman 等 [53]很早就强调了将环境资源融入经济体系的必要性。1990 年，Schaltegger 和 Sturm[54]将生态效率视为商业活动和可持续发展联系的纽带。1992 年，国际企业界人士首次将生态效率作为一种商业概念加以阐述，并指出企业应该将环境和经济发展相结合，以应对可持续发展的挑战。1996 年，BASE 集团从产品生产的角度界定了生态效率的概念。1998 年，经济合作与发展组织（OECD）将这个概念扩大到政府、工业企业以及其他组织[55]。许多学者和环保组织也给出了不同的环境绩效指标用以衡量环境效率[56]。此外，欧洲环境署（EEA）、国际金融公司（IFC）、联合国贸易与发展大会（UNCTAD）等都对环境效率给出了不同的定义。一些相关的概念定义如下：

① 生态效率是用来衡量利用生态资源满足人类需求的一种效率，该效率值可以用产

品或服务的经济价值与生产活动产生的环境污染损失的比值来表示[55]。

② 环境效率是指多个有害投入的最小可能值与它们的实际使用量之间的比值[57]。

③ 环境绩效是价值增加值与由此带来的环境破坏损失的比值[58]。

④ 绿色经济效率是考虑资源和环境约束下的经济效率[59]。

虽然绿色经济效率、环境效率、生态效率的定义各不相同，但它们的共性是从经济和生态环境两个方面入手，将经济活动取得的综合效益与经济活动对环境和资源的影响进行综合测量比较的指标。

本书认为林业绿色经济效率是指林业所产生的经济、社会、生态、环境综合效益与资源、能源等投入成本的比值或相对关系。

2.2 相关理论

2.2.1 外部经济性理论

外部性的概念最早是由马歇尔（Alfred Marshall）在其代表著作《经济学原理》中提出的。所谓外部性，也称外在效应或溢出效应，是指一个人或一个企业的活动对其他人或其他企业的外部影响，这种影响并不是在有关各方以价格为基础的交易中发生的，因此，其影响是外在的。更确切地说，外部经济效果是一个经济主体的行为对另一个经济主体的福利所产生的效果，而这种效果很难从货币或市场交易中反映出来。马歇尔的学生庇古（Arthur Pigou）对外部性问题做了进一步分析，并对“外部经济”（正外部性）和“外部不经济”（负外部性）做出了区分。

林业产出两类产品：一是物质产品（有形产品），具有直接经济价值；二是生态与环境效益（无形产品），通常作为公共产品，具有无形或间接的生态环境价值，也就是说，林业在生产过程中，其可对生产者（从业者）和直接消费者以外的人群产生积极影响，而这些受益者却无须为此做出支付。林业无偿提供生态与环境效益公共产品的特性是一种典型的外部经济性。

林业的外部经济性意味着，其创造的总社会效益要大于其直接生产的林产品（包括林下产品）市场价值，这是研究林业绿色经济所需要特别重视的方面。

2.2.2 可持续发展理论

1980 年，世界自然基金会（WWF）以及世界自然保护联盟（IUCN）发布《世界自然保护大纲》(*World Conservation Strategy*)，首次提出了关于可持续发展的概念，“必须研究自然的、社会的、生态的、经济的以及利用自然资源过程中的基本关系，以确保全球的可持续发展”。1981 年，莱斯特 • 布朗（Lester R Brown）出版《建设一个可持续发展的社会》(*Building a Sustainable Society*)，提出以控制人口增长、保护资源基础和开发再生能源实现可持续发展。1987 年，世界环境与发展委员会发表《我们共同的未来》(*Our Common Future*）报告，将可持续发展定义为：“既能满足当代人的需要，又不对后代人满足其需要的能力构成危害的发展。”1992 年 6 月，联合国在里约热内卢召开的环境与发展大会，通过了以可持续发展为核心的《里约环境与发展宣言》(*Rio Declaration*)、《21 世纪议程》(*Agenda 21*）等文件。随后，中国政府编制了《中国 21 世纪议程》(即《中国 21 世纪人口、环境与发展白皮书》)，首次把可持续发展战略纳入我国经济和社会发展的长远规划。可持续发展包含三个方面的内容[60]：

① 经济的可持续发展。经济系统不仅要在数量上，也要在质量上实现可持续发展，即在经济持续稳定增长的同时，要重视对生态环境的保护；人类要转变经济的发展方式，实现低消耗、低污染的绿色生产和文明消费，实现由粗放的经济发展方式向集约的经济发展方式转变。

② 生态的可持续发展。人类需要从自然生态中获取人类经济活动所需要的原始的自然生态资源，所以自然生态是经济得以发展的条件和载体，人类必须在生态环境承载力的范围内发展经济。

③ 社会的可持续发展。世界各国的发展都是为了提高人类的生活质量，创造平等的和谐社会，不管各国所处的发展阶段以及发展条件有何不同，其发展的目的是一致的，即社会的可持续发展。

2.3 林业的功能

林业是培育和保护森林以取得木材和其他林产品，以及利用林木的自然特性以发挥生态防护作用的生产部门，是国民经济的重要组成部门之一。

广义的现代林业，是指在人和生物圈中，人们利用现代的科学技术和管理手段，从事培育、保护、利用森林、湿地资源，充分发挥森林、湿地的多重效益，且能持续经营森林、湿地资源，防止荒漠化。因此，林业是能够促进经济、社会、生态、环境协调发展的基础产业和公共事业。

2.3.1 经济社会功能

这里所提的林业的经济社会功能，是指林业直接提供有经济价值的林副产品以及提供多种服务的功能。

林业首先具有物质生产功能，提供林产品和林业副产品。

木材是森林提供的主要林产品，包括原木、锯材、纸浆材、人造板材等，用于建筑、车辆、船舶、枕木、矿柱、造纸和家具制造等，是经济建设不可或缺的传统原材料，是绿色、环保、可降解的原材料。另外，林木果实和种子可用作油料资源的有核桃、花椒、油茶、油橄榄、油棕等，可作为食物的有板栗、枣、柿、榧子、松子等。从植物枝、干、叶中还可提炼食用淀粉、维生素、糖等，木质纤维可以供燃烧发电。

林业副产品包括森林植物的叶、茎、皮、脂、胶等，以及森林动物、微生物提供的各种产品，其中：蘑菇、猴头菇、木耳、银耳等都是佳肴珍品，松脂、单宁、紫胶、芳香油、橡胶、生漆等可作为化工原料，刺五加、毛冬青、人参、灵芝、猪苓、平贝母、冬虫夏草等都是药用植物；森林中的鸟兽、两栖、爬行类等动物数量占陆生动物资源的绝大多数，出产大量肉、皮、毛、羽、骨、蛋、角等，熊胆、鹿茸、麝香、五灵脂等都是名贵中药。

湿地也能够提供动植物产品。人工湿地生态系统可以提供水稻、莲、藕、菱、芡等食品；浅海水域可以生产鱼、虾、贝、藻类等副食品；有许多湿地植物还是发展轻工业的重要原材料，如芦苇是重要的造纸原料。

专栏　林业产业划分

林业产业是主要依托森林、湿地、荒漠和生物多样性等林业资源进行生产、经营、服务的经济活动；具有基础性、循环性、碳汇性和多样性等基本特点。

产业划分	具体行业
第一产业	林木的培育和种植
	木材和竹材的采运
	经济林产品的种植与采集
	花卉的种植
	陆生野生动物繁育与利用

产业划分	具体行业
第二产业	木材加工及木、竹、藤、棕、苇制品制造业
	木、竹、藤家具制造业
	木、竹、苇浆造纸业
	林产化学产品制造业
	木制工艺品和木制文教体育用品制造业
	非木质林产品加工制造业
第三产业	林业旅游与休闲服务
	林业专业技术服务
	自然保护管理服务
	森林公园管理服务
	林业公共管理服务

除了直接的物质生产功能，林业还可为人们提供优质的生存、生活、生产环境条件，提供教学、科研、文化、文艺等采集和创作基地。

森林具有康养保健、休闲旅游功能。康养离不开氧气、水、适宜生境等生态产品。森林能释放出大量的负氧离子，可以调节人体的生理机能，改善人体呼吸和血液循环，促进人的身心健康，因此，森林有“天然氧吧”之称。湿地具有广阔的适宜的水生生态环境。森林和湿地都可以为人们提供旅游休憩、娱乐疗养的场所，为发展康养保健、旅游业提供基本条件，具有自然观光、旅游、娱乐等美学方面的功能和巨大的景观价值。

森林在树立地方形象、改善投资环境中发挥着主导作用。良好的生态环境已成为衡量一个地区外在形象、投资环境和生活品质的重要标志。良好的森林生态系统是衡量良好生态环境的重要标准。城市绿化、绿色通道建设、森林公园建设等已成为生态文明建设的重要举措。森林为许多物种提供适宜的生存空间，为相关科研和教育提供宝贵的物种库和基因库，是重要的科研和教育基地。

湿地同样具有多种经济社会功能。良好的湿地生态系统同样是衡量良好生态环境的重要标准。中国有许多重要的旅游风景区都分布在湿地区，秀丽的自然景色使其成为生态旅游和疗养的胜地。城市中的湿地在美化环境、为居民提供休憩空间方面发挥着重要的社会效益。湿地丰富的野生动植物和遗传基因等为教育和科研提供对象和实验基地。湿地所保留的过去和现在的生物、地理等方面演化进程的信息，具有十分重要和独特的价值。

2.3.2 生态环境功能

林业在维护生态环境安全中发挥着决定性作用。森林被喻为“地球之肺”，湿地被喻为“地球之肾”。

森林的覆盖、截留降水作用，使土壤免于雨水溅击和地面径流的冲刷。而降水渗透到地下，变成缓慢的地下径流，既有利于削弱洪峰水量，又有利于森林水分、土壤的保存，因而森林被誉为“看不见的绿色水库”。风在通过一条防护林带后，风速减缓 38%，建设农田防护林网，能明显降低风对农作物的危害。森林群落庞大的根系和涵养水源、降低风速作用能有效地固定沙粒，防止土地的荒漠化。枯枝落叶层经微生物分解变为有机质，从而增加了土壤肥力。夏季森林使地面温度降低，空气垂直温差变化减少，上升气流速度减弱，因而可削弱形成雹灾的条件。浓密的林冠阻挡太阳辐射，与无林地相比，冬暖夏凉、夜暖昼凉，温差较小，有利于林下植物生长和动物栖息。在生长季节，森林强大的蒸腾作用有助于消耗热能而使温度下降；空气湿度的增加，则易形成雾凇、露、霜等水平降水，同时对垂直降水也有一定影响。森林通过光合作用，可以吸收二氧化碳，释放出氧气，这就是森林的碳汇功能。森林 1 m^3 活立木蓄积，固定 1.83 t 二氧化碳，释放 1.62 t 氧气。与工业碳减排相比，森林固碳具有投资少、代价低、综合效益大等优点。据测定，每公顷阔叶林地在 1 天内可吸收 1 000 kg 二氧化碳、释放 730 kg 氧气，也就是说，1 hm^2 的森林植被制造的氧气可供 1 000 人呼吸。森林作为一个巨大的生态系统，为各种动物、植物和微生物提供适宜的生存空间。

森林的环境净化功能表现为吸尘杀菌、净化空气、减少噪声、减轻光辐射等。森林能吸收空气中许多有害气体，1 hm^2 森林每年能吸收二氧化硫 700 kg，如夹竹桃能够大量吸收二氧化硫。城市街道林带滞尘率达 70%～90%。30 m 宽的林带可降低噪声 6～8 dB。浓密的林冠能够阻挡光辐射，降低光污染。

湿地是地球上具有多种独特功能的生态系统。湿地是陆地上的天然蓄水库，是蓄水防洪的天然“海绵”，通过湿地的吞吐调节，在时空上可分配不均的降水，减少水旱灾害，还可以为地下蓄水层补充水源。湿地的水分蒸发和植被叶面的水分蒸腾，使得湿地和大气之间不断进行能量和物质交换，具有明显地调节周边地区气候的作用。

由于湿地环境中微生物活动较弱，土壤吸收和释放二氧化碳十分缓慢，形成了富含有机质的湿地土壤和泥炭层，起到了固碳的作用。湿地内丰富的植物群落，能够吸收大量的二氧化碳，并释放出氧气；一些湿地植物具有吸收有害气体的功能，能有效调节大气组分。但同时也必须注意到，湿地生境也会排放出甲烷等温室气体。湿地具有强大的水质净化功能。许多在自然湿地生长的湿地植物、微生物通过物理过滤、生物吸收和化学合成与分解等，把人类排入湖泊、河流等湿地的有毒有害物质降解和转化为无毒无害甚至有益的物质，净化水质。

湿地植被具有种类多、生物多样性丰富的特点，许多自然湿地为水生动物、水生植物，特别是水禽提供了必需的栖息、迁徙、越冬和繁殖场所，对保护物种多样性有重要作用。自然湿地为许多物种保存了基因特性，对维持野生物种种群的存续，筛选和改良具有商品价值的物种，均具有重要意义。因此，湿地当之无愧地被称为“生物超市”和“物种基因库”。

海岸湿地中的植被根系可以固定堤岸和海岸，抵御海浪和风暴的冲击，防止海水对海岸的侵蚀，保护沿海工农渔业生产。

2.4　林业对绿色经济贡献识别

林业的发展对绿色经济的发展有着最直接的贡献，林业经济、社会、环境、生态功能对实现绿色经济目标有重要作用，具体见表 2-1。

表 2-1　林业对绿色经济贡献识别

序号	林业功能	功能分类	对绿色经济贡献识别	绿色经济目标
1	林产品	经济、社会	林产品是可再生资源，为生产生活提供能源、原料和产品	经济高效可持续
2	林副产品	经济、社会	林副产品是可再生资源，为生产生活提供一定的产品和原料，为资源的可持续性提供基础	经济高效可持续
3	康养保健	经济、社会	林业为人类健康发展、旅游、康养产业提供基础	经济高效可持续、社会包容与公平
4	休闲旅游	经济、社会	森林、湿地的景观功能，为树立地方形象、改善投资环境、发展旅游景观产业奠定基础	经济高效可持续、社会包容与公平
5	科教基地	社会	森林、湿地作为巨大的生态系统，具有物种丰富、基因丰富的特点，是普及生态知识的科研教育基地	社会包容与公平
6	林业就业	社会	林业作为重要的产业之一，为社会提供了一定的就业保障	社会包容与公平
7	涵养水源	生态	森林、湿地的涵养水源功能，为保存生态资源以及人类的生产生活保存必要的水资源	生态和谐
8	保持水土	生态	森林、湿地的保持水土功能，可以防止水土流失，减少生态破坏	生态和谐
9	防风固沙	生态	森林的防风固沙功能，可抵御大风，降低沙尘暴风险	生态和谐
10	改良土壤	生态	林地可改良土壤，增加土壤肥力	生态和谐

序号	林业功能	功能分类	对绿色经济贡献识别	绿色经济目标
11	抵御灾害	生态	森林有防风固沙功能，森林、湿地可以调蓄洪水，减少水旱灾害的发生，为生态安全提供保障	生态和谐
12	调节气温、改善气候	生态	森林、湿地对气温的调节多有冬暖夏凉的效果，为人类及其他生物提供适宜的生存环境	生态和谐
13	固碳释氧	生态	森林、湿地固碳释氧，作为碳汇为减缓气候变化提供基本保障	生态和谐
14	生物多样性保护	生态	森林、湿地的生物多样性丰富，可降低生态脆弱程度	生态和谐
15	净化空气	环境	森林净化空气，可以改善空气质量，从而改善人类生存环境	环境友好
16	净化水质	环境	湿地净化水质，可改善水环境状况，利用自然净化消纳功能，提高水环境质量	环境友好
17	减少噪声	环境	树木对噪声有阻隔和衰减作用，可减少周围环境噪声污染	环境友好
18	减少辐射	环境	树木对电磁波有阻隔和衰减作用，可减少周围环境光污染	环境友好

林业是发展绿色经济的重要内容。林业通过提供可再生资源、丰富的可降解原材料和可供直接消费的产品以及生态旅游、康养保健等服务，促进经济发展，改善人类福祉。

发展林业是增加就业和减少贫困从而实现社会包容与公平发展的有效途径。林业涉及国民经济三大产业，是一个综合的产业群体，通过植树造林、森林管理和发展森林旅游等活动，创造了大量的就业岗位。发展林下经济和观光农业是带动山区和林区经济发展，促进农民增收减贫的重要手段。

林业是生态安全和环境保护的重要基础保障。林业承担着保护和建设森林生态系统、保护和恢复湿地生态系统、治理和修复荒漠生态系统、维护生物多样性的重要职责。生态林业资源在应对气候变化、降低生态环境风险等方面发挥着重要作用，可为绿色经济发展提供最坚实的生态安全保障。

因此，林业是绿色经济的重要组成部分，是绿色经济发展的重要保障，也是实现绿色经济发展目标的关键途径。发展林业绿色经济，是实现国民经济绿色发展的有效途径。

2.5 林业绿色经济内涵

根据对绿色经济的阐述，本书总结的绿色经济的内涵是以经济高效可持续、社会包容与公平、生态和谐、环境友好为目标，依靠科学技术和绿色投资，以绿色生产、绿色消费、绿色营销为途径，在促进经济增长、提高经济效益的同时，实现人与自然的协调发展，实现资源、能源高效利用，增加就业，减少和消除贫困，控制污染，修复生态系统，最终实现经济、社会、生态、环境相互协调的可持续的经济发展。绿色经济框架见表 2-2。

表 2-2　绿色经济框架

系统	子系统	子目标	要件	总目标
人	经济系统	经济高效可持续	绿色生产、消费、营销，资源、能源高效利用等	经济、社会、生态、环境相互协调的可持续的经济发展
	社会系统	社会包容与公平	增加就业、减少和消除贫困	
自然	生态系统	生态和谐	生态保护与修复	
	环境系统	环境友好	污染控制（治理和防护）等	

林业是绿色经济中最重要的环节之一。持续增加森林资源资产、保持森林活力、促进林业产业的可持续发展，本身就是绿色增长的重要内容；林业通过提供丰富的林产品和森林旅游等服务产生经济效益，改善人类福祉，促进绿色就业，增加农民收入，减轻贫困；林业生态功能在应对气候变化、降低环境风险、保护生态安全等方面起着重要作用。因此，林业对绿色经济的整体发展有着至关重要的作用。发展林业是应用“两山理论”、推进生态文明建设、发展绿色经济的前提。

根据绿色经济的内涵及林业对绿色经济的贡献，本书认为：

林业绿色经济是加强林业资源保育，运用绿色科技、绿色投资、科学管理手段，以林业绿色生产、消费实现资源高效利用，提高经济效益、增加就业、减少和消除贫困、改善人类福祉、促进社会公平，通过林业生态修复保障生态安全、降低环境风险，充分发挥林业的经济功能、社会功能、生态功能和环境功能，实现经济、社会、生态、环境相互协调的可持续的林业经济发展目标，是绿色经济的重要组成部分。

保持林业资源的可持续性是林业绿色经济的基础和前提。没有林业资源，也无从谈及林业或林业绿色经济，无从保障生态安全。因此，发展林业绿色经济，首先要保证林业资源的可持续性。

投资是发展林业绿色经济的保障，科技和科学管理方式是促进林业绿色经济发展的动力。林业的经济效益、社会效益、生态效益、环境效益具有长期性、稳定性、可持续性特点，对林业的投资是绿色的可持续投资，惠及当代及子孙后代。通过采用绿色科技和科学管理方式，可以提高林业科技和信息化水平及林业绿色发展效率，改善绿色增长效率，促进林业绿色经济的发展。

提高林业功能是发展林业绿色经济的关键。提高林业在经济系统、社会系统、生态系统和环境系统中的各项功能（尤其是生态服务功能），是发展林业绿色经济，取得全面的最大化的经济、社会、生态、环境效益的关键。

林业绿色经济存量和林业绿色经济产出效率是反映林业绿色经济发展水平的两个主要方面。林业是重要产业发展部门，森林、湿地等是自然的可再生资源、重要的生态系统。一方面，加大林业绿色经济存量，有利于更大地发挥规模效应，提高林业经济、社会、生态、环境功能；另一方面，提高林业绿色产出效率，有利于提升总体效益，实现经济、社会、生态、环境相互协调可持续发展目标。因此，在后文林业绿色经济评价研究中，本书重点以林业存量状态和产出效率为总出发点，衡量各省（区、市）林业绿色经济发展水平。

第 3 章　林业绿色经济评价指标体系与评价方法

林业是一个具有经济、社会、生态、环境等功能的由多要素构成的复杂综合系统，且各功能各要素都对林业绿色经济发展有着独特的作用和贡献。面对这样复杂的系统，如果不能全面、系统地反映各功能各要素的状态和贡献大小，仅仅根据几个显在因子去构建林业绿色经济评价体系，其结果必定具有片面性与主观性，是经不起检验的。因此，建立一套科学、合理的，能够从不同角度、不同层次反映林业绿色经济发展真实状态水平的综合评价指标和方法体系尤为关键。

3.1　林业绿色经济评价指标体系

3.1.1　评价指标体系构建

3.1.1.1　指标筛选原则

指标体系构建首先要求在梳理众多的原始数据与评价信息的基础上，遵循如下原则筛选出主导性指标：

（1）全面（完整）性原则

由林业绿色经济指标构成的评价指标体系是一个统一的整体，反映林业绿色经济的指标应涵盖资源、经济（产业）、社会（民生福祉）、生态、环境等多个要素和多个功能，全面综合地反映林业绿色经济的主要特征，不能遗漏重要的信息。

（2）状态性与动态性原则

林业绿色经济评价指标的选取须包括两类指标，分别反映系统的状态性和动态性特征属性，即存量状态指标和增量（产出）效率指标。存量状态指标体现林业绿色经济的发展水平，增量效率指标体现林业绿色经济的发展速度和质量。

（3）科学性原则

评价指标筛选首先要遵循科学性原则，即遵循科学的思维、科学的逻辑，能客观、真实、准确地反映林业绿色经济的内涵，避免模糊不清、模棱两可甚至谬误的发生。

（4）可操作性原则

评价指标应概念明确，立足于可获取的数据，应可快速测量或快速计算，以降低操作成本，方便快捷地开展林业绿色经济评价。

（5）独立性原则

评价指标选取时，还要考虑各指标间的独立性，即指标间应尽可能保持独立，相互之间不能替代，避免信息的重复和冗余。

（6）简明性原则

指标的全面性并不意味着“多多益善”。指标越多，资料越难获取，综合分析过程也越困难，也不利于林业绿色经济评价工作的持续开展，同时还容易造成指标之间相互交叉，冗余度提高，违背独立性原则。

3.1.1.2 指标体系构建框架

林业绿色经济的内涵涉及经济功能、社会功能、生态功能和环境功能，因此，本书拟分别从经济、社会、生态、环境 4 个维度出发构建指标体系。由于林业资源在林业绿色经济发展中具有基础性地位，因此本书在林业绿色经济存量状态评价时特将资源单独列出，从基础资源、林业产业、民生福祉、生态安全、低碳环保 5 个方面构建评价指标体系。

（1）基础资源

林业资源是林业发展的基础，也是经济、社会与生态、环境协调可持续发展的关键。在选取基础资源评价指标时，一方面要选取能反映当前林业资源储备水平的指标；另一方面，也要选取能反映林业资源未来发展潜力的指标对其可持续性进行评价。

（2）林业产业

林业产业指标是反映林业绿色经济中林业经济效益和发展水平的重要部分，具体包括林业产业规模、林业结构、林业产品、林业投资等。

（3）民生福祉

民生福祉指标表征林业绿色经济对社会民生福祉的贡献，包括满足人类生存、生活的需求，改善人类福祉，减贫和实现社会公平等方面。

（4）生态安全

林业有着重要的生态效益，主要体现在提供多项生态安全保障，包括保持生态平衡、维护生态系统完整性、改善生态环境、降低生态风险等方面。

（5）低碳环保

低碳环保是林业绿色经济的重要特色，是林业生态环境功能的重要体现，具体包括提供碳汇、净化空气、净化水质等。

本书为体现改善环境和应对气候变化的重要性，特将低碳环保与生态安全单独进行评价。

3.1.1.3　指标体系生成流程

根据指标筛选原则和指标体系构建框架，选取适合的指标，生成评价指标体系的具体流程如图 3-1 所示。首先，遵循科学性、全面性、状态性与动态性等原则，从大量反映林业绿色经济特征的数据和信息中搜集评价指标，并从经济、社会、生态、环境等方面对指标进行归类并搭建指标体系框架，包括基础资源、林业产业、民生福祉、生态安全、低碳环保等子系统，形成初选指标体系；其次，根据可操作性原则，进一步筛选出评价指标，完善筛选指标体系；最后，通过专家讨论，考虑独立性、简明性原则等，进一步确认评价指标，完成林业绿色经济评价最终指标体系构建。

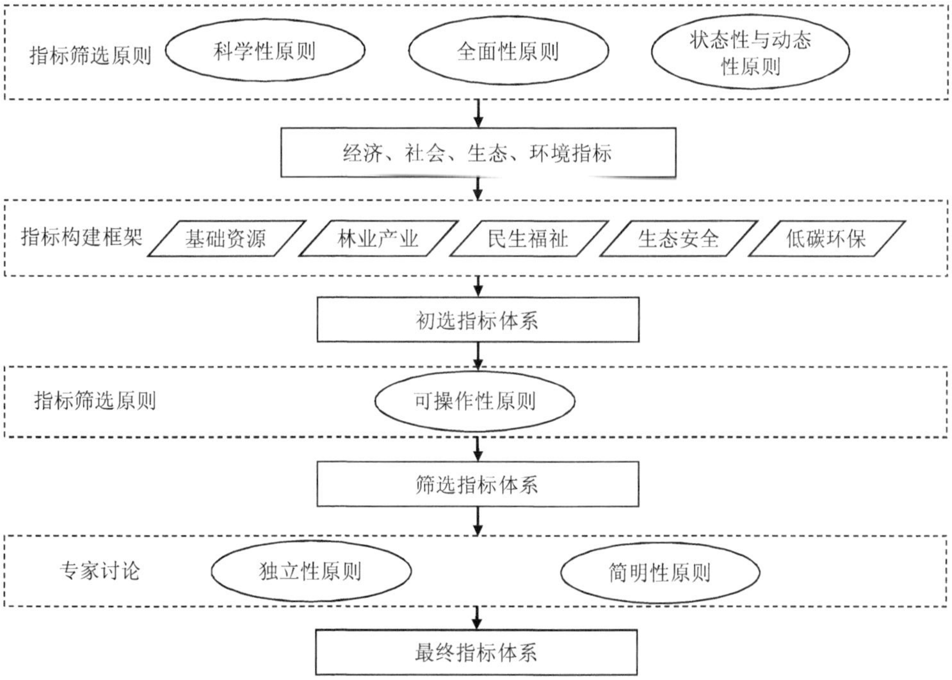

图 3-1　林业绿色经济评价指标体系生成流程

3.1.2 评价指标体系形成

3.1.2.1 指标初选

为避免林业绿色经济指标体系构建中的片面性问题，本书在初选指标体系构建过程中，首先循着科学性、全面性、状态性和动态性结合等原则，通过大量的文献调研（如刘珉[61]、高瑞馨[46]、陶少军[47]、于波涛[50]、徐寅杰[51]等学者的相关研究），对涉及林业的经济、社会、生态、环境的各个评价指标信息进行收集整理。

按照前述指标体系构建框架，本书将林业绿色经济评价指标分为五大类：基础资源、林业产业、民生福祉、生态安全、低碳环保，并以此作为评估体系的一级指标，然后再细化二级指标和三级指标，构建初选指标体系（见表 3-1）。

表 3-1 林业绿色经济评价初选指标

<table>
<tr><th>一级指标</th><th>二级指标</th><th>编号</th><th>三级指标</th><th>计量单位</th><th>评价方向</th><th>数据可得性</th><th>数据来源</th></tr>
<tr><td rowspan="13">基础资源</td><td rowspan="5">资源规模</td><td>1</td><td>森林覆盖率</td><td>%</td><td>+</td><td>可得</td><td>林业统计年鉴</td></tr>
<tr><td>2</td><td>森林蓄积量</td><td>万 m^3</td><td>+</td><td>可得</td><td>林业统计年鉴</td></tr>
<tr><td>3</td><td>林地保有量</td><td>万 hm^2</td><td>+</td><td>可得</td><td>林业统计年鉴</td></tr>
<tr><td>4</td><td>湿地保有量</td><td>万 hm^2</td><td>+</td><td>可得</td><td>林业统计年鉴</td></tr>
<tr><td>5</td><td>荒漠面积</td><td>万 hm^2</td><td>−</td><td>可得</td><td>全国荒漠化和沙化状况监测</td></tr>
<tr><td rowspan="8">资源可持续性</td><td>6</td><td>单位面积森林蓄积量</td><td>m^3/hm^2</td><td>+</td><td>可得</td><td>林业统计年鉴</td></tr>
<tr><td>7</td><td>公益林占比</td><td>%</td><td>+</td><td>—</td><td>—</td></tr>
<tr><td>8</td><td>天然林占比</td><td>%</td><td>+</td><td>可得</td><td>全国森林资源清查</td></tr>
<tr><td>9</td><td>混交林占比</td><td>%</td><td>+</td><td>—</td><td>—</td></tr>
<tr><td>10</td><td>复层林占比</td><td>%</td><td>+</td><td>—</td><td>—</td></tr>
<tr><td>11</td><td>异龄林占比</td><td>%</td><td>+</td><td>—</td><td>—</td></tr>
<tr><td>12</td><td>乔木林占比</td><td>%</td><td>+</td><td>可得</td><td>全国森林资源清查</td></tr>
<tr><td>13</td><td>乡土树种占比</td><td>%</td><td>+</td><td>—</td><td>—</td></tr>
<tr><td rowspan="7">林业产业</td><td rowspan="2">林业产业规模</td><td>14</td><td>林业总产值</td><td>亿元</td><td>+</td><td>可得</td><td>林业统计年鉴</td></tr>
<tr><td>15</td><td>林业增加值占地区生产总值比重</td><td>%</td><td>+</td><td>可得</td><td>林业统计年鉴、中国统计年鉴</td></tr>
<tr><td rowspan="2">林业产业结构</td><td>16</td><td>林业一产占比</td><td>%</td><td>+</td><td>可得</td><td>林业统计年鉴</td></tr>
<tr><td>17</td><td>林业三产占比</td><td>%</td><td>+</td><td>可得</td><td>林业统计年鉴</td></tr>
<tr><td rowspan="3">林业产品与服务</td><td>18</td><td>林产品产值</td><td>亿元</td><td>+</td><td>可得</td><td>林业统计年鉴</td></tr>
<tr><td>19</td><td>林业旅游收入</td><td>万元</td><td>+</td><td>可得</td><td>林业统计年鉴</td></tr>
<tr><td>20</td><td>林业旅游带动其他产业产值</td><td>万元</td><td>+</td><td>可得</td><td>林业统计年鉴</td></tr>
</table>

一级指标	二级指标	编号	三级指标	计量单位	评价方向	数据可得性	数据来源
林业产业	林业投资保障	21	林业投资	万元	+	可得	林业统计年鉴
		22	林业投资占财政支出比重	%	+	可得	林业统计年鉴、中国统计年鉴
		23	林业投资中国家投资比重	%	+	可得	林业统计年鉴
		24	林业投资中国内贷款比重	%	+	可得	林业统计年鉴
	林业产业效率	25	全员劳动生产率	元/人	+	—	—
		26	全要素生产率	%	+	—	—
		27	能源使用效率	%	+	—	—
		28	林业科技进步贡献率	%	+	—	—
		29	林木良种使用率	%	+	—	—
		30	林业信息化率	%	+	—	—
		31	林业机械化率	%	+	—	—
民生福祉	林业就业	32	林业就业人数	人	+	可得	林业统计年鉴
		33	林业在岗职工平均收入	元	+	可得	林业统计年鉴
		34	林业社会基本保障覆盖率	%	+	—	—
		35	林业人员事故占比	%	–	可得	林业统计年鉴
	林业旅游康养与休闲	36	森林旅游康养人次	亿人次	+	可得	林业统计年鉴
		37	湿地旅游康养人次	亿人次	+	—	—
		38	森林公园数量	处	+	可得	林业统计年鉴
		39	湿地公园数量	处	+	—	—
	林业社会保障	40	林业人员大专以上学历占比	%	+	可得	林业统计年鉴
		41	林权纠纷调解比重	%	+	—	—
		42	林业案件查处率	%	+	—	—
	林业社会满意度	43	公众对城市绿化满意比重	%	+	—	—
		44	公众对林业康养满意比重	%	+	—	—
		45	公众对林业景观满意比重	%	+	—	—
生态安全	生态建设	46	新增造林面积	hm^2	+	可得	林业统计年鉴
		47	新增沙地治理面积	hm^2	+	可得	全国荒漠化和沙化状况监测
		48	可治理沙化土地治理率	%	+	可得	全国荒漠化和沙化状况监测
	生态防护	49	林业自然保护地面积占国土面积比重	%	+	可得	林业统计年鉴
		50	湿地保护率	%	+	可得	全国湿地调查
		51	防护林占比	%	+	可得	全国森林资源清查
		52	湿地调蓄洪水量	亿 m^3	+	—	—
	生物多样性保护	53	生物多样性指数	量纲一	+	—	—
		54	物种数量	种	+	可得	野生动植物调查
		55	物种濒危化率	%	–	可得	野生动植物调查
		56	国家重点保护野生动植物保护率	%	+	可得	野生动植物调查

一级指标	二级指标	编号	三级指标	计量单位	评价方向	数据可得性	数据来源
生态安全	灾害防治	57	森林火灾受灾控制率	%	+	可得	林业统计年鉴
		58	自然灾害（沙尘暴、泥石流等）发生率	%	–	可得	中国统计年鉴
		59	森林有害生物成灾控制率	%	+	可得	林业统计年鉴
低碳环保	应对气候变化	60	森林年固碳量	万 t	+	可得	林业统计年鉴、《中国森林生态服务功能评估》[62]
		61	湿地固碳量	万 t	+	—	—
		62	湿地释放甲烷量	万 t	–	—	—
		63	森林年释氧量	万 t	+	可得	林业统计年鉴、《中国森林生态服务功能评估》[62]
	净化环境	64	森林滞尘量	万 t	+	可得	林业统计年鉴、《中国森林生态服务功能评估》[62]
		65	森林滞尘能力	g/m^2	+	—	—
		66	空气质量优良达标率	%	+	可得	各省环境统计公报
		67	森林提供负氧离子量	10^{25} 个	+	可得	林业统计年鉴、《中国森林生态服务功能评估》[62]
		68	森林吸收二氧化硫量	t	+	可得	林业统计年鉴、《中国森林生态服务功能评估》[62]
		69	森林吸收氮氧化物量	t	+	可得	林业统计年鉴、《中国森林生态服务功能评估》[62]
		70	森林吸收重金属量	t	+	—	—
	污染控制	71	林业工业固废综合利用率	%	+	—	—
		72	林业工业二氧化硫排放量	t	–	—	—
		73	林业工业氮氧化物排放量	t	–	—	—
		74	林业工业烟粉尘排放量	t	–	—	—
		75	林业化学需氧量排放量	t	–	—	—
		76	林业氨氮排放量	t	–	—	—

对以上指标的具体解释如下：

<u>*基础资源：*</u>

（1）森林覆盖率

也称森林覆被率，指一个国家或地区森林面积占国土面积的百分比。

（2）森林蓄积量

一定森林面积上存在着的林木树干部分的总材积。

（3）林地保有量

为实现森林覆盖率目标所需达到的最低森林面积。分为现状林地面积和规划期末林地面积，有别于林地面积（包含规划林地面积和规划外林地面积）。

（4）湿地保有量

湿地面积。

（5）荒漠面积

荒漠面积。

（6）单位面积森林蓄积量

指某一地区单位林地面积上的活立木蓄积量，为总活立木蓄积量与森林面积的比值。

（7）公益林占比

公益林占全部森林面积的比重。

（8）天然林占比

天然林占全部森林面积的比重。

（9）混交林占比

混交林占全部森林面积的比重。

（10）复层林占比

复层林指主林层、次林层平均高相差 20%以上且主林层郁闭度＞0.3、次林层郁闭度达到 0.2 的林分，达不到复层林标准的则为单层林。复层林占比则是指复层林林分在整个森林中所占的比重。

（11）异龄林占比

异龄林占全部森林面积的比重。

（12）乔木林占比

乔木林占全部森林面积的比重。

（13）乡土树种占比

乡土树种占全部森林面积的比重。

林业产业：

（14）林业总产值

林业对生产总值的贡献。

（15）林业增加值占地区生产总值比重

林业增加值在地区生产总值中的占比。

（16）林业一产占比

林业一产产值占地区全行业一产产值的比重。

（17）林业三产占比

林业三产产值占地区全行业三产产值的比重。

（18）林产品产值

用林业产品总量转化成的价值量表示。

（19）林业旅游收入

林业旅游业全年累计收入总额。

（20）林业旅游带动其他产业产值

林业旅游业带动其他产业的产值。

（21）林业投资

当年林业总投资额（累计完成）。

（22）林业投资占财政支出比重

林业预算支出占总财政支出的比重。

（23）林业投资中国家投资比重

国家投资占林业总投资的比重。

（24）林业投资中国内贷款比重

国内贷款金额占林业总投资的比重。

（25）全员劳动生产率

衡量林业劳动者从事林业生产劳动能力的指标，指平均每个林业劳动者在单位时间内（通常为 1 年）生产的林产品产量或产值。

（26）全要素生产率

林业产量与全部要素投入量的比值。

（27）能源使用效率

单位林业总产值的能耗。

（28）林业科技进步贡献率

指林业广义技术进步对林业经济增长的贡献份额。

（29）林木良种使用率

林木造林使用良种的面积占林木造林总面积的百分比。

（30）林业信息化率

林业信息化是在一定的林业信息技术、信息产业规模、信息基础设施，以及一定的信息基础环境约束下，林业信息活动不断丰富、信息活动量不断增加、信息活动效果不断提高的过程。这里信息技术是指林业信息生产、信息交换、信息传输、信息处理等技术。广义的林业信息活动包括信息的生产、传输、处理等直接的信息活动。林业信息化率通过各级（国家级、省级、市级、县级）林业信息化评测指标体系，综合计算得出[63]。

（31）林业机械化率

林业机械化是全部或部分地用机器设备装备林业，以代替手工劳动的过程。林业机械化率是林业生产中使用机器设备装备的林业生产规模占林业总规模的百分比。

民生福祉：

（32）林业就业人数

主要包括林业中的林木种植业、经济林培育业、花卉培育业、木材采运业、木竹加工业、人造板制造业、林化产品加工业、木浆造纸业、林副产品采集加工业、森林旅游业等第一、第二、第三产业，以及湿地相关产业等创造的就业岗位数。

（33）林业在岗职工平均收入

从事相关林业工作的职工平均年收入。

（34）林业社会基本保障覆盖率

林业在岗职工拥有养老保险、医疗保险等的人数占林业职工总数的比重。

（35）林业人员事故占比

林业人员发生安全生产事故人数占林业职工总数的比重。

（36）森林旅游康养人次

指以森林为依托，而又独立于各类景区外的旅游饭店、疗养院、干部休养所、野生动物运动和休闲狩猎场等发生相关休闲活动的人次。

（37）湿地旅游康养人次

指以湿地为依托，而又独立于各类景区外的旅游饭店、疗养院、干部休养所、野生动物运动和休闲狩猎场等发生相关休闲活动的人次。

（38）森林公园数量

国家或地区内拥有的森林公园数量。

（39）湿地公园数量

国家或地区内拥有的湿地公园数量。

（40）林业人员大专以上学历占比

林业相关专业大专以上毕业生数量占林业从业人员的比重。

（41）林权纠纷调解比重

林业权属纠纷调解数量占林业权属纠纷数量的比重。

（42）林业案件查处率

林业案件查处量占林业案件总量的比重。

（43）公众对城市绿化满意比重

对城市绿化满意人口与总人口之比。

（44）公众对林业康养满意比重

对林业康养满意人口与总人口之比。

（45）公众对林业景观满意比重

对林业景观满意人口与总人口之比。

生态安全：

（46）新增造林面积

年度新增加的造林绿化面积。

（47）新增沙地治理面积

通过沙障等物理或化学手段以及植被覆盖等方式有效治理沙地的面积。

（48）可治理沙化土地治理率

可通过沙障等物理或化学手段以及植被覆盖等方式有效治理沙地的面积。

（49）林业自然保护地面积占国土面积比重

对有代表性的林业生态系统以及珍稀濒危野生动植物物种天然集中分布的陆地、陆地水域，依法划出一定面积予以特殊保护和管理的区域占国土面积的百分比。

（50）湿地保护率

纳入国家保护范畴的湿地面积占湿地总面积的百分比，多指自然湿地。

（51）防护林占比

国家或地区内防护林面积占总林地面积的比重。

（52）湿地调蓄洪水量

湿地调蓄洪水的总量。

（53）生物多样性指数（α 多样性指数）

物种丰富度与物种相对多度综合形成的指数。

（54）物种数量

森林、湿地、荒漠生态系统中不同物种类型的数量。

（55）物种濒危化率

当地濒危物种与当期总物种数之比，衡量物种濒危化程度。

（56）国家重点保护野生动植物保护率

纳入《国家重点保护野生动物名录》的动物和《国家重点保护野生植物名录》的植

物种类占所有动物和植物种类的百分比。

（57）森林火灾受灾控制率

平均每次森林火灾的人为控制受害面积占森林火灾受害总面积的比重。

（58）自然灾害（沙尘暴、泥石流等）发生率

自然灾害受灾面积与区域总面积之比。

（59）森林有害生物成灾控制率

根据国家林业和草原局发布的主要森林病虫鼠害发生面积统计规定，发生面积统计起点以森林病虫鼠害种群密度（虫口密度、感病指数、捕获率）达到能造成轻度危害以上，或已造成轻度危害以上的标准计算，森林病虫鼠害控制面积与发生面积之比。

低碳环保：

（60）森林年固碳量

森林通过光合作用吸收大气中的二氧化碳并将其固定在植被或土壤中的量。

（61）湿地固碳量

湿地内生物通过光合作用吸收大气中的二氧化碳并将其固定在植被或土壤中的量。

（62）湿地释放甲烷量

湿地底泥中厌氧微生物分解产生甲烷气体的量。

（63）森林年释氧量

森林系统通过光合作用，释放出氧气的量。

（64）森林滞尘量

森林每年减少大气颗粒物的量。

（65）森林滞尘能力

单位面积林分每年滞留大气颗粒物的数量。

（66）空气质量优良达标率

全年空气质量二级以上天数占全年的比重。

（67）森林提供负氧离子量

森林每年提供负氧离子的量。

（68）森林吸收二氧化硫量

森林每年吸收二氧化硫的量。

（69）森林吸收氮氧化物量

森林每年吸收氮氧化物的量。

（70）森林吸收重金属量

森林每年吸收重金属的量。

（71）林业工业固废综合利用率

林业工业固体废物综合利用量占林业工业固体废物总量的比重。

（72）林业工业二氧化硫排放量

林业工业二氧化硫年排放量。

（73）林业工业氮氧化物排放量

林业工业氮氧化物年排放量。

（74）林业工业烟粉尘排放量

林业工业烟粉尘年排放量。

（75）林业化学需氧量排放量

林业工业化学需氧量年排放量。

（76）林业氨氮排放量

林业工业氨氮年排放量。

3.1.2.2 完善指标筛选

本书根据可操作性（数据可得等）原则，对初选指标进行筛选。本书数据主要来源包括国民经济和社会发展统计年鉴、林业统计年鉴、第八次全国森林资源清查、全国荒漠化和沙化状况监测、《中国森林生态服务功能评估》[62]以及各省（区、市）环境统计公报等。通过对初选指标进行筛选，得到如下指标列表（见表 3-2）。

表 3-2 林业绿色经济评价筛选指标

一级指标	二级指标	编号	三级指标	计量单位	评价方向	数据来源
基础资源	资源规模	1	森林覆盖率	%	+	林业统计年鉴
		2	森林蓄积量	万 m^3	+	林业统计年鉴
		3	林地保有量	万 hm^2	+	林业统计年鉴
		4	湿地保有量	万 hm^2	+	林业统计年鉴
		5	荒漠面积	万 hm^2	–	全国荒漠化和沙化状况监测
	资源可持续性	6	单位面积森林蓄积量	m^3/hm^2	+	林业统计年鉴
		7	天然林占比	%	+	全国森林资源清查
		8	乔木林占比	%	+	全国森林资源清查
林业产业	林业产业规模	9	林业总产值	亿元	+	林业统计年鉴
		10	林业增加值占地区生产总值比重	%	+	林业统计年鉴、中国统计年鉴
	林业产业结构	11	林业一产占比	%	+	林业统计年鉴
		12	林业三产占比	%	+	林业统计年鉴

一级指标	二级指标	编号	三级指标	计量单位	评价方向	数据来源
林业产业	林业产品与服务	13	林产品产值	亿元	+	林业统计年鉴
		14	林业旅游收入	万元	+	林业统计年鉴
		15	林业旅游带动其他产业产值	万元	+	林业统计年鉴
	林业投资保障	16	林业投资	万元	+	林业统计年鉴
		17	林业投资占财政支出比重	%	+	林业统计年鉴、中国统计年鉴
		18	林业投资中国家投资比重	%	+	林业统计年鉴
		19	林业投资中国内贷款比重	%	+	林业统计年鉴
民生福祉	林业就业	20	林业就业人数	人	+	林业统计年鉴
		21	林业在岗职工平均收入	元	+	林业统计年鉴
		22	林业人员事故占比	%	–	林业统计年鉴
	林业旅游康养与休闲	23	森林旅游康养人次	亿人次	+	林业统计年鉴
		24	森林公园数量	处	+	林业统计年鉴
	林业社会保障	25	林业人员大专以上学历占比	%	+	林业统计年鉴
生态安全	生态建设	26	新增造林面积	hm^2	+	林业统计年鉴
		27	新增沙地治理面积	hm^2	+	全国荒漠化和沙化状况监测
		28	可治理沙化土地治理率	%	+	全国荒漠化和沙化状况监测
	生态防护	29	林业自然保护地面积占国土面积比重	%	+	林业统计年鉴
		30	湿地保护率	%	+	全国湿地调查
		31	防护林占比	%	+	全国森林资源清查
	生物多样性保护	32	物种数量	种	+	野生动植物调查
		33	物种濒危化率	%	–	野生动植物调查
		34	国家重点保护野生动物保护率	%	+	野生动植物调查
	灾害防治	35	森林火灾受灾控制率	%	+	林业统计年鉴
		36	自然灾害（沙尘暴、泥石流等）发生率	%	–	中国统计年鉴
		37	森林有害生物成灾控制率	%	+	林业统计年鉴
低碳环保	应对气候变化	38	森林年固碳量	万 t	+	林业统计年鉴、《中国森林生态服务功能评估》
		39	森林年释氧量	万 t	+	林业统计年鉴、《中国森林生态服务功能评估》

一级指标	二级指标	编号	三级指标	计量单位	评价方向	数据来源
低碳环保	净化环境	40	森林滞尘量	万 t	+	林业统计年鉴、《中国森林生态服务功能评估》
		41	空气质量优良达标率	%	+	各省环境统计公报
		42	森林提供负氧离子量	10^{25} 个	+	林业统计年鉴、《中国森林生态服务功能评估》
		43	森林吸收二氧化硫量	t	+	林业统计年鉴、《中国森林生态服务功能评估》
		44	森林吸收氮氧化物量	t	+	林业统计年鉴、《中国森林生态服务功能评估》

3.1.2.3 完成最终指标体系

最后根据专家讨论（咨询），在筛选指标基础上进行论证分析，遵循指标独立性原则和简明性原则等，最终确定本书的最终指标体系，共计 5 个一级指标、13 个二级指标、29 个三级指标（见表 3-3）。

表 3-3 最终指标体系

一级指标	二级指标	编号	三级指标	计量单位	评价方向	数据来源
基础资源	资源规模	1	森林覆盖率	%	+	林业统计年鉴
		2	森林蓄积量	万 m^3	+	林业统计年鉴
		3	林地保有量	万 hm^2	+	林业统计年鉴
		4	湿地保有量	万 hm^2	+	林业统计年鉴
	资源可持续性	5	单位面积森林蓄积量	m^3/hm^2	+	林业统计年鉴
		6	天然林占比	%	+	全国森林资源清查
		7	乔木林占比	%	+	全国森林资源清查
林业产业	林业产业规模	8	林业总产值	亿元	+	林业统计年鉴
		9	林业增加值占地区生产总值比重	%	+	林业统计年鉴、中国统计年鉴
	林业产业结构	10	林业一产、三产占比	%	+	林业统计年鉴
	林业产品与服务	11	林产品产值	亿元	+	林业统计年鉴
		12	林业旅游收入	万元	+	林业统计年鉴
		13	林业旅游带动其他产业产值	万元	+	林业统计年鉴
	林业投资保障	14	林业投资	万元	+	林业统计年鉴

一级指标	二级指标	编号	三级指标	计量单位	评价方向	数据来源
民生福祉	林业就业	15	林业就业人数	人	+	林业统计年鉴
		16	林业在岗职工平均收入	元	+	林业统计年鉴
	林业旅游康养与休闲	17	林业旅游康养人次	万人次	+	林业统计年鉴
		18	森林公园数量	处	+	林业统计年鉴
生态安全	生态建设	19	新增造林面积	hm^2	+	林业统计年鉴
	生态防护	20	林业自然保护地面积占国土面积比重	%	+	林业统计年鉴
		21	防护林占比	%	+	全国森林资源清查
	灾害防治	22	森林火灾受灾控制率	%	+	林业统计年鉴
		23	森林有害生物成灾控制率	%	+	林业统计年鉴
低碳环保	应对气候变化	24	森林年固碳量	万 t	+	林业统计年鉴、《中国森林生态服务功能评估》
		25	森林年释氧量	万 t	+	林业统计年鉴、《中国森林生态服务功能评估》
	净化环境	26	森林滞尘量	万 t	+	林业统计年鉴、《中国森林生态服务功能评估》
		27	森林提供负氧离子量	10^{25} 个	+	林业统计年鉴、《中国森林生态服务功能评估》
		28	森林吸收二氧化硫量	t	+	林业统计年鉴、《中国森林生态服务功能评估》
		29	森林吸收氮氧化物量	t	+	林业统计年鉴、《中国森林生态服务功能评估》

3.2　林业绿色经济评价方法

根据前文所述，本书评价方法选取基于熵权法的多指标综合评价法和数据包络分析（DEA）法相结合：熵权法是通过对林业绿色经济评价三级指标进行赋予权重的处理，侧重从存量状态角度评价林业绿色经济发展状态；而 DEA 法通过对各指标建立投入产出关系，侧重从增量（产出）角度评价林业绿色经济效率水平。最后将二者结合起来得到林业绿色经济发展综合评估结果（见图 3-2）。

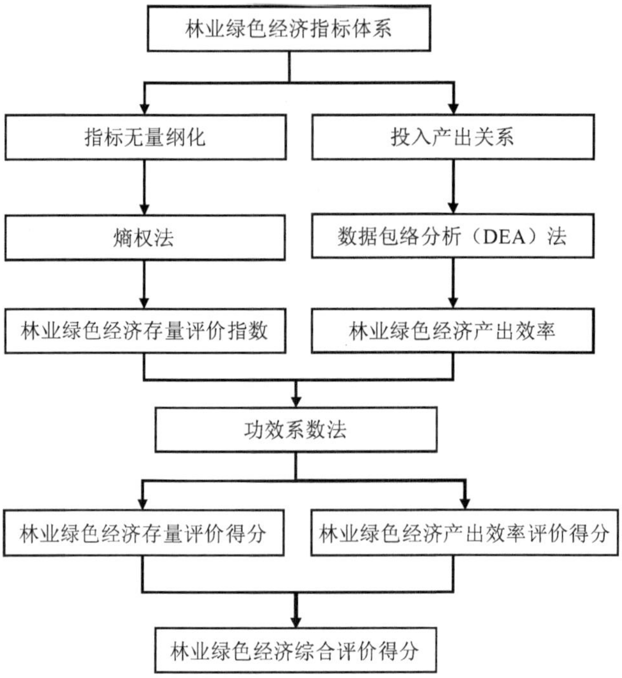

图 3-2 林业绿色经济评价方法框架

3.2.1 基于熵权法的多指标综合评价法

本书选用基于熵权法的多指标综合评价法进行林业绿色经济存量状态评价。

3.2.1.1 指标无量纲化方法

本书采用 min-max 标准化（min-max normalization）方法进行指标无量纲化。

以 2013—2016 年 31 个省（区、市）的统计数据为基础，为了让各指标可以相互比较，本书将 2013—2016 年的指标 i 的最大值 $\max(x_i)$和最小值 $\min(x_i)$作为各指标阈值，采用极值法对指标进行无量纲化处理。

正向指标无量纲化处理采用式（3-1）。

$$X_{ijn}=\frac{x_{ijn}-\min(x_i)}{\max(x_i)-\min(x_i)} \tag{3-1}$$

式中：X_{ijn}——n 年省（区、市）j 的指标 i 标准化（无量纲化）得分值，$j=1,2,\cdots,30,31$（见表 3-4），n=2013, 2014, 2015, 2016；

x_{ijn}——n 年省（区、市）j 的指标 i 统计值，$j=1,2,\cdots,30,31$，n=2013, 2014, 2015, 2016；

$\max(x_i)$——2013—2016 年所有省（区、市）指标 i 统计值的最大值；

$\min(x_i)$——2013—2016 年所有省（区、市）指标 i 统计值的最小值。

表 3-4　各省（区、市）对应编号

行政区	编号	行政区	编号
北京	1	湖北	17
天津	2	湖南	18
河北	3	广东	19
山西	4	广西	20
内蒙古	5	海南	21
辽宁	6	重庆	22
吉林	7	四川	23
黑龙江	8	贵州	24
上海	9	云南	25
江苏	10	西藏	26
浙江	11	陕西	27
安徽	12	甘肃	28
福建	13	青海	29
江西	14	宁夏	30
山东	15	新疆	31
河南	16		

3.2.1.2　指标权重赋值

本书选用客观权重赋值法中的熵权法对各指标进行权重赋值。

（1）求各指标的信息熵

根据信息论之父香农（C E Shannon）对“信息熵”的定义，熵是对不确定性的一种度量，信息量越大，不确定性越小，信息熵也越小；反过来说，如果某指标的信息熵越小，表明该指标提供的信息量越大，在综合评价中所起作用理当越大，权重就应该越大。因此，可利用信息熵这个工具，计算出各个指标的权重，为多指标综合评价提供依据。

本书中一共有 k 个指标，各指标标准化无量纲值分别为：$X_{1jn}, X_{2jn}, \cdots, X_{kjn}$，一组数据的信息熵 E_i 为

$$E_i = -\frac{1}{\ln（m）}\sum_{j=1}^{31}\sum_{n=2013}^{2016} p_{ijn}\ln p_{ijn} \tag{3-2}$$

$$p_{ijn} = X_{ijn} \Big/ \sum_{j=1}^{31}\sum_{n=2013}^{2016} X_{ijn} \tag{3-3}$$

若 p_{ijn}=0，则 $\lim\limits_{p_{ijn}\to 0} p_{ijn}\ln p_{ijn}=0$。

式中：p_{ijn}——n 年省（区、市）j 的指标 i 无量纲值，$j=1,\ 2,\ \cdots,\ 30,\ 31$，$n$=2013, 2014, 2015, 2016；

m——2013—2016 年 4 年间 31 个省（区、市）指标 i 的数据量，即 $m=4\times 31=124$。

（2）确定各指标权重

根据信息熵的计算公式，计算出各个指标的信息熵为 $E_1,E_2,\cdots,E_{k-1},E_k$，则这个指标信息熵的冗余度为 $1-E_1,1-E_2,\cdots,1-E_{k-1},1-E_k$。通过信息熵的冗余度计算各指标的权重 W_i：

$$W_i=\left(1-E_i\right)/\left(k-\sum E_i\right) \tag{3-4}$$

（3）林业绿色经济存量状态评价指数

根据各指标无量纲化值和权重，得到指标 i 某年某省（区、市）j 林业绿色经济存量状态评价指数 I_{ijn}：

$$I_{ijn}=X_{ijn}\times W_i \tag{3-5}$$

n 年某省（区、市）j 林业绿色经济存量状态评价指数 I_{jn} 为

$$I_{jn}=\sum_{i=1}^{k} I_{ijn} \tag{3-6}$$

除基于全体指标计算林业绿色经济存量状态评价指数，还可基于基础资源、林业产业、民生福祉、生态安全、低碳环保等各个分项指标，分别计算各年各省（区、市）林业基础资源存量状态评价指数、林业产业存量状态评价指数、林业民生福祉存量状态评价指数、林业生态安全存量状态评价指数、林业低碳环保存量状态评价指数（见表 3-5）。

表 3-5　林业绿色经济存量状态分项评价指数及对应评价指标

分项评价指数	二级指标	三级指标	三级指标编号
林业基础资源存量状态评价指数	资源规模	森林覆盖率	1
		森林蓄积量	2
		林地保有量	3
		湿地保有量	4
	资源可持续性	单位面积森林蓄积量	5
		天然林占比	6
		乔木林占比	7

分项评价指数	二级指标	三级指标	三级指标编号
林业产业存量状态评价指数	林业产业规模	林业总产值	8
		林业增加值占地区生产总值比重	9
	林业产业结构	林业一产、三产占比	10
	林业产品与服务	林产品产值	11
		林业旅游收入	12
		林业旅游带动其他产业产值	13
	林业投资保障	林业投资	14
林业民生福祉存量状态评价指数	林业就业	林业就业人数	15
		林业在岗职工平均收入	16
	林业旅游康养与休闲	林业旅游康养人次	17
		森林公园数量	18
林业生态安全存量状态评价指数	生态建设	新增造林面积	19
	生态防护	林业自然保护地面积占国土面积比重	20
		防护林占比	21
	灾害防治	森林火灾受灾控制率	22
		森林有害生物成灾控制率	23
林业低碳环保存量状态评价指数	应对气候变化	森林年固碳量	24
		森林年释氧量	25
	净化环境	森林滞尘量	26
		森林提供负氧离子量	27
		森林吸收二氧化硫量	28
		森林吸收氮氧化物量	29

3.2.2　数据包络分析（DEA）法

本书选用数据包络分析（DEA）法进行林业绿色经济增量（产出）效率评价。

数据包络分析（Data Envelopment Analysis，DEA）是一种基于被评价对象间相对比较的非参数技术效率分析方法，可以评价一个生产单元的生产过程达到行业前沿技术水平的程度。

DEA 法在处理多输入、多输出问题方面具有优势。1978 年，运筹学家、美国得克萨斯大学教授 A Charnes、W W Cooper 和 E Rhodes 发表了一篇重要论文——*Measuring the Efficiency of Decision Making Units*（《决策单元的有效性度量》），其刊登在权威的《欧洲运筹学杂志》上，正式提出了运筹学的一个新领域：数据包络分析（DEA）。在 DEA 中一般称研究对象（即被比较和衡量绩效的组织）为决策单元（Decision Making Unit，DMU）。

应用 DEA 法进行效率评价分析的流程如图 3-3 所示。

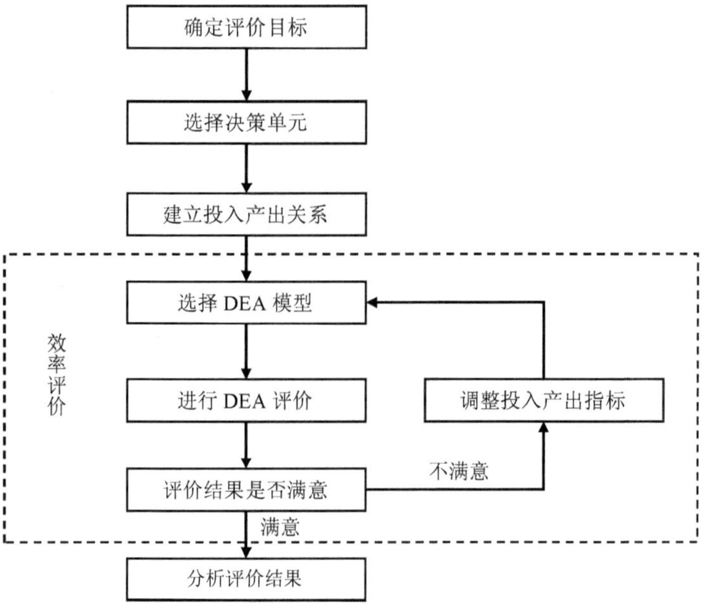

图 3-3 DEA 评价流程

3.2.2.1 确定评价目标

本书应用上述 DEA 方法，计算 2013—2016 年全国 31 个省（区、市）林业绿色经济相对产出效率，从相对产出效率角度，对各省级行政单元进行空间维度上的比较和时间维度上的变化分析。

3.2.2.2 决策单元（DMU）

决策单元是 DEA 评价的“投入”“产出”的各个单元。

DEA 模型对 DMU 数量有一定的要求，如果 DMU 数量过少，很容易出现大部分甚至全部 DMU 均有效（效率评价值为 1）的结果，使 DEA 失去对 DMU 效率进行区分的能力。一般来说，DMU 数量不应少于投入和产出指标数量的乘积，同时不少于投入和产出指标数量的 3 倍[64]，即

$$n \geqslant \max\{m \times q, 3 \times (m+q)\} \tag{3-7}$$

式中：n——DMU 数量；

m——每个 DMU 相同投入数量；

q——每个 DMU 相同产出数量。

因此，本书在使用 DEA 法时，为了不减少指标数量，假定各省（区、市）2013—2016 年林业发展处于近乎相同的技术水平上，将 2013—2016 年某年某省级行政单元作为一个决策单元，以增加决策单元个数，满足所选择的指标总数。因此，本书共有 124 个决策单元（见表 3-6）。

表 3-6　DEA 决策单元及编号

省（区、市）	DEA 决策单元及编号			
	2013 年	2014 年	2015 年	2016 年
北京	13BJ	14BJ	15BJ	16BJ
天津	13TJ	14TJ	15TJ	16TJ
河北	13HB	14HB	15HB	16HB
山西	13SX	14SX	15SX	16SX
内蒙古	13NMG	14NMG	15NMG	16NMG
辽宁	13LN	14LN	15LN	16LN
吉林	13JL	14JL	15JL	16JL
黑龙江	13HLJ	14HLJ	15HLJ	16HLJ
上海	13SH	14SH	15SH	16SH
江苏	13JS	14JS	15JS	16JS
浙江	13ZJ	14ZJ	15ZJ	16ZJ
安徽	13AH	14AH	15AH	16AH
福建	13FJ	14FJ	15FJ	16FJ
江西	13JX	14JX	15JX	16JX
山东	13SD	14SD	15SD	16SD
河南	13HN	14HN	15HN	16HN
湖北	13HUB	14HUB	15HUB	16HUB
湖南	13HUN	14HUN	15HUN	16HUN
广东	13GD	14GD	15GD	16GD
广西	13GX	14GX	15GX	16GX
海南	13HAN	14HAN	15HAN	16HAN
重庆	13CQ	14CQ	15CQ	16CQ
四川	13SC	14SC	15SC	16SC
贵州	13GZ	14GZ	15GZ	16GZ
云南	13YN	14YN	15YN	16YN
西藏	13XZ	14XZ	15XZ	16XZ
陕西	13SHX	14SHX	15SHX	16SHX
甘肃	13GS	14GS	15GS	16GS
青海	13QH	14QH	15QH	16QH
宁夏	13NX	14NX	15NX	16NX
新疆	13XJ	14XJ	15XJ	16XJ

3.2.2.3 建立投入产出关系

应用 DEA 模型计算林业绿色经济效率，前提是选择变量，并建立投入产出关系。由于某些投入指标具有滞后性，本书将具有滞后性的投入指标进行一阶滞后处理，再根据数据可得性梳理指标的投入产出关系（见表 3-7）。

表 3-7 DEA 评价的指标投入产出变量

投入和产出指标		序号	变量
投入	资源规模	1	上期林地保有量
		2	上期湿地保有量
		3	上期森林蓄积量
	林业投资	4	林业投资（当期累计完成）
	就业人数	5	林业就业人数
产出	林业产业规模	1	林业总产值
	林业产品与服务	2	林产品产值
		3	林业旅游收入
		4	林业旅游带动其他产业产值
	林业旅游康养与休闲	5	林业旅游康养人次
		6	森林公园数量
	生态建设	7	新增造林面积
		8	森林蓄积量增量
	应对气候变化能力	9	森林年固碳量
		10	森林年释氧量
	净化环境能力	11	森林滞尘量
		12	森林提供负氧离子量
		13	森林吸收二氧化硫量
		14	森林吸收氮氧化物量

3.2.2.4 进行 DEA 效率评价

本书所采用的是至前沿最远距离函数（Slack Based Measure，SBM）超效率（Super Efficiency）模型（Super-SBM），其计算方法如下：

设：n 个决策单元，记为 DMU_j（$j = 1,2,\cdots,n$）；

每个决策单元有相同的 m 项投入（输入）（$i = 1,2,\cdots,m$）；

每个决策单元有相同的 q 项产出（输出）（$r = 1,2,\cdots,q$）；

x_{ij} 为第 j 决策单元的第 i 项投入；

y_{rj} 为第 j 决策单元的第 r 项产出。

传统的 SBM 模型[65]如下：

$$\min \rho = \frac{1-\frac{1}{m}\sum_{i=1}^{m} s_i^- / x_{ik}}{1-\frac{1}{q}\sum_{r=1}^{q} s_r^+ / y_{rk}} \qquad (3\text{-}8)$$

$$\text{s.t.} \ \sum_{j=1}^{n} x_{ij}\lambda_j + s_i^- = x_{ik}$$

$$\sum_{j=1}^{n} y_{rj}\lambda_j - s_r^+ = y_{rk}$$

$$\lambda_j,\ s_i^-,\ s_r^+ \geqslant 0$$

式中：ρ——被评价 DMU_k 的效率值；

s_i^-——投入的松弛变量；

s_r^+——产出的松弛变量；

λ——权重。

当 ρ=1、s_i^-=0、s_r^+=0 是有效率的；ρ<1、s_i^->0、s_r^+>0 是没有效率的。

在 DEA 模型的分析结果中，往往会出现多个 DMU 被评价为有效的情况，尤其是当投入和产出指标数量较多时，有效 DMU 数量也会较多，即多个 DMU 的效率评价值为 1，这导致这些 DMU 的效率高低无法进一步区分。为解决这一问题，Andersen 和 Petersen 提出了对效率评价值为 1 的 DMU 进一步区分其效率程度的方法，这一方法后来被称为超效率模型（Super Efficiency Model）[66]。超效率模型将被评价 DMU 从参考集中剔除，也就是说，被评价 DMU 的效率值是参考其他 DMU 构成的前沿得出的，从而进一步对被评价的 DMU 做出差异化的效率评估。

因此，本书选用超效率模型中的 Super-SBM 模型，模型具体如下：

$$\min \rho = \frac{1-\frac{1}{m}\sum_{i=1}^{m} s_i^- / x_{ik}}{1-\frac{1}{q}\sum_{r=1}^{q} s_r^+ / y_{rk}} \qquad (3\text{-}9)$$

$$\text{s.t.} \quad \sum_{j=1,\ j\neq k}^{n} x_{ij}\lambda_j - s_i^- \leqslant x_{ik}$$

$$\sum_{j=1,\ j\neq k}^{n} y_{rj}\lambda_j + s_r^+ \geqslant y_{rk}$$

$$\lambda_j,\ s_i^-,\ s_r^+ \geqslant 0$$

式中：ρ——被评价 DMU_k 的效率值；

s_i^-——投入的松弛变量；

s_r^+——产出的松弛变量。

$\rho=1$、$s_i^-=0$、$s_r^+=0$ 是有效率的；$\rho<1$、$s_i^->0$、$s_r^+>0$ 是没有效率的。

本书将各决策单元的投入和相应产出指标变量输入 DEA 模型中，应用 Super-SBM 方向距离函数计算，得到各年各省（区、市）林业绿色经济产出效率 ρ。

本书除计算林业绿色经济产出效率，还用同样的方式计算了各年各省（区、市）林业经济产出效率、林业民生福祉产出效率、林业生态安全产出效率、林业低碳环保产出效率（见表 3-8）。

表 3-8 由评价内容确定的投入和产出变量

<table>
<tr><th>评价内容</th><th>投入指标</th><th>投入变量</th><th>产出指标</th><th>产出变量</th></tr>
<tr><td rowspan="5">林业经济产出效率</td><td rowspan="3">资源规模</td><td>上期林地保有量</td><td>林业产业规模</td><td>林业总产值</td></tr>
<tr><td>上期湿地保有量</td><td rowspan="4">林业产品与服务</td><td>林产品产值</td></tr>
<tr><td>上期森林蓄积量</td><td>林业旅游收入</td></tr>
<tr><td>林业投资</td><td>林业投资（当期累计完成）</td><td rowspan="2">林业旅游带动其他产业产值</td></tr>
<tr><td>就业人数</td><td>林业就业人数</td></tr>
<tr><td rowspan="5">林业民生福祉产出效率</td><td rowspan="3">资源规模</td><td>上期林地保有量</td><td rowspan="5">林业旅游康养与休闲</td><td rowspan="2">林业旅游康养人次</td></tr>
<tr><td>上期湿地保有量</td></tr>
<tr><td>上期森林蓄积量</td><td rowspan="3">森林公园数量</td></tr>
<tr><td>林业投资</td><td>林业投资（当期累计完成）</td></tr>
<tr><td>就业人数</td><td>林业就业人数</td></tr>
<tr><td rowspan="5">林业生态安全产出效率</td><td rowspan="3">资源规模</td><td>上期林地保有量</td><td rowspan="5">生态建设</td><td rowspan="2">新增造林面积</td></tr>
<tr><td>上期湿地保有量</td></tr>
<tr><td>上期森林蓄积量</td><td rowspan="3">森林蓄积量增量</td></tr>
<tr><td>林业投资</td><td>林业投资（当期累计完成）</td></tr>
<tr><td>就业人数</td><td>林业就业人数</td></tr>
<tr><td rowspan="6">林业低碳环保产出效率</td><td rowspan="3">资源规模</td><td>上期林地保有量</td><td rowspan="2">应对气候变化能力</td><td>森林年固碳量</td></tr>
<tr><td>上期湿地保有量</td><td>森林年释氧量</td></tr>
<tr><td>上期森林蓄积量</td><td rowspan="4">净化环境能力</td><td>森林滞尘量</td></tr>
<tr><td>林业投资</td><td>林业投资（当期累计完成）</td><td>森林提供负氧离子量</td></tr>
<tr><td rowspan="2">就业人数</td><td rowspan="2">林业就业人数</td><td>森林吸收二氧化硫量</td></tr>
<tr><td>森林吸收氮氧化物量</td></tr>
</table>

3.2.3　功效系数法

本书为了更直观清晰地展现各省（区、市）的林业绿色经济发展状况，运用功效系数法[1]，将林业绿色经济存量状态评价指数 I 和林业绿色经济产出效率 ρ 取值范围变为[60，100]，分别得到林业绿色经济存量状态评价得分 I^* 和林业绿色经济产出效率评价得分 ρ^*。

n 年某省（区、市）j 林业绿色经济存量状态评价得分 I_{jn}^* 为

$$I_{jn}^* = \frac{I_{jn} - \min(I)}{\max(I) - \min(I)} \times 40 + 60 \tag{3-10}$$

式中：$\max(I)$——林业绿色经济存量状态评价指数 I 的最大值；

$\min(I)$——林业绿色经济存量状态评价指数 I 的最小值。

n 年某省（区、市）j 林业绿色经济产出效率评价得分 ρ_{jn}^* 为

$$\rho_{jn}^* = \frac{\rho_{jn} - \min(\rho)}{\max(\rho) - \min(\rho)} \times 40 + 60 \tag{3-11}$$

式中：$\max(\rho)$——林业绿色经济产出效率 ρ 的最大值；

$\min(\rho)$——林业绿色经济产出效率 ρ 的最小值。

本书最后将林业绿色经济存量状态评价得分 I^* 和林业绿色经济产出效率评价得分 ρ^* 取算数平均值，作为本书林业绿色经济最终评价分数 S，则 n 年某省级行政单元 j 林业绿色经济综合评价得分 S_{jn} 为

$$S_{jn} = 0.5 \times I_{jn}^* + 0.5 \times \rho_{jn}^* \tag{3-12}$$

1）功效系数法又叫功效函数法，它是根据多目标规划原理，对每一项评价指标确定一个满意值和不允许值，以满意值为上限，以不允许值为下限，计算各指标实现满意值的程度，并以此确定各指标的分数。

第 4 章　林业绿色经济存量状态评价

4.1　省级林业基础资源存量状态评价分析

4.1.1　2013 年省级林业基础资源存量状态评价分析

2013 年，各省（区、市）的林业基础资源存量状态评价得分及排名见图 4-1 和表 4-1。

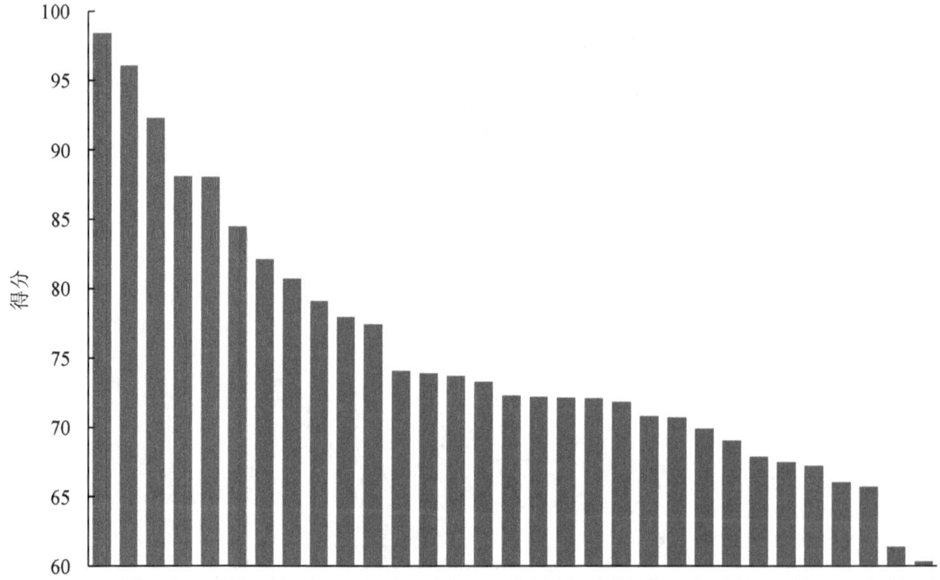

图 4-1　2013 年林业基础资源存量状态评价得分

表 4-1 2013 年林业基础资源存量状态评价得分及排名

序号	省（区、市）	得分	排名
1	北京	66.05	28
2	天津	61.39	30
3	河北	67.53	26
4	山西	67.22	27
5	内蒙古	92.27	3
6	辽宁	73.29	15
7	吉林	84.44	6
8	黑龙江	98.42	1
9	上海	65.73	29
10	江苏	72.14	18
11	浙江	73.88	13
12	安徽	69.05	24
13	福建	82.10	7
14	江西	80.71	8
15	山东	67.89	25
16	河南	69.90	23
17	湖北	72.06	19
18	湖南	77.43	11
19	广东	77.94	10
20	广西	79.07	9
21	海南	72.19	17
22	重庆	72.28	16
23	四川	88.04	5
24	贵州	70.70	22
25	云南	88.07	4
26	西藏	96.05	2
27	陕西	74.06	12
28	甘肃	73.68	14
29	青海	70.80	21
30	宁夏	60.31	31
31	新疆	71.80	20

其中：

①各省（区、市）林业基础资源存量状态评价得分，前三名分别是黑龙江（98.42）、西藏（96.05）、内蒙古（92.27），后三名分别是宁夏（60.31）、天津（61.39）、上海（65.73）。

②得分 90～100 分[1)] 有 3 个，分别是黑龙江、西藏、内蒙古；80～90 分有 5 个，分别是云南、四川、吉林、福建、江西；70～80 分有 14 个，分别是广西、广东、湖南、陕

1）本书对评价得分划分为五级，分别为 100 分（得分为 100 分）、90～100 分（得分在[90，100）内）、80～90 分（得分在[80，90）内）、70～80 分（得分在[70，80）内）、60～70 分（得分在[60，70）内）。

西、浙江、甘肃、辽宁、重庆、海南、江苏、湖北、新疆、青海、贵州；60～70 分有 9 个，分别是河南、安徽、山东、河北、山西、北京、上海、天津、宁夏。

4.1.2 2014 年省级林业基础资源存量状态评价分析

2014 年，各省（区、市）的林业基础资源存量状态评价得分及排名见表 4-2 和图 4-2。

表 4-2 2014 年林业基础资源存量状态评价得分及排名

序号	省（区、市）	得分	排名
1	北京	66.06	28
2	天津	61.44	30
3	河北	67.54	26
4	山西	67.22	27
5	内蒙古	93.23	3
6	辽宁	73.46	15
7	吉林	84.53	6
8	黑龙江	98.93	1
9	上海	65.79	29
10	江苏	72.72	17
11	浙江	74.07	13
12	安徽	69.29	24
13	福建	82.54	7
14	江西	80.71	8
15	山东	67.92	25
16	河南	69.99	23
17	湖北	72.43	20
18	湖南	77.36	11
19	广东	78.16	10
20	广西	79.19	9
21	海南	72.23	21
22	重庆	72.47	19
23	四川	88.54	4
24	贵州	70.90	22
25	云南	88.50	5
26	西藏	96.54	2
27	陕西	74.18	12
28	甘肃	73.92	14
29	青海	72.70	18
30	宁夏	60.30	31
31	新疆	73.25	16

其中：

①各省（区、市）林业基础资源存量状态评价得分，前三名分别是黑龙江（98.93）、西藏（96.54）、内蒙古（93.23），后三名分别是宁夏（60.30）、天津（61.44）、上海（65.79）。

②得分 90～100 分有 3 个，分别是黑龙江、西藏、内蒙古；80～90 分有 5 个，分别是四川、云南、吉林、福建、江西；70～80 分有 14 个，分别是广西、广东、湖南、陕西、浙江、甘肃、辽宁、新疆、江苏、青海、重庆、湖北、海南、贵州；60～70 分有 9 个，分别是河南、安徽、山东、河北、山西、北京、上海、天津、宁夏。

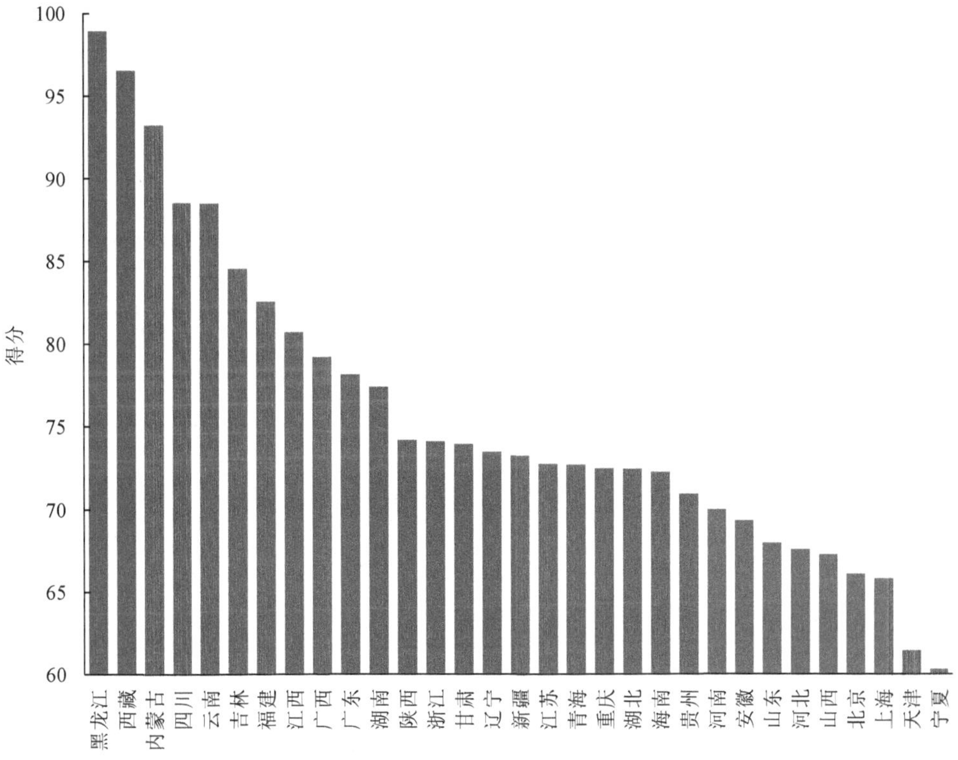

图 4-2　2014 年林业基础资源存量状态评价得分

4.1.3　2015 年省级林业基础资源存量状态评价分析

2015 年，各省（区、市）的林业基础资源存量状态评价得分及排名见表 4-3 和图 4-3。

表 4-3　2015 年林业基础资源存量状态评价得分及排名

序号	省（区、市）	得分	排名
1	北京	66.08	28
2	天津	61.51	30
3	河北	67.57	26
4	山西	67.24	27
5	内蒙古	94.27	3
6	辽宁	73.64	17
7	吉林	84.63	6
8	黑龙江	99.45	1
9	上海	65.85	29
10	江苏	73.37	18
11	浙江	74.29	15
12	安徽	69.56	24
13	福建	83.03	7
14	江西	80.72	8
15	山东	67.96	25
16	河南	70.08	23
17	湖北	72.85	19
18	湖南	77.28	11
19	广东	78.40	10
20	广西	79.31	9
21	海南	72.27	21
22	重庆	72.71	20
23	四川	89.09	4
24	贵州	71.13	22
25	云南	88.97	5
26	西藏	97.06	2
27	陕西	74.32	14
28	甘肃	74.18	16
29	青海	74.94	13
30	宁夏	60.29	31
31	新疆	75.12	12

其中：

①各省（区、市）林业基础资源存量状态得分，前三名分别是黑龙江（99.45）、西藏（97.06）、内蒙古（94.27），后三名分别是宁夏（60.29）、天津（61.51）、上海（65.85）。

②得分 90～100 分有 3 个，分别是黑龙江、西藏、内蒙古；80～90 分有 5 个，分别是四川、云南、吉林、福建、江西；70～80 分有 15 个，分别是广西、广东、湖南、新疆、青海、陕西、浙江、甘肃、辽宁、江苏、湖北、重庆、海南、贵州、河南；60～70 分有

8 个，分别是安徽、山东、河北、山西、北京、上海、天津、宁夏。

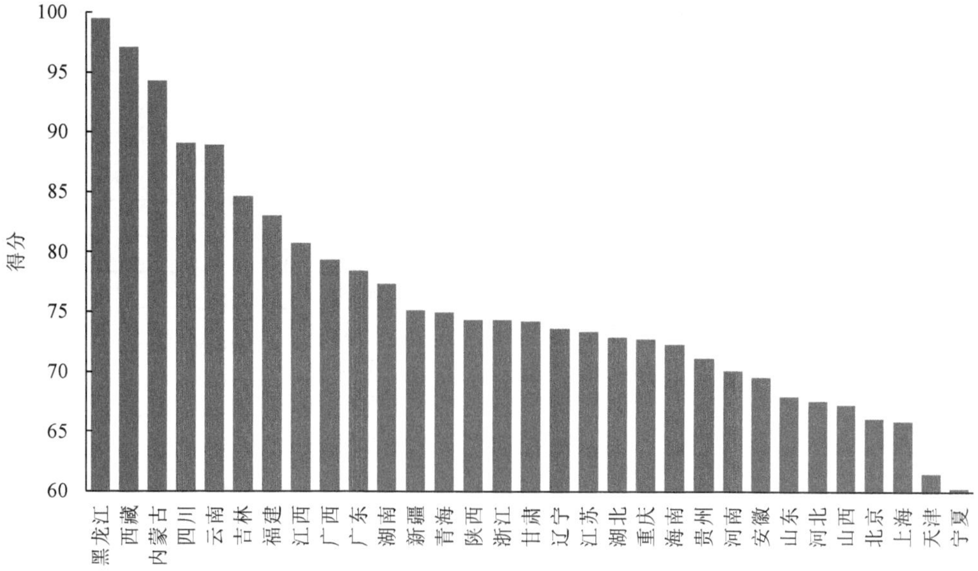

图 4-3 2015 年林业基础资源存量状态评价得分

4.1.4 2016 年省级林业基础资源存量状态评价分析

2016 年，各省（区、市）的林业基础资源存量状态评价得分及排名见图 4-4 和表 4-4。

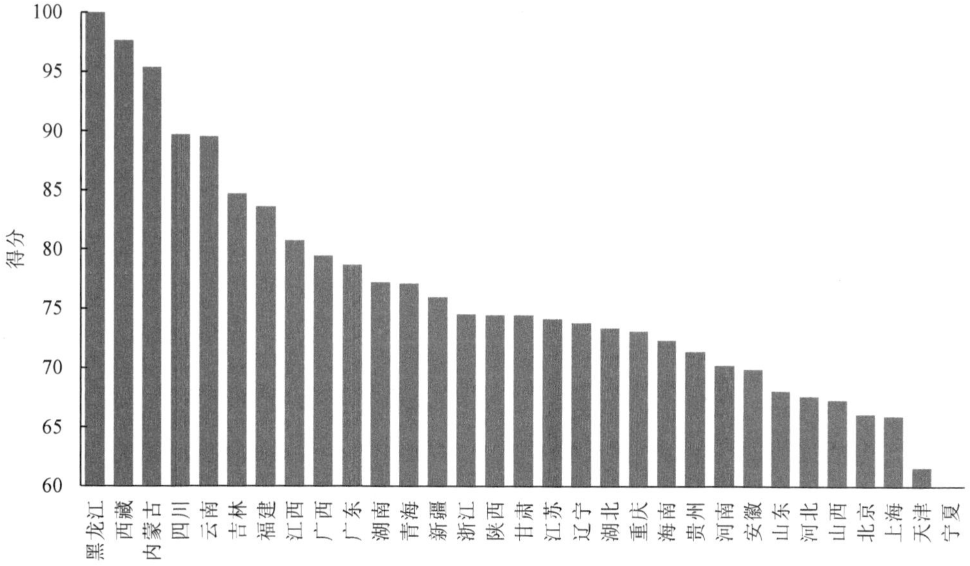

图 4-4 2016 年林业基础资源存量状态评价得分

表 4-4　2016 年林业基础资源存量状态评价得分及排名

序号	省（区、市）	得分	排名
1	北京	66.09	28
2	天津	61.58	30
3	河北	67.59	26
4	山西	67.26	27
5	内蒙古	95.38	3
6	辽宁	73.82	18
7	吉林	84.74	6
8	黑龙江	100.00	1
9	上海	65.92	29
10	江苏	74.11	17
11	浙江	74.51	14
12	安徽	69.86	24
13	福建	83.58	7
14	江西	80.73	8
15	山东	68.01	25
16	河南	70.18	23
17	湖北	73.30	19
18	湖南	77.21	11
19	广东	78.66	10
20	广西	79.44	9
21	海南	72.31	21
22	重庆	73.05	20
23	四川	89.70	4
24	贵州	71.38	22
25	云南	89.51	5
26	西藏	97.60	2
27	陕西	74.45	15
28	甘肃	74.44	16
29	青海	77.10	12
30	宁夏	60.00	31
31	新疆	75.96	13

其中：

①各省（区、市）林业基础资源存量状态评价得分，前三名分别是黑龙江（100.00）、西藏（97.60）、内蒙古（95.38），后三名分别是宁夏（60.00）、天津（61.58）、上海（65.92）。

②得分 100 分的是黑龙江；得分 90～100 分有 2 个，分别是西藏、内蒙古；80～90 分有 5 个，分别是四川、云南、吉林、福建、江西；70～80 分有 15 个，分别是广西、广东、湖南、青海、新疆、浙江、陕西、甘肃、江苏、辽宁、湖北、重庆、海南、贵州、河南；60～70 分有 8 个，分别是安徽、山东、河北、山西、北京、上海、天津、宁夏。

4.1.5 跨年度林业基础资源存量状态评价分析

2013—2016 年，各省（区、市）的林业基础资源存量状态评价得分及变化见表 4-5。

2013—2016 年，除湖南、宁夏外，其余各省（区、市）基础资源存量状态评价得分均有所上升，上升幅度最大的是青海，原因是多数省（区、市）森林面积和森林蓄积量逐年升高，而湖南、宁夏森林面积和森林蓄积量逐年下降。

表 4-5 2013—2016 年林业基础资源存量状态评价得分及变化

序号	省（区、市）	2013 年得分	2014 年		2015 年		2016 年		2016 年较 2013 年上升
			得分	较上年上升	得分	较上年上升	得分	较上年上升	
1	北京	66.05	66.06	0.01	66.08	0.01	66.09	0.02	0.04
2	天津	61.39	61.44	0.06	61.51	0.06	61.58	0.07	0.19
3	河北	67.53	67.54	0.02	67.57	0.02	67.59	0.03	0.06
4	山西	67.22	67.22	0.00	67.24	0.02	67.26	0.03	0.04
5	内蒙古	92.27	93.23	0.97	94.27	1.04	95.38	1.11	3.11
6	辽宁	73.29	73.46	0.17	73.64	0.18	73.82	0.18	0.53
7	吉林	84.44	84.53	0.09	84.63	0.10	84.74	0.10	0.30
8	黑龙江	98.42	98.93	0.51	99.45	0.53	100.00	0.55	1.58
9	上海	65.73	65.79	0.06	65.85	0.06	65.92	0.07	0.19
10	江苏	72.14	72.72	0.57	73.37	0.65	74.11	0.74	1.97
11	浙江	73.88	74.07	0.20	74.29	0.21	74.51	0.23	0.63
12	安徽	69.05	69.29	0.24	69.56	0.27	69.86	0.30	0.81
13	福建	82.10	82.54	0.44	83.03	0.49	83.58	0.55	1.48
14	江西	80.71	80.71	0.01	80.72	0.01	80.73	0.01	0.02
15	山东	67.89	67.92	0.04	67.96	0.04	68.01	0.05	0.12
16	河南	69.90	69.99	0.09	70.08	0.09	70.18	0.10	0.28
17	湖北	72.06	72.43	0.38	72.85	0.41	73.30	0.46	1.24
18	湖南	77.43	77.36	−0.08	77.28	−0.07	77.21	−0.07	−0.22
19	广东	77.94	78.16	0.23	78.40	0.24	78.66	0.25	0.72
20	广西	79.07	79.19	0.12	79.31	0.12	79.44	0.13	0.37
21	海南	72.19	72.23	0.04	72.27	0.04	72.31	0.04	0.12
22	重庆	72.28	72.47	0.19	72.71	0.25	73.05	0.34	0.77
23	四川	88.04	88.54	0.49	89.09	0.55	89.70	0.61	1.66
24	贵州	70.70	70.90	0.20	71.13	0.23	71.38	0.26	0.68
25	云南	88.07	88.50	0.43	88.97	0.48	89.51	0.53	1.44
26	西藏	96.05	96.54	0.49	97.06	0.51	97.60	0.54	1.55
27	陕西	74.06	74.18	0.13	74.32	0.13	74.45	0.14	0.39
28	甘肃	73.68	73.92	0.24	74.18	0.25	74.44	0.27	0.76
29	青海	70.80	72.70	1.90	74.94	2.24	77.10	2.16	6.30
30	宁夏	60.31	60.30	−0.01	60.29	−0.01	60.00	−0.29	−0.31
31	新疆	71.80	73.25	1.46	75.12	1.86	75.96	0.84	4.16

2013—2016 年林业基础资源存量状态评价排名见表 4-6。

2013—2016 年，大多数省（区、市）林业基础资源存量状态评价排名保持不变，少数排名略有升降；青海 2015 年较 2014 年排名上升 5 名，在各省（区、市）中上升幅度最大，且连续三年排名上升；海南 2014 年较 2013 年排名下降 4 名，在各省（区、市）中下降幅度最大。

表 4-6 2013—2016 年林业基础资源存量状态评价排名

序号	省（区、市）	2013 年排名	2014 年		2015 年		2016 年		2016 年较 2013 年上升
			排名	较上年上升	排名	较上年上升	排名	较上年上升	
1	北京	28	28	0	28	0	28	0	0
2	天津	30	30	0	30	0	30	0	0
3	河北	26	26	0	26	0	26	0	0
4	山西	27	27	0	27	0	27	0	0
5	内蒙古	3	3	0	3	0	3	0	0
6	辽宁	15	15	0	17	−2	18	−1	−3
7	吉林	6	6	0	6	0	6	0	0
8	黑龙江	1	1	0	1	0	1	0	0
9	上海	29	29	0	29	0	29	0	0
10	江苏	18	17	1	18	−1	17	1	1
11	浙江	13	13	0	15	−2	14	1	−1
12	安徽	24	24	0	24	0	24	0	0
13	福建	7	7	0	7	0	7	0	0
14	江西	8	8	0	8	0	8	0	0
15	山东	25	25	0	25	0	25	0	0
16	河南	23	23	0	23	0	23	0	0
17	湖北	19	20	−1	19	1	19	0	0
18	湖南	11	11	0	11	0	11	0	0
19	广东	10	10	0	10	0	10	0	0
20	广西	9	9	0	9	0	9	0	0
21	海南	17	21	−4	21	0	21	0	−4
22	重庆	16	19	−3	20	−1	20	0	−4
23	四川	5	4	1	4	0	4	0	1
24	贵州	22	22	0	22	0	22	0	0
25	云南	4	5	−1	5	0	5	0	−1
26	西藏	2	2	0	2	0	2	0	0
27	陕西	12	12	0	14	−2	15	−1	−3
28	甘肃	14	14	0	16	−2	16	0	−2
29	青海	21	18	3	13	5	12	1	9
30	宁夏	31	31	0	31	0	31	0	0
31	新疆	20	16	4	12	4	13	−1	7

4.2　省级林业产业存量状态评价分析

4.2.1　2013 年省级林业产业存量状态评价分析

2013 年，各省（区、市）的林业产业存量状态评价得分及排名见表 4-7 和图 4-5。

表 4-7　2013 年林业产业存量状态评价得分及排名

序号	省（区、市）	得分	排名
1	北京	63.50	21
2	天津	60.72	30
3	河北	65.06	18
4	山西	62.76	25
5	内蒙古	62.61	26
6	辽宁	68.96	12
7	吉林	65.57	16
8	黑龙江	66.27	13
9	上海	60.00	31
10	江苏	74.65	9
11	浙江	76.41	8
12	安徽	72.35	10
13	福建	77.58	7
14	江西	83.52	4
15	山东	84.97	2
16	河南	65.88	14
17	湖北	70.77	11
18	湖南	84.30	3
19	广东	87.07	1
20	广西	82.05	5
21	海南	62.80	24
22	重庆	62.90	22
23	四川	77.68	6
24	贵州	65.51	17
25	云南	65.82	15
26	西藏	60.95	29
27	陕西	64.53	20
28	甘肃	62.83	23
29	青海	61.12	28
30	宁夏	61.35	27
31	新疆	64.66	19

其中：

①各省（区、市）林业产业存量状态评价得分，前三名分别是广东（87.07）、山东（84.97）、湖南（84.30），后三名分别是上海（60.00）、天津（60.72）、西藏（60.95）。

②得分 80～90 分有 5 个，分别是广东、山东、湖南、江西、广西；70～80 分有 6 个，分别是四川、福建、浙江、江苏、安徽、湖北；60～70 分有 20 个，分别是辽宁、黑龙江、河南、云南、吉林、贵州、河北、新疆、陕西、北京、重庆、甘肃、海南、山西、内蒙古、宁夏、青海、西藏、天津、上海。

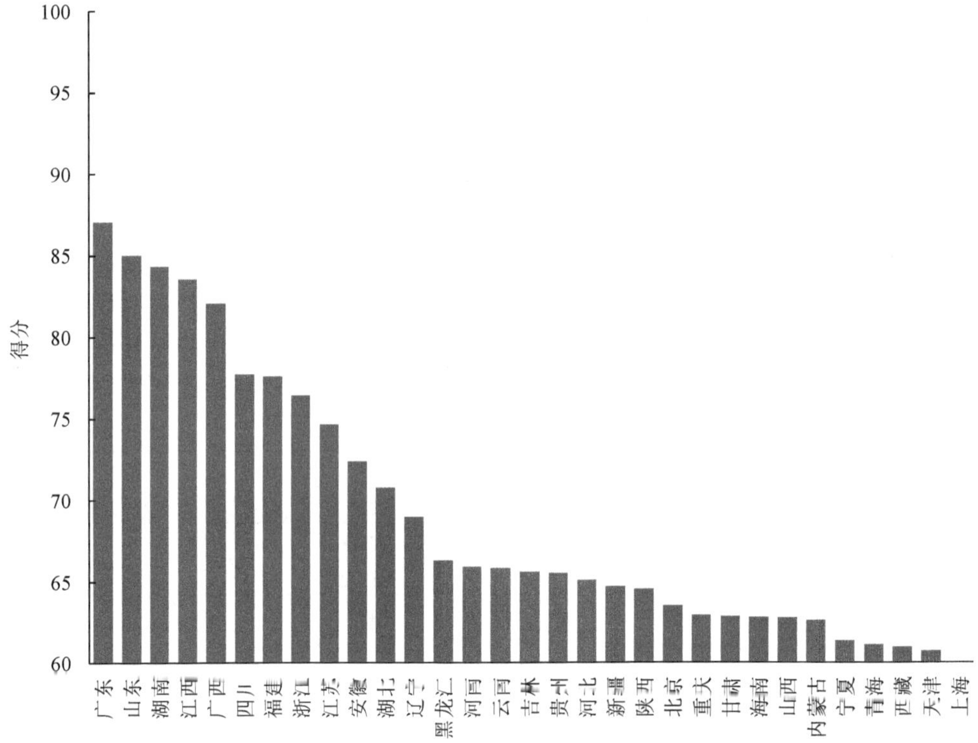

图 4-5　2013 年林业产业存量状态评价得分

4.2.2　2014 年省级林业产业存量状态评价分析

2014 年，各省（区、市）的林业产业存量状态评价得分及排名见表 4-8 和图 4-6。

表 4-8　2014 年林业产业存量状态评价得分及排名

序号	省（区、市）	得分	排名
1	北京	64.03	21
2	天津	60.84	30
3	河北	65.95	17
4	山西	63.47	22
5	内蒙古	62.93	26
6	辽宁	70.07	12
7	吉林	65.95	16
8	黑龙江	65.90	18
9	上海	60.02	31
10	江苏	80.09	6
11	浙江	77.89	7
12	安徽	73.65	10
13	福建	77.78	8
14	江西	74.85	9
15	山东	87.92	4
16	河南	67.06	14
17	湖北	72.59	11
18	湖南	88.45	3
19	广东	99.73	1
20	广西	92.68	2
21	海南	63.37	23
22	重庆	63.32	24
23	四川	80.82	5
24	贵州	67.18	13
25	云南	66.63	15
26	西藏	61.11	29
27	陕西	65.23	19
28	甘肃	63.14	25
29	青海	61.21	28
30	宁夏	61.49	27
31	新疆	64.97	20

其中：

①各省（区、市）林业产业存量状态评价得分，前三名分别是广东（99.73）、广西（92.68）、湖南（88.45），后三名分别是上海（60.02）、天津（60.84）、西藏（61.11）。

②得分 90～100 分有 2 个，分别是广东、广西；80～90 分有 4 个，分别是湖南、山东、四川、江苏；70～80 分有 5 个，分别是浙江、福建、江西、安徽、湖北；60～70 分有 20 个，分别是辽宁、贵州、河南、云南、吉林、河北、黑龙江、陕西、新疆、北京、

山西、海南、重庆、甘肃、内蒙古、宁夏、青海、西藏、天津、上海。

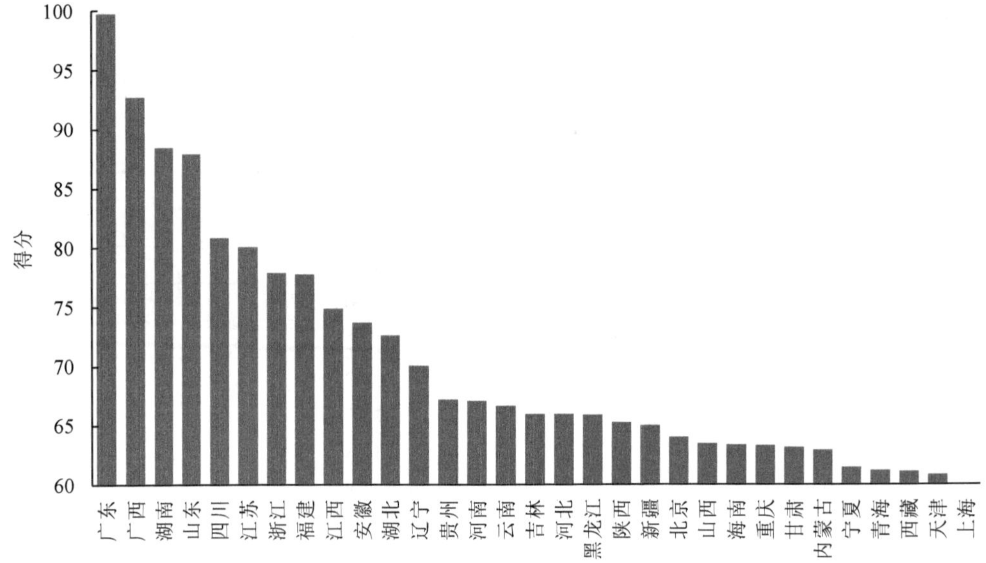

图 4-6　2014 年林业产业存量状态评价得分

4.2.3　2015 年省级林业产业存量状态评价分析

2015 年，各省（区、市）的林业产业存量状态评价得分及排名见图 4-7 和表 4-9。

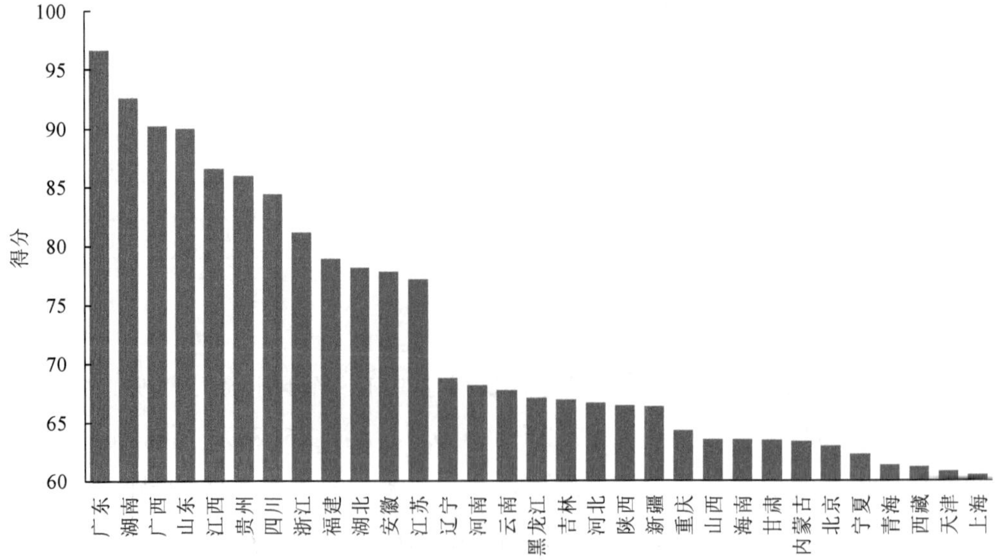

图 4-7　2015 年林业产业存量状态评价得分

表 4-9 2015 年林业产业存量状态评价得分及排名

序号	省（区、市）	得分	排名
1	北京	63.01	26
2	天津	60.83	30
3	河北	66.60	18
4	山西	63.53	22
5	内蒙古	63.38	25
6	辽宁	68.76	13
7	吉林	66.91	17
8	黑龙江	67.08	16
9	上海	60.51	31
10	江苏	77.14	12
11	浙江	81.11	8
12	安徽	77.80	11
13	福建	78.92	9
14	江西	86.55	5
15	山东	89.98	4
16	河南	68.12	14
17	湖北	78.13	10
18	湖南	92.56	2
19	广东	96.68	1
20	广西	90.17	3
21	海南	63.52	23
22	重庆	64.30	21
23	四川	84.40	7
24	贵州	85.96	6
25	云南	67.72	15
26	西藏	61.20	29
27	陕西	66.38	19
28	甘肃	63.49	24
29	青海	61.35	28
30	宁夏	62.29	27
31	新疆	66.27	20

其中：

①各省（区、市）林业产业存量状态评价得分，前三名分别是广东（96.68）、湖南（92.56）、广西（90.17），后三名分别是上海（60.51）、天津（60.83）、西藏（61.20）。

②得分 90～100 分有 3 个，分别为广东、湖南、广西；80～90 分有 5 个，分别是山东、江西、贵州、四川、浙江；70～80 分有 4 个，分别是福建、湖北、安徽、江苏；60～70 分有 19 个，分别是辽宁、河南、云南、黑龙江、吉林、河北、陕西、新疆、重庆、山

西、海南、甘肃、内蒙古、北京、宁夏、青海、西藏、天津、上海。

4.2.4 2016 年省级林业产业存量状态评价分析

2016 年，各省（区、市）的林业产业存量状态评价得分及排名见表 4-10 和图 4-8。

表 4-10 2016 年林业产业存量状态评价得分及排名

序号	省（区、市）	得分	排名
1	北京	63.49	25
2	天津	60.81	30
3	河北	66.87	20
4	山西	63.65	24
5	内蒙古	63.79	23
6	辽宁	66.59	21
7	吉林	67.10	17
8	黑龙江	67.56	16
9	上海	60.58	31
10	江苏	78.02	12
11	浙江	85.48	9
12	安徽	81.46	11
13	福建	83.33	10
14	江西	87.85	6
15	山东	91.65	4
16	河南	69.00	14
17	湖北	91.80	3
18	湖南	85.50	8
19	广东	100.00	1
20	广西	91.88	2
21	海南	63.33	26
22	重庆	65.16	22
23	四川	86.90	7
24	贵州	88.25	5
25	云南	68.36	15
26	西藏	61.31	28
27	陕西	67.03	19
28	甘肃	69.51	13
29	青海	61.30	29
30	宁夏	62.39	27
31	新疆	67.09	18

其中：

①各省（区、市）林业产业存量状态评价得分，前三名分别是广东（100.00）、广西（91.88）、湖北（91.80），后三名分别是上海（60.58）、天津（60.81）、青海（61.30）。

②得分 100 分仅有广东；90～100 分有 3 个，分别是广西、湖北、山东；80～90 分有 7 个，分别是贵州、江西、四川、湖南、浙江、福建、安徽；70～80 分仅有江苏；60～70 分有 19 个，分别是甘肃、河南、云南、黑龙江、吉林、新疆、陕西、河北、辽宁、重庆、内蒙古、山西、北京、海南、宁夏、西藏、青海、天津、上海。

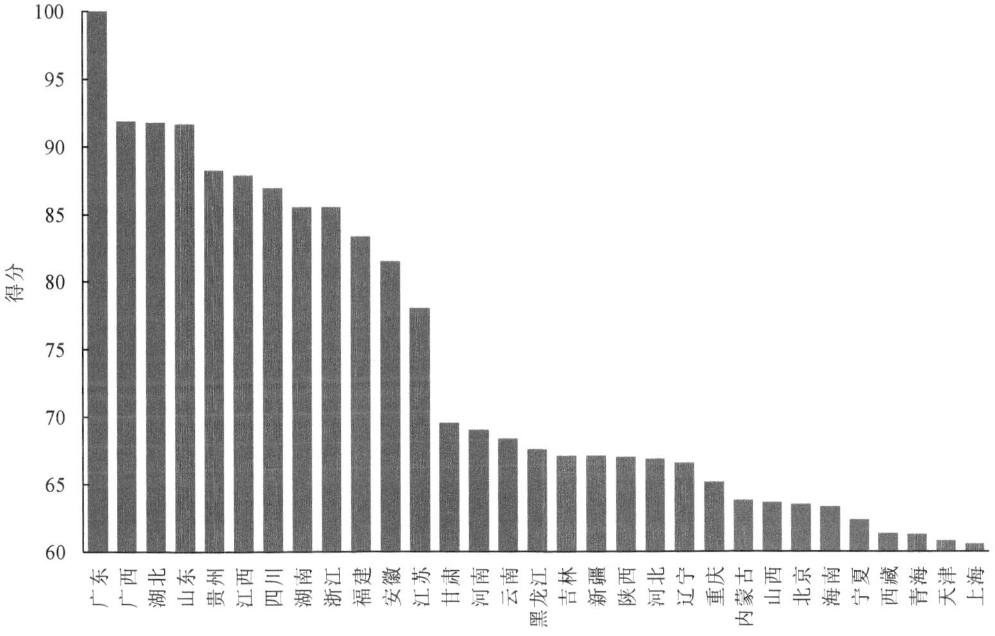

图 4-8　2016 年林业产业存量状态评价得分

4.2.5　跨年度林业产业存量状态评价分析

2013—2016 年，各省（区、市）的林业产业存量状态评价得分及变化见表 4-11。

2013—2016 年，大部分省（区、市）林业产业存量状态评价得分呈现总体上升，只有北京（–0.01）、辽宁（–2.37）出现小幅下降。四年累计得分上升幅度最大的是贵州（22.74）、湖北（21.03）、广东（12.93）。单一年度上升幅度较大的是 2015 年的贵州（18.78）、2016 年的湖北（13.67）、2014 年的广东（12.66）；单一年度下降幅度最大的是 2014 年的江西（–8.67）。

表 4-11　2013—2016 年林业产业存量状态评价得分及变化

序号	省（区、市）	2013 年得分	2014 年		2015 年		2016 年		2016 年较 2013 年上升
			得分	较上年上升	得分	较上年上升	得分	较上年上升	
1	北京	63.50	64.03	0.52	63.01	−1.02	63.49	0.48	−0.01
2	天津	60.72	60.84	0.13	60.83	−0.02	60.81	−0.02	0.09
3	河北	65.06	65.95	0.89	66.60	0.65	66.87	0.27	1.81
4	山西	62.76	63.47	0.71	63.53	0.06	63.65	0.12	0.89
5	内蒙古	62.61	62.93	0.31	63.38	0.46	63.79	0.41	1.18
6	辽宁	68.96	70.07	1.12	68.76	−1.31	66.59	−2.17	−2.37
7	吉林	65.57	65.95	0.38	66.91	0.96	67.10	0.19	1.53
8	黑龙江	66.27	65.90	−0.36	67.08	1.18	67.56	0.48	1.30
9	上海	60.00	60.02	0.02	60.51	0.49	60.58	0.07	0.58
10	江苏	74.65	80.09	5.45	77.14	−2.95	78.02	0.88	3.37
11	浙江	76.41	77.89	1.48	81.11	3.22	85.48	4.37	9.07
12	安徽	72.35	73.65	1.30	77.80	4.16	81.46	3.65	9.11
13	福建	77.58	77.78	0.20	78.92	1.14	83.33	4.41	5.75
14	江西	83.52	74.85	−8.67	86.55	11.70	87.85	1.30	4.32
15	山东	84.97	87.92	2.95	89.98	2.06	91.65	1.66	6.67
16	河南	65.88	67.06	1.18	68.12	1.06	69.00	0.87	3.11
17	湖北	70.77	72.59	1.82	78.13	5.54	91.80	13.67	21.03
18	湖南	84.30	88.45	4.15	92.56	4.11	85.50	−7.05	1.21
19	广东	87.07	99.73	12.66	96.68	−3.05	100.00	3.32	12.93
20	广西	82.05	92.68	10.63	90.17	−2.50	91.88	1.71	9.83
21	海南	62.80	63.37	0.57	63.52	0.15	63.33	−0.19	0.53
22	重庆	62.90	63.32	0.42	64.30	0.97	65.16	0.86	2.26
23	四川	77.68	80.82	3.13	84.40	3.58	86.90	2.50	9.22
24	贵州	65.51	67.18	1.67	85.96	18.78	88.25	2.29	22.74
25	云南	65.82	66.63	0.81	67.72	1.10	68.36	0.63	2.54
26	西藏	60.95	61.11	0.16	61.20	0.09	61.31	0.12	0.37
27	陕西	64.53	65.23	0.70	66.38	1.15	67.03	0.65	2.51
28	甘肃	62.83	63.14	0.32	63.49	0.35	69.51	6.01	6.68
29	青海	61.12	61.21	0.09	61.35	0.14	61.30	−0.05	0.17
30	宁夏	61.35	61.49	0.14	62.29	0.81	62.39	0.10	1.05
31	新疆	64.66	64.97	0.30	66.27	1.30	67.09	0.82	2.42

专栏　2016 年湖北省林业产业总产值大幅提升

2016 年，湖北省大力倡导绿色发展，坚持以民生为本，着力林业产业供给侧结构性调整，把发展林业产业、促进群众就业和林农致富作为林业经济建设目标，推进林业产业升级转型，林业产业经济呈现良好的发展态势。

2016 年，全省林业产业总产值达到 2 999.14 亿元，比上年增长 29.04%。其中，第一产业产值 979.96 亿元，比上年增长 15.8%；第二产业产值 1 133.28 亿元，比上年增长 27.52%；第三产业产值 885.9 亿元，与上年同比增长 50.35%。在产业总产值中，涉林产业产值为 2 838.85 亿元，占总产值的 94.65%；林业系统非林产业产值 160.29 亿元，占总产值的 5.35%。

2013—2016 年林业产业存量状态评价排名见表 4-12。

2013—2016 年，少数省（区、市）林业产业存量状态评价排名上升，多数下降，上升幅度最大的是贵州（12 名）、甘肃（10 名）、湖北（8 名），下降幅度最大的是辽宁（–9 名）、湖南（–5 名）、北京（–4 名）。

表 4-12　2013—2016 年林业产业存量评价排名

序号	省（区、市）	2013 年排名	2014 年		2015 年		2016 年		2016 年较 2013 年上升
			排名	较上年上升	排名	较上年上升	排名	较上年上升	
1	北京	21	21	0	26	–5	25	1	–4
2	天津	30	30	0	30	0	30	0	0
3	河北	18	17	1	18	–1	20	–2	–2
4	山西	25	22	3	22	0	24	–2	1
5	内蒙古	26	26	0	25	1	23	2	3
6	辽宁	12	12	0	13	–1	21	–8	–9
7	吉林	16	16	0	17	–1	17	0	–1
8	黑龙江	13	18	–5	16	2	16	0	–3
9	上海	31	31	0	31	0	31	0	0
10	江苏	9	6	3	12	–6	12	0	–3
11	浙江	8	7	1	8	–1	9	–1	–1
12	安徽	10	10	0	11	–1	11	0	–1
13	福建	7	8	–1	9	–1	10	–1	–3
14	江西	4	9	–5	5	4	6	–1	–2
15	山东	2	4	–2	4	0	4	0	–2
16	河南	14	14	0	14	0	14	0	0
17	湖北	11	11	0	10	1	3	7	8
18	湖南	3	3	0	2	1	8	–6	–5
19	广东	1	1	0	1	0	1	0	0
20	广西	5	2	3	3	–1	2	1	3
21	海南	24	23	1	23	0	26	–3	–2
22	重庆	22	24	–2	21	3	22	–1	0
23	四川	6	5	1	7	–2	7	0	–1
24	贵州	17	13	4	6	7	5	1	12
25	云南	15	15	0	15	0	15	0	0
26	西藏	29	29	0	29	0	28	1	1
27	陕西	20	19	1	19	0	19	0	1
28	甘肃	23	25	–2	24	1	13	11	10
29	青海	28	28	0	28	0	29	–1	–1
30	宁夏	27	27	0	27	0	27	0	0
31	新疆	19	20	–1	20	0	18	2	1

4.3 省级林业民生福祉存量状态评价分析

4.3.1 2013年省级林业民生福祉存量状态评价分析

2013年，各省（区、市）的林业民生福祉存量状态评价得分及排名见表4-13和图4-9。

表4-13 2013年林业民生福祉存量状态评价得分及排名

序号	省（区、市）	得分	排名
1	北京	74.98	5
2	天津	60.62	27
3	河北	64.01	24
4	山西	63.66	25
5	内蒙古	67.82	13
6	辽宁	64.80	20
7	吉林	68.23	11
8	黑龙江	80.59	3
9	上海	64.52	21
10	江苏	66.93	15
11	浙江	78.10	4
12	安徽	65.53	16
13	福建	68.28	10
14	江西	69.99	8
15	山东	72.86	6
16	河南	68.67	9
17	湖北	64.87	19
18	湖南	70.25	7
19	广东	83.02	1
20	广西	67.98	12
21	海南	60.28	29
22	重庆	67.65	14
23	四川	81.61	2
24	贵州	64.90	18
25	云南	64.35	23
26	西藏	60.00	31
27	陕西	64.99	17
28	甘肃	64.41	22
29	青海	60.07	30
30	宁夏	60.51	28
31	新疆	63.01	26

其中：

①各省（区、市）林业民生福祉存量状态评价得分，前三名分别是广东（83.02）、四川（81.61）、黑龙江（80.59），后三名分别是西藏（60.00）、青海（60.07）、海南（60.28）。

②得分 80～90 分有 3 个，分别是广东、四川、黑龙江；70～80 分有 4 个，分别是浙江、北京、山东、湖南；60～70 分有 24 个，分别是江西、河南、福建、吉林、广西、内蒙古、重庆、江苏、安徽、陕西、贵州、湖北、辽宁、上海、甘肃、云南、河北、山西、新疆、天津、宁夏、海南、青海、西藏。

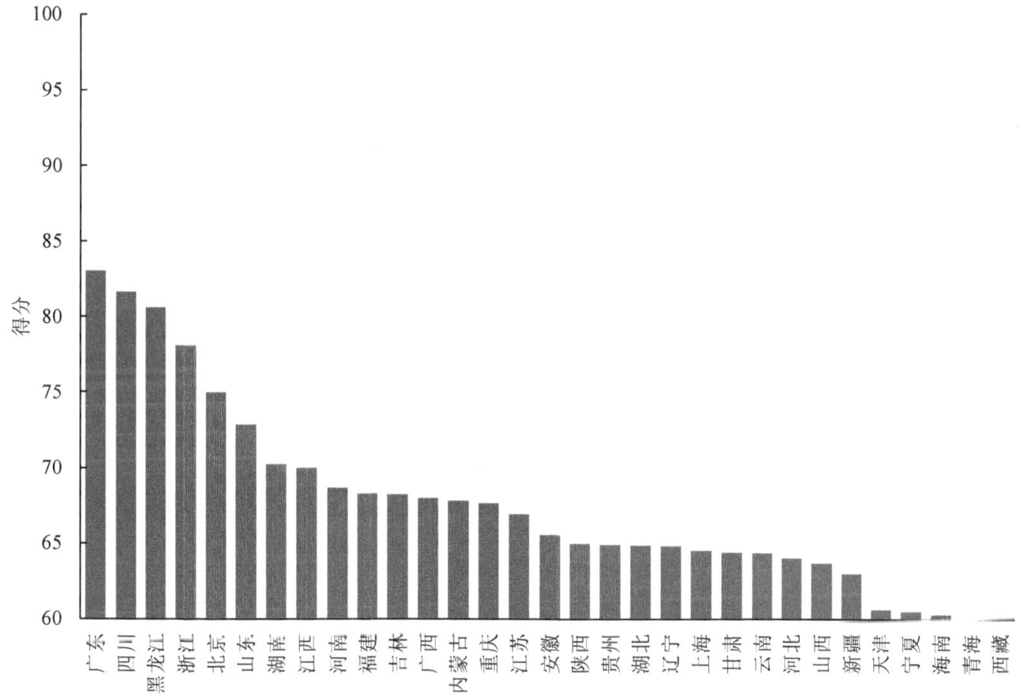

图 4-9 2013 年林业民生福祉存量状态评价得分

4.3.2 2014 年省级林业民生福祉存量状态评价分析

2014 年，各省（区、市）的林业民生福祉存量状态评价得分及排名见表 4-14 和图 4-10。

表 4-14 2014 年林业民生福祉存量状态评价得分及排名

序号	省（区、市）	得分	排名
1	北京	80.96	3
2	天津	61.15	27
3	河北	64.74	24
4	山西	64.50	25
5	内蒙古	68.52	12
6	辽宁	66.85	19
7	吉林	68.66	11
8	黑龙江	80.04	5
9	上海	66.12	20
10	江苏	69.39	10
11	浙江	80.24	4
12	安徽	67.26	15
13	福建	68.24	13
14	江西	71.56	8
15	山东	75.40	6
16	河南	70.32	9
17	湖北	66.92	17
18	湖南	71.81	7
19	广东	90.44	1
20	广西	67.10	16
21	海南	61.02	28
22	重庆	68.23	14
23	四川	83.20	2
24	贵州	66.85	18
25	云南	65.51	22
26	西藏	60.89	29
27	陕西	66.07	21
28	甘肃	64.86	23
29	青海	60.24	31
30	宁夏	60.43	30
31	新疆	62.94	26

其中：

①各省（区、市）林业民生福祉存量状态评价得分，前三名分别是广东（90.44）、四川（83.20）、北京（80.96），后三名分别是青海（60.24）、宁夏（60.43）、西藏（60.89）。

②得分 90～100 分仅有广东；得分 80～90 分有 4 个，分别是四川、北京、浙江、黑龙江；70～80 分有 4 个，分别是山东、湖南、江西、河南；60～70 分有 22 个，分别是江苏、吉林、内蒙古、福建、重庆、安徽、广西、湖北、贵州、辽宁、上海、陕西、云

南、甘肃、河北、山西、新疆、天津、海南、西藏、宁夏、青海。

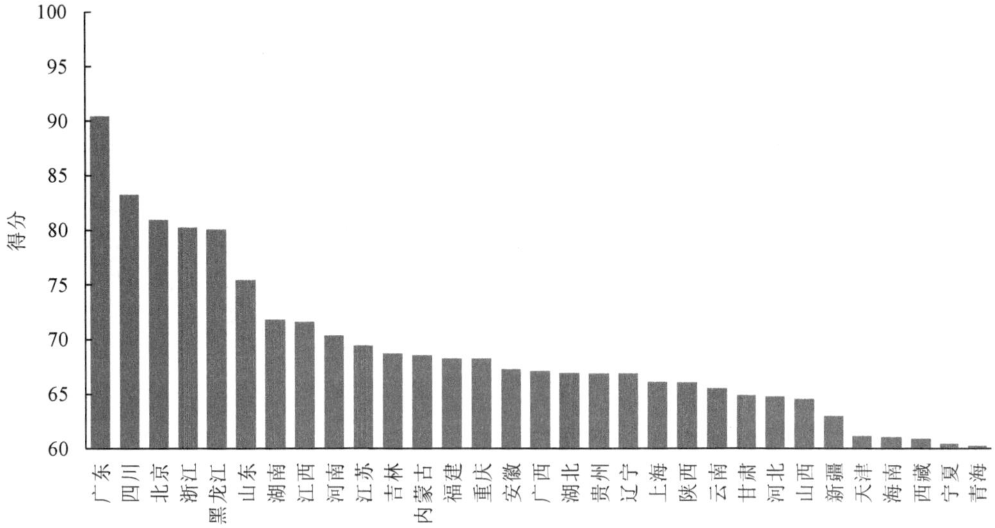

图 4-10　2014 年林业民生福祉存量状态评价得分

4.3.3　2015 年省级林业民生福祉存量状态评价分析

2015 年，各省（区、市）的林业民生福祉存量状态评价得分及排名见图 4-11 和表 4-15。

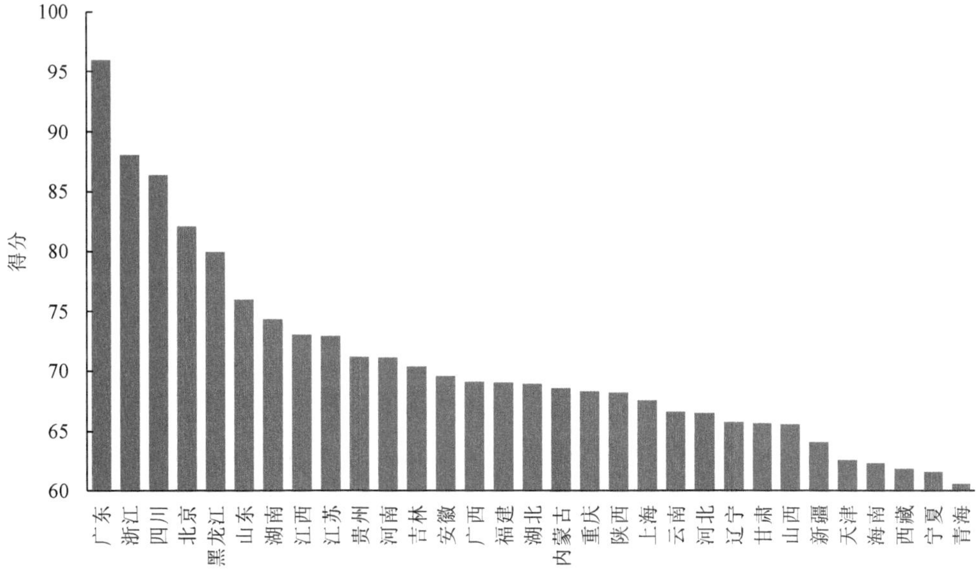

图 4-11　2015 年林业民生福祉存量状态评价得分

表 4-15　2015 年林业民生福祉存量状态评价得分及排名

序号	省（区、市）	得分	排名
1	北京	82.06	4
2	天津	62.60	27
3	河北	66.49	22
4	山西	65.57	25
5	内蒙古	68.58	17
6	辽宁	65.74	23
7	吉林	70.39	12
8	黑龙江	79.94	5
9	上海	67.53	20
10	江苏	72.93	9
11	浙江	88.03	2
12	安徽	69.55	13
13	福建	69.02	15
14	江西	73.03	8
15	山东	75.97	6
16	河南	71.13	11
17	湖北	68.95	16
18	湖南	74.31	7
19	广东	95.96	1
20	广西	69.09	14
21	海南	62.34	28
22	重庆	68.27	18
23	四川	86.37	3
24	贵州	71.18	10
25	云南	66.60	21
26	西藏	61.86	29
27	陕西	68.20	19
28	甘肃	65.62	24
29	青海	60.54	31
30	宁夏	61.55	30
31	新疆	64.07	26

其中：

①各省（区、市）林业民生福祉存量状态评价得分，前三名分别是广东（95.96）、浙江（88.03）、四川（86.37），后三名分别是青海（60.54）、宁夏（61.55）、西藏（61.86）。

②得分 90～100 分仅有广东；得分 80～90 分有 3 个，分别是浙江、四川、北京；70～80 分有 8 个，分别是黑龙江、山东、湖南、江西、江苏、贵州、河南、吉林；60～70 分有 19 个，分别是安徽、广西、福建、湖北、内蒙古、重庆、陕西、上海、云南、河北、

辽宁、甘肃、山西、新疆、天津、海南、西藏、宁夏、青海。

4.3.4　2016 年省级林业民生福祉存量状态评价分析

2016 年，各省（区、市）的林业民生福祉存量状态评价得分及排名见表 4-16 和图 4-12。

表 4-16　2016 年林业民生福祉存量状态评价得分及排名

序号	省（区、市）	得分	排名
1	北京	82.41	5
2	天津	63.87	27
3	河北	67.03	23
4	山西	66.21	25
5	内蒙古	76.38	8
6	辽宁	66.72	24
7	吉林	73.50	12
8	黑龙江	89.73	3
9	上海	68.00	21
10	江苏	74.55	10
11	浙江	94.71	2
12	安徽	70.59	17
13	福建	70.63	16
14	江西	74.58	9
15	山东	77.05	7
16	河南	72.95	13
17	湖北	73.70	11
18	湖南	77.18	6
19	广东	100.00	1
20	广西	70.72	15
21	海南	62.60	29
22	重庆	68.43	18
23	四川	88.71	4
24	贵州	72.50	14
25	云南	68.26	19
26	西藏	63.78	28
27	陕西	68.12	20
28	甘肃	67.28	22
29	青海	62.27	31
30	宁夏	62.28	30
31	新疆	64.91	26

其中：

①各省（区、市）林业民生福祉存量状态评价得分，前三名分别是广东（100.00）、浙江（94.71）、黑龙江（89.73），后三名分别是青海（62.27）、宁夏（62.28）、海南（62.60）。

②得分 100 分仅有广东；90～100 分仅有浙江；80～90 分有 3 个，分别是黑龙江、四川、北京；70～80 分有 12 个，分别是湖南、山东、内蒙古、江西、江苏、湖北、吉林、河南、贵州、广西、福建、安徽；60～70 分有 14 个，分别是重庆、云南、陕西、上海、甘肃、河北、辽宁、山西、新疆、天津、西藏、海南、宁夏、青海。

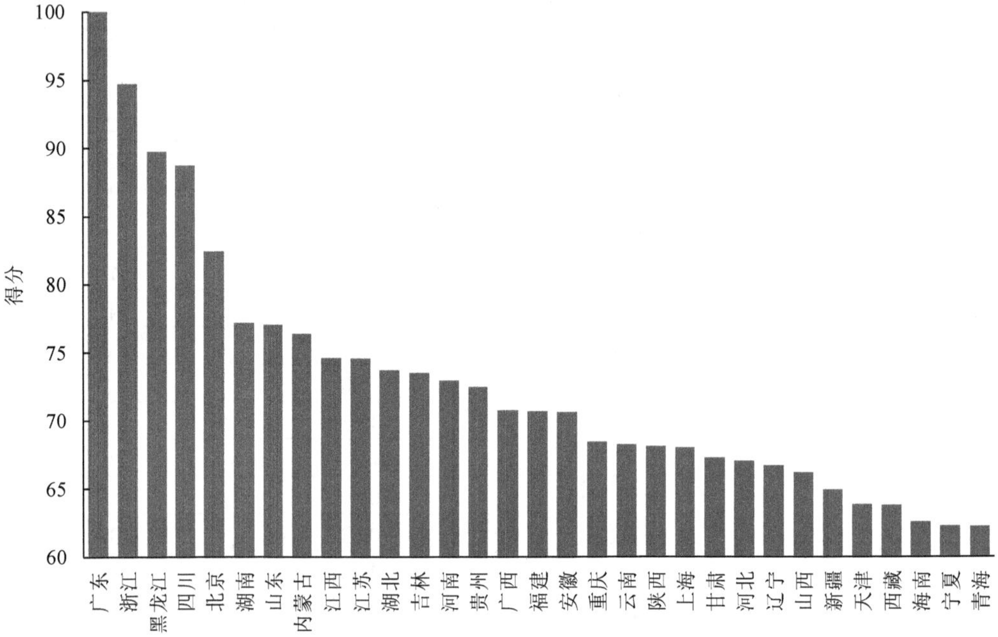

图 4-12　2016 年林业民生福祉存量状态得分

4.3.5　跨年度林业民生福祉存量状态评价分析

2013—2016 年，各省（区、市）的林业民生福祉存量状态得分及变化见表 4-17。

2013—2016 年，全部省（区、市）林业民生福祉存量状态评价得分呈现出总体上升的趋势，四年上升幅度最大的是广东（16.98）、浙江（16.61）、黑龙江（9.14）。单一年度上升幅度较大的是 2016 年的黑龙江（9.79）、2016 年的内蒙古（7.80）、2015 年的浙江（7.78），下降幅度最大的是 2015 年的辽宁（–1.10），主要原因是林业旅游康养人次下降。

表 4-17　2013—2016 年林业民生福祉存量状态得分及变化

序号	省（区、市）	2013 年得分	2014 年		2015 年		2016 年		2016 年较 2013 年上升
			得分	较上年上升	得分	较上年上升	得分	较上年上升	
1	北京	74.98	80.96	5.98	82.06	1.10	82.41	0.35	7.43
2	天津	60.62	61.15	0.53	62.60	1.45	63.87	1.27	3.25
3	河北	64.01	64.74	0.73	66.49	1.75	67.03	0.54	3.02
4	山西	63.66	64.50	0.84	65.57	1.07	66.21	0.63	2.55
5	内蒙古	67.82	68.52	0.70	68.58	0.07	76.38	7.80	8.56
6	辽宁	64.80	66.85	2.05	65.74	−1.10	66.72	0.98	1.92
7	吉林	68.23	68.66	0.43	70.39	1.73	73.50	3.12	5.27
8	黑龙江	80.59	80.04	−0.56	79.94	−0.09	89.73	9.79	9.14
9	上海	64.52	66.12	1.60	67.53	1.41	68.00	0.48	3.48
10	江苏	66.93	69.39	2.46	72.93	3.54	74.55	1.62	7.62
11	浙江	78.10	80.24	2.14	88.03	7.78	94.71	6.68	16.61
12	安徽	65.53	67.26	1.73	69.55	2.29	70.59	1.04	5.06
13	福建	68.28	68.24	−0.05	69.02	0.79	70.63	1.61	2.35
14	江西	69.99	71.56	1.57	73.03	1.47	74.58	1.55	4.59
15	山东	72.86	75.40	2.54	75.97	0.57	77.05	1.07	4.19
16	河南	68.67	70.32	1.65	71.13	0.81	72.95	1.82	4.28
17	湖北	64.87	66.92	2.05	68.95	2.03	73.70	4.75	8.83
18	湖南	70.25	71.81	1.56	74.31	2.50	77.18	2.87	6.93
19	广东	83.02	90.44	7.42	95.96	5.52	100.00	4.04	16.98
20	广西	67.98	67.10	−0.87	69.09	1.99	70.72	1.63	2.74
21	海南	60.28	61.02	0.74	62.34	1.32	62.60	0.26	2.32
22	重庆	67.65	68.23	0.58	68.27	0.04	68.43	0.16	0.78
23	四川	81.61	83.20	1.59	86.37	3.17	88.71	2.33	7.10
24	贵州	64.90	66.85	1.94	71.18	4.33	72.50	1.32	7.60
25	云南	64.35	65.51	1.16	66.60	1.10	68.26	1.66	3.91
26	西藏	60.00	60.89	0.89	61.86	0.97	63.78	1.92	3.78
27	陕西	64.99	66.07	1.08	68.20	2.13	68.12	−0.08	3.13
28	甘肃	64.41	64.86	0.45	65.62	0.76	67.28	1.66	2.87
29	青海	60.07	60.24	0.17	60.54	0.29	62.27	1.74	2.20
30	宁夏	60.51	60.43	−0.09	61.55	1.12	62.28	0.73	1.77
31	新疆	63.01	62.94	−0.07	64.07	1.13	64.91	0.84	1.90

2013—2016 年林业民生福祉存量状态评价排名见表 4-18。

2013—2016 年，各省（区、市）排名变化幅度不大，广东省一直处于第一名，少数省（区、市）林业民生福祉存量状态评价排名上升，多数下降，上升幅度最大的是湖北（8 名）、内蒙古（5 名）、江苏（5 名），下降幅度最大的是福建（−6 名）、辽宁（−4 名）、河南（−4 名）、重庆（−4 名）。

表 4-18　2013—2016 年林业民生福祉存量状态评价排名

序号	省（区、市）	2013 年排名	2014 年		2015 年		2016 年		2016 年较 2013 年上升
			排名	较上年上升	排名	较上年上升	排名	较上年上升	
1	北京	5	3	2	4	−1	5	−1	0
2	天津	27	27	0	27	0	27	0	0
3	河北	24	24	0	22	2	23	−1	1
4	山西	25	25	0	25	0	25	0	0
5	内蒙古	13	12	1	17	−5	8	9	5
6	辽宁	20	19	1	23	−4	24	−1	−4
7	吉林	11	11	0	12	−1	12	0	−1
8	黑龙江	3	5	−2	5	0	3	2	0
9	上海	21	20	1	20	0	21	−1	0
10	江苏	15	10	5	9	1	10	−1	5
11	浙江	4	4	0	2	2	2	0	2
12	安徽	16	15	1	13	2	17	−4	−1
13	福建	10	13	−3	15	−2	16	−1	−6
14	江西	8	8	0	8	0	9	−1	−1
15	山东	6	6	0	6	0	7	−1	−1
16	河南	9	9	0	11	−2	13	−2	−4
17	湖北	19	17	2	16	1	11	5	8
18	湖南	7	7	0	7	0	6	1	1
19	广东	1	1	0	1	0	1	0	0
20	广西	12	16	−4	14	2	15	−1	−3
21	海南	29	28	1	28	0	29	−1	0
22	重庆	14	14	0	18	−4	18	0	−4
23	四川	2	2	0	3	−1	4	−1	−2
24	贵州	18	18	0	10	8	14	−4	4
25	云南	23	22	1	21	1	19	2	4
26	西藏	31	29	2	29	0	28	1	3
27	陕西	17	21	−4	19	2	20	−1	−3
28	甘肃	22	23	−1	24	−1	22	2	0
29	青海	30	31	−1	31	0	31	0	−1
30	宁夏	28	30	−2	30	0	30	0	−2
31	新疆	26	26	0	26	0	26	0	0

4.4　省级林业生态安全存量状态评价分析

4.4.1　2013 年省级林业生态安全存量状态评价分析

2013 年，各省（区、市）的林业生态安全存量状态评价得分及排名见表 4-19 和图 4-13。

表 4-19　2013 年林业生态安全存量状态评价得分及排名

序号	省（区、市）	得分	排名
1	北京	72.52	19
2	天津	69.61	23
3	河北	77.46	14
4	山西	81.15	7
5	内蒙古	94.31	2
6	辽宁	78.32	12
7	吉林	79.53	10
8	黑龙江	81.50	6
9	上海	69.41	24
10	江苏	64.97	26
11	浙江	63.52	29
12	安徽	65.70	25
13	福建	63.91	28
14	江西	69.76	22
15	山东	71.97	20
16	河南	72.69	18
17	湖北	71.66	21
18	湖南	76.87	15
19	广东	64.38	27
20	广西	61.26	30
21	海南	60.00	31
22	重庆	76.64	16
23	四川	74.06	17
24	贵州	79.01	11
25	云南	83.31	5
26	西藏	100.00	1
27	陕西	80.66	8
28	甘肃	90.78	4
29	青海	91.85	3
30	宁夏	79.84	9
31	新疆	77.88	13

其中：

①各省（区、市）林业生态安全存量状态评价得分，前三名分别是西藏（100.00）、内蒙古(94.31)、青海(91.85)，后三名分别是海南(60.00)、广西(61.26)、浙江(63.52)。

②得分 100 分仅有西藏；90～100 分有 3 个，分别是内蒙古、青海、甘肃；80～90 分有 4 个，分别是云南、黑龙江、山西、陕西；70～80 分有 13 个，分别是宁夏、吉林、贵州、辽宁、新疆、河北、湖南、重庆、四川、河南、北京、山东、湖北；60～70 分有 10 个，分别是江西、天津、上海、安徽、江苏、广东、福建、浙江、广西、海南。

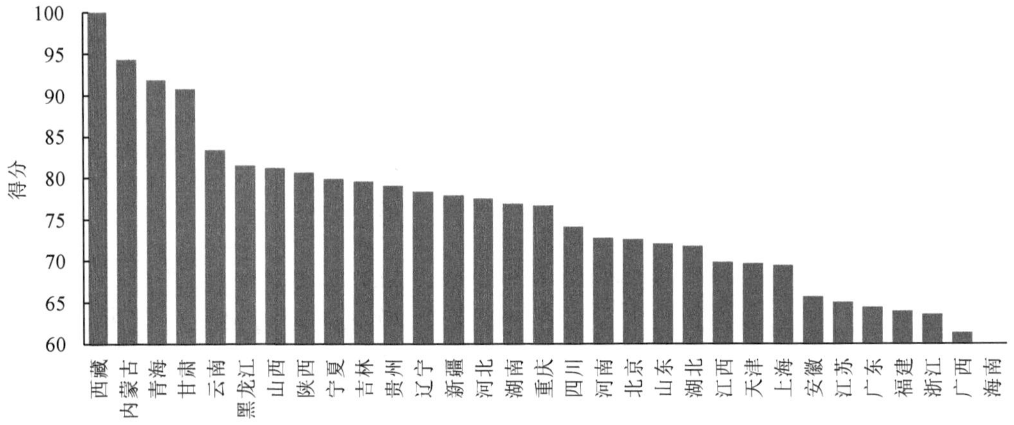

图 4-13　2013 年林业生态安全存量状态评价得分

4.4.2　2014 年省级林业生态安全存量状态评价分析

2014 年，各省（区、市）的林业生态安全存量状态评价得分及排名见图 4-14 和表 4-20。

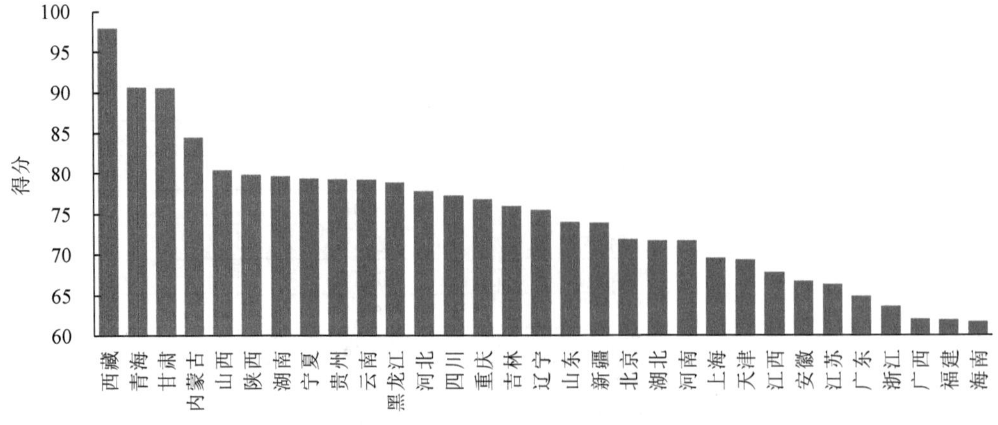

图 4-14　2014 年林业生态安全存量状态评价得分

表 4-20 2014 年林业生态安全存量状态评价得分及排名

序号	省（区、市）	得分	排名
1	北京	71.84	19
2	天津	69.29	23
3	河北	77.73	12
4	山西	80.39	5
5	内蒙古	84.43	4
6	辽宁	75.45	16
7	吉林	75.90	15
8	黑龙江	78.83	11
9	上海	69.52	22
10	江苏	66.30	26
11	浙江	63.57	28
12	安徽	66.74	25
13	福建	61.92	30
14	江西	67.79	24
15	山东	73.95	17
16	河南	71.68	21
17	湖北	71.70	20
18	湖南	79.60	7
19	广东	64.80	27
20	广西	61.98	29
21	海南	61.71	31
22	重庆	76.81	14
23	四川	77.25	13
24	贵州	79.28	9
25	云南	79.20	10
26	西藏	97.89	1
27	陕西	79.81	6
28	甘肃	90.53	3
29	青海	90.59	2
30	宁夏	79.35	8
31	新疆	73.90	18

其中：

①各省（区、市）林业生态安全存量状态评价得分，前三名分别是西藏（97.89）、青海（90.59）、甘肃（90.53），后三名分别是海南（61.71）、福建（61.92）、广西（61.98）。

②得分 90～100 分有 3 个，分别是西藏、青海、甘肃；80～90 分有 2 个，分别是内蒙古、山西；70～80 分有 16 个，分别是陕西、湖南、宁夏、贵州、云南、黑龙江、河北、四川、重庆、吉林、辽宁、山东、新疆、北京、湖北、河南；60～70 分有 10 个，分别是上海、天津、江西、安徽、江苏、广东、浙江、广西、福建、海南。

4.4.3 2015 年省级林业生态安全存量状态评价分析

2015 年，各省（区、市）的林业生态安全存量状态评价得分及排名见表 4-21 和图 4-15。

表 4-21 2015 年林业生态安全存量状态评价得分及排名

序号	省（区、市）	得分	排名
1	北京	79.91	14
2	天津	77.45	18
3	河北	77.61	17
4	山西	80.12	11
5	内蒙古	87.47	4
6	辽宁	75.14	19
7	吉林	79.42	15
8	黑龙江	82.46	9
9	上海	69.36	26
10	江苏	65.91	28
11	浙江	64.92	29
12	安徽	70.09	25
13	福建	68.20	27
14	江西	71.95	24
15	山东	74.83	20
16	河南	73.12	22
17	湖北	74.61	21
18	湖南	83.14	8
19	广东	72.72	23
20	广西	62.68	30
21	海南	62.12	31
22	重庆	79.97	13
23	四川	86.18	5
24	贵州	84.20	7
25	云南	84.79	6
26	西藏	97.08	1
27	陕西	80.12	10
28	甘肃	88.98	2
29	青海	88.92	3
30	宁夏	79.12	16
31	新疆	80.02	12

其中：

①各省（区、市）林业生态安全存量状态评价得分，前三名分别是西藏（97.08）、甘

肃（88.98）、青海（88.92），后三名分别是海南（62.12）、广西（62.68）、浙江（64.92）。

②得分 90～100 分仅有西藏；80～90 分有 11 个，分别是甘肃、青海、内蒙古、四川、云南、贵州、湖南、黑龙江、陕西、山西、新疆；70～80 分有 13 个，分别是重庆、北京、吉林、宁夏、河北、天津、辽宁、山东、湖北、河南、广东、江西、安徽；60～70 分有 6 个，分别是上海、福建、江苏、浙江、广西、海南。

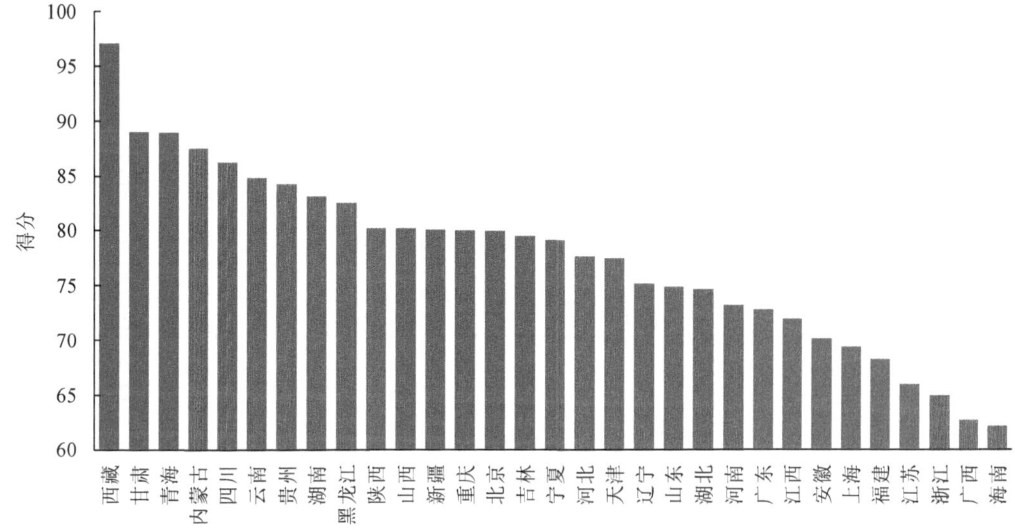

图 4-15　2015 年林业生态安全存量状态评价得分

4.4.4　2016 年省级林业生态安全存量状态评价分析

2016 年，各省（区、市）的林业生态安全存量状态评价得分及排名见图 4-16 和表 4-22。

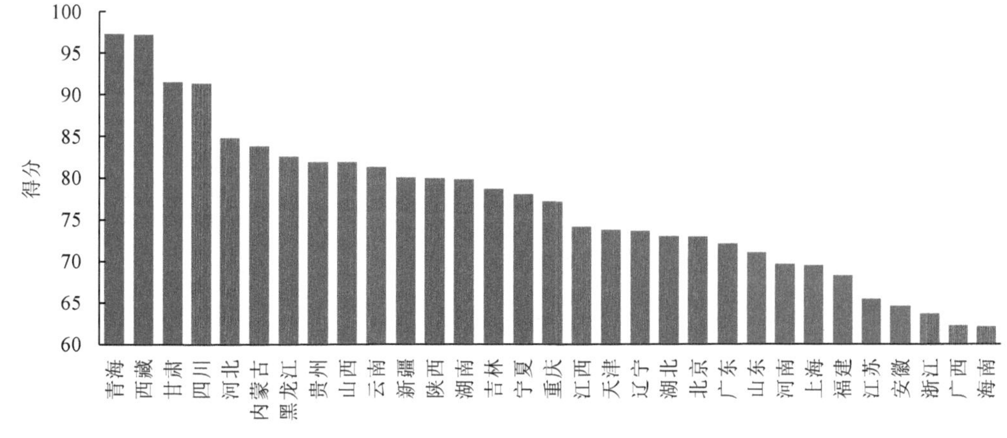

图 4-16　2016 年林业生态安全存量状态评价得分

表 4-22　2016 年林业生态安全存量状态评价得分及排名

序号	省（区、市）	得分	排名
1	北京	72.87	21
2	天津	73.74	18
3	河北	84.82	5
4	山西	81.86	9
5	内蒙古	83.84	6
6	辽宁	73.58	19
7	吉林	78.61	14
8	黑龙江	82.61	7
9	上海	69.47	25
10	江苏	65.43	27
11	浙江	63.68	29
12	安徽	64.60	28
13	福建	68.21	26
14	江西	74.09	17
15	山东	71.00	23
16	河南	69.61	24
17	湖北	73.00	20
18	湖南	79.72	13
19	广东	72.04	22
20	广西	62.18	30
21	海南	62.04	31
22	重庆	77.11	16
23	四川	91.32	4
24	贵州	81.89	8
25	云南	81.26	10
26	西藏	97.17	2
27	陕西	79.89	12
28	甘肃	91.50	3
29	青海	97.28	1
30	宁夏	77.98	15
31	新疆	79.98	11

其中：

①各省（区、市）林业生态安全存量状态评价得分，前三名分别是青海（97.28）、西藏（97.17）、甘肃（91.50），后三名分别是海南（62.04）、广西（62.18）、浙江（63.68）。

②得分 90～100 分有 4 个，分别是青海、西藏、甘肃、四川；80～90 分有 6 个，分别是河北、内蒙古、黑龙江、贵州、山西、云南；70～80 分有 13 个，分别是新疆、陕西、湖南、吉林、宁夏、重庆、江西、天津、辽宁、湖北、北京、广东、山东；60～70 分有 8 个，分别是河南、上海、福建、江苏、安徽、浙江、广西、海南。

4.4.5　跨年度林业生态安全存量状态评价分析

2013—2016 年，各省（区、市）的林业生态安全存量状态评价得分及变化见表 4-23。

表 4-23　2013—2016 年林业生态安全存量状态评价得分及变化

序号	省（区、市）	2013 年得分	2014 年		2015 年		2016 年		2016 年较 2013 年上升
			得分	较上年上升	得分	较上年上升	得分	较上年上升	
1	北京	72.52	71.84	−0.68	79.91	8.07	72.87	−7.03	0.35
2	天津	69.61	69.29	−0.32	77.45	8.16	73.74	−3.71	4.13
3	河北	77.46	77.73	0.27	77.61	−0.12	84.82	7.21	7.36
4	山西	81.15	80.39	−0.76	80.12	−0.27	81.86	1.74	0.71
5	内蒙古	94.31	84.43	−9.88	87.47	3.03	83.84	−3.63	−10.47
6	辽宁	78.32	75.45	−2.87	75.14	−0.31	73.58	−1.56	−4.74
7	吉林	79.53	75.90	−3.63	79.42	3.52	78.61	−0.80	−0.92
8	黑龙江	81.50	78.83	−2.67	82.46	3.63	82.61	0.14	1.11
9	上海	69.41	69.52	0.12	69.36	−0.16	69.47	0.11	0.06
10	江苏	64.97	66.30	1.33	65.91	−0.39	65.43	−0.48	0.46
11	浙江	63.52	63.57	0.06	64.92	1.34	63.68	−1.24	0.16
12	安徽	65.70	66.74	1.05	70.09	3.34	64.60	−5.48	−1.10
13	福建	63.91	61.92	−1.98	68.20	6.28	68.21	0.01	4.30
14	江西	69.76	67.79	−1.97	71.95	4.16	74.09	2.14	4.33
15	山东	71.97	73.95	1.98	74.83	0.88	71.00	−3.83	−0.97
16	河南	72.69	71.68	−1.01	73.12	1.44	69.61	−3.50	−3.08
17	湖北	71.66	71.70	0.03	74.61	2.91	73.00	−1.61	1.34
18	湖南	76.87	79.60	2.73	83.14	3.54	79.72	−3.42	2.85
19	广东	64.38	64.80	0.42	72.72	7.92	72.04	−0.69	7.66
20	广西	61.26	61.98	0.72	62.68	0.70	62.18	−0.50	0.92
21	海南	60.00	61.71	1.71	62.12	0.41	62.04	−0.08	2.04
22	重庆	76.64	76.81	0.17	79.97	3.16	77.11	−2.86	0.47
23	四川	74.06	77.25	3.19	86.18	8.93	91.32	5.13	17.26
24	贵州	79.01	79.28	0.27	84.20	4.92	81.89	−2.31	2.88
25	云南	83.31	79.20	−4.11	84.79	5.59	81.26	−3.53	−2.05
26	西藏	100.00	97.89	−2.11	97.08	−0.81	97.17	0.10	−2.83
27	陕西	80.66	79.81	−0.86	80.12	0.31	79.89	−0.23	−0.77
28	甘肃	90.78	90.53	−0.25	88.98	−1.55	91.50	2.52	0.72
29	青海	91.85	90.59	−1.27	88.92	−1.66	97.28	8.35	5.43
30	宁夏	79.84	79.35	−0.49	79.12	−0.23	77.98	−1.14	−1.86
31	新疆	77.88	73.90	−3.98	80.02	6.12	79.98	−0.03	2.10

2013—2016 年，多数省（区、市）林业生态安全存量状态评价得分上升，上升幅度最大的是四川（17.26）、广东（7.66）、河北（7.36），主要归因于新增造林面积增加，火灾和有害生物控制率提高；少数省（区、市）林业生态安全存量状态评价得分下降，下

降幅度最大的是内蒙古（–10.47）、辽宁（–4.74）、河南（–3.08）。

从单一年度看，上升幅度较大的是 2015 年的四川（8.93）、2016 年的青海（8.35）、2015 年的天津（8.16）；下降幅度最大的是 2014 年的内蒙古（–9.88），主要原因是 2014 年内蒙古新增造林面积和火灾控制率指标较差。

2013—2016 年林业生态安全存量状态评价排名见表 4-24。

表 4-24 2013—2016 年林业生态安全存量状态评价排名

序号	省（区、市）	2013 年排名	2014 年		2015 年		2016 年		2016 年较 2013 年上升
			排名	较上年上升	排名	较上年上升	排名	较上年上升	
1	北京	19	19	0	14	5	21	–7	–2
2	天津	23	23	0	18	5	18	0	5
3	河北	14	12	2	17	–5	5	12	9
4	山西	7	5	2	11	–6	9	2	–2
5	内蒙古	2	4	–2	4	0	6	–2	–4
6	辽宁	12	16	–4	19	–3	19	0	–7
7	吉林	10	15	–5	15	0	14	1	–4
8	黑龙江	6	11	–5	9	2	7	2	–1
9	上海	24	22	2	26	–4	25	1	–1
10	江苏	26	26	0	28	–2	27	1	–1
11	浙江	29	28	1	29	–1	29	0	0
12	安徽	25	25	0	25	0	28	–3	–3
13	福建	28	30	–2	27	3	26	1	2
14	江西	22	24	–2	24	0	17	7	5
15	山东	20	17	3	20	–3	23	–3	–3
16	河南	18	21	–3	22	–1	24	–2	–6
17	湖北	21	20	1	21	–1	20	1	1
18	湖南	15	7	8	8	–1	13	–5	2
19	广东	27	27	0	23	4	22	1	5
20	广西	30	29	1	30	–1	30	0	0
21	海南	31	31	0	31	0	31	0	0
22	重庆	16	14	2	13	1	16	–3	0
23	四川	17	13	4	5	8	4	1	13
24	贵州	11	9	2	7	2	8	–1	3
25	云南	5	10	–5	6	4	10	–4	–5
26	西藏	1	1	0	1	0	2	–1	–1
27	陕西	8	6	2	10	–4	12	–2	–4
28	甘肃	4	3	1	2	1	3	–1	1
29	青海	3	2	1	3	–1	1	2	2
30	宁夏	9	8	1	16	–8	15	1	–6
31	新疆	13	18	–5	12	6	11	1	2

2013—2016 年，林业生态安全存量状态评价排名上升幅度最大的省（区、市）是四川（13 名）、河北（9 名）、江西（5 名）、天津（5 名）、广东（5 名），下降幅度最大的是

辽宁（–7 名）、河南（–6 名）、宁夏（–6 名）。西藏在 2013—2015 年处于第 1 名，2016 年被青海赶超。

4.5　省级林业低碳环保存量状态评价分析

4.5.1　2013 年省级林业低碳环保存量状态评价分析

2013 年，各省（区、市）的林业低碳环保存量状态评价得分及排名见表 4-25 和图 4-17。

表 4-25　2013 年林业低碳环保存量状态评价得分及排名

序号	省（区、市）	得分	排名
1	北京	61.16	28
2	天津	60.09	30
3	河北	66.87	17
4	山西	64.31	23
5	内蒙古	96.18	1
6	辽宁	68.11	16
7	吉林	72.30	9
8	黑龙江	92.19	2
9	上海	60.00	31
10	江苏	61.86	27
11	浙江	70.54	12
12	安徽	66.14	18
13	福建	72.05	10
14	江西	74.65	8
15	山东	63.92	24
16	河南	65.25	21
17	湖北	71.04	11
18	湖南	70.34	13
19	广东	78.74	6
20	广西	85.26	5
21	海南	62.09	26
22	重庆	65.08	22
23	四川	86.73	4
24	贵州	68.94	15
25	云南	89.57	3
26	西藏	76.99	7
27	陕西	69.83	14
28	甘肃	65.70	20
29	青海	62.73	25
30	宁夏	60.45	29
31	新疆	65.97	19

其中：

①各省（区、市）林业低碳环保存量状态评价得分，前三名分别是内蒙古（96.18）、黑龙江（92.19）、云南（89.57），后三名分别是上海（60.00）、天津（60.09）、宁夏（60.45）。

②得分 90～100 分有 2 个，分别是内蒙古、黑龙江；80～90 分 3 个，分别是云南、四川、广西；70～80 分有 8 个，分别是广东、西藏、江西、吉林、福建、湖北、浙江、湖南；60～70 分有 18 个，分别是陕西、贵州、辽宁、河北、安徽、新疆、甘肃、河南、重庆、山西、山东、青海、海南、江苏、北京、宁夏、天津、上海。

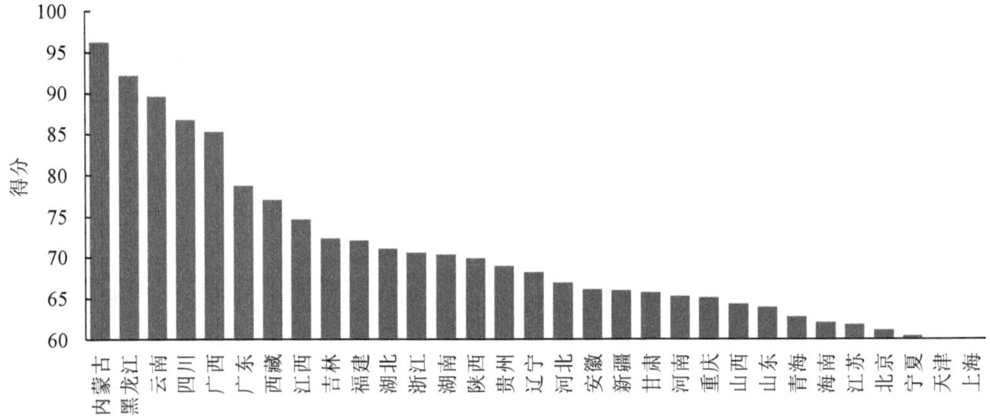

图 4-17　2013 年林业低碳环保存量状态评价得分

4.5.2　2014 年省级林业低碳环保存量状态评价分析

2014 年，各省（区、市）的林业低碳环保存量状态评价得分及排名见图 4-18 和表 4-26。

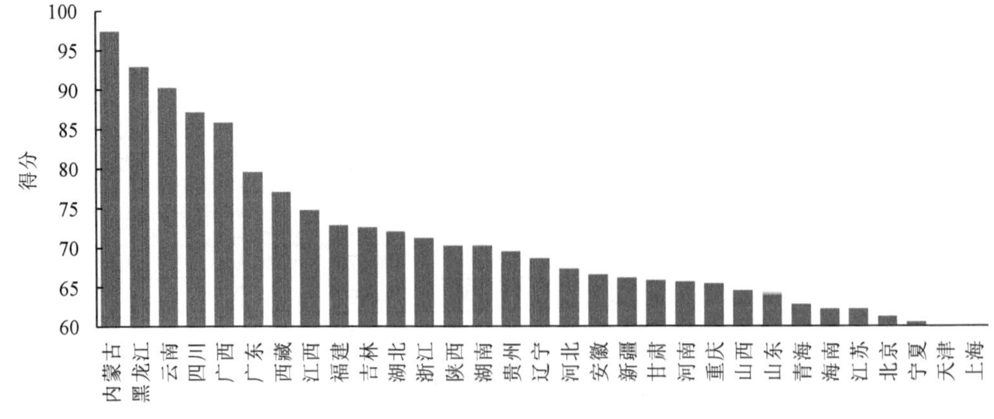

图 4-18　2014 年林业低碳环保存量状态评价得分

表 4-26　2014 年林业低碳环保存量状态评价得分及排名

序号	省（区、市）	得分	排名
1	北京	61.26	28
2	天津	60.12	30
3	河北	67.32	17
4	山西	64.58	23
5	内蒙古	97.41	1
6	辽宁	68.56	16
7	吉林	72.58	10
8	黑龙江	92.83	2
9	上海	60.02	31
10	江苏	62.19	27
11	浙江	71.17	12
12	安徽	66.59	18
13	福建	72.76	9
14	江西	74.77	8
15	山东	64.28	24
16	河南	65.64	21
17	湖北	71.95	11
18	湖南	70.21	14
19	广东	79.54	6
20	广西	85.80	5
21	海南	62.21	26
22	重庆	65.43	22
23	四川	87.08	4
24	贵州	69.46	15
25	云南	90.21	3
26	西藏	77.02	7
27	陕西	70.23	13
28	甘肃	65.85	20
29	青海	62.80	25
30	宁夏	60.49	29
31	新疆	66.14	19

其中：

①各省（区、市）林业低碳环保存量状态评价得分，前三名分别是内蒙古（97.41）、黑龙江（92.83）、云南（90.21），后三名分别是上海（60.02）、天津（60.12）、宁夏（60.49）。

②得分 90～100 分有 3 个，分别是内蒙古、黑龙江、云南；80～90 分有 2 个，分别是四川、广西；70～80 分有 7 个，分别是广东、西藏、江西、福建、吉林、湖北、浙江；60～70 分有 19 个，分别是陕西、湖南、贵州、辽宁、河北、安徽、新疆、甘肃、河南、重庆、山西、山东、青海、海南、江苏、北京、宁夏、天津、上海。

4.5.3 2015年省级林业低碳环保存量状态评价分析

2015年，各省（区、市）的林业低碳环保存量状态评价得分及排名见表4-27和图4-19。

表4-27 2015年林业低碳环保存量状态评价得分及排名

序号	省（区、市）	得分	排名
1	北京	61.37	28
2	天津	60.17	30
3	河北	67.81	17
4	山西	64.88	23
5	内蒙古	98.68	1
6	辽宁	69.03	16
7	吉林	72.87	11
8	黑龙江	93.48	2
9	上海	60.04	31
10	江苏	62.57	26
11	浙江	71.84	12
12	安徽	67.06	18
13	福建	73.52	9
14	江西	74.89	8
15	山东	64.68	24
16	河南	66.06	20
17	湖北	72.94	10
18	湖南	70.07	14
19	广东	80.39	6
20	广西	86.34	5
21	海南	62.33	27
22	重庆	65.80	22
23	四川	87.43	4
24	贵州	70.02	15
25	云南	90.87	3
26	西藏	77.05	7
27	陕西	70.65	13
28	甘肃	66.01	21
29	青海	62.87	25
30	宁夏	60.54	29
31	新疆	66.32	19

其中：

①各省（区、市）林业低碳环保存量状态评价得分，前三名分别是内蒙古（98.68）、黑龙江（93.48）、云南（90.87），后三名分别是上海（60.04）、天津（60.17）、宁夏（60.54）。

②得分90～100分有3个，分别是内蒙古、黑龙江、云南；80～90分有3个，分别

是四川、广西、广东；70～80 分有 9 个，分别是西藏、江西、福建、湖北、吉林、浙江、陕西、湖南、贵州；60～70 分有 16 个，分别是辽宁、河北、安徽、新疆、河南、甘肃、重庆、山西、山东、青海、江苏、海南、北京、宁夏、天津、上海。

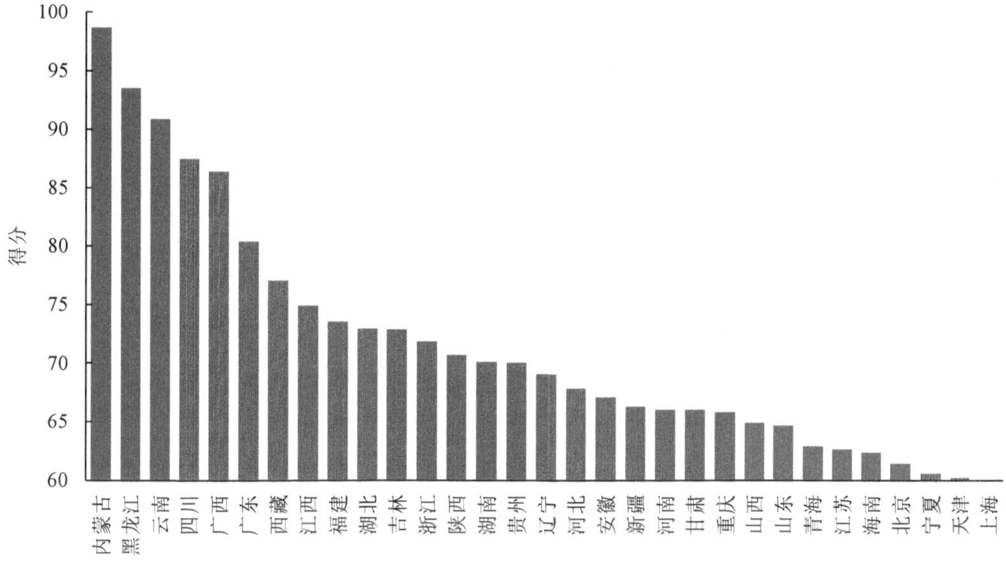

图 4-19　2015 年林业低碳环保存量状态评价得分

4.5.4　2016 年省级林业低碳环保存量状态评价分析

2016 年，各省（区、市）的林业低碳环保存量状态评价得分及排名见图 4-20 和表 4-28。

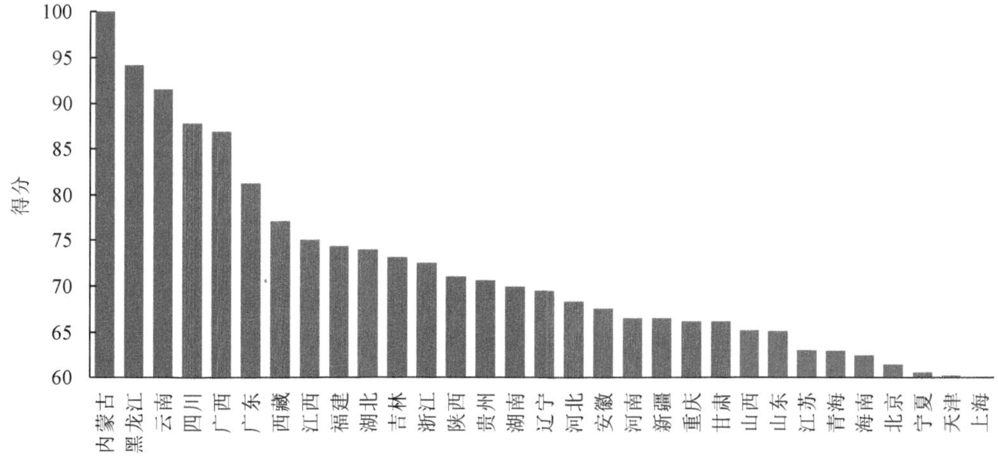

图 4-20　2016 年林业低碳环保存量状态评价得分

表 4-28　2016 年林业低碳环保存量状态评价得分及排名

序号	省（区、市）	得分	排名
1	北京	61.50	28
2	天津	60.22	30
3	河北	68.32	17
4	山西	65.19	23
5	内蒙古	100.00	1
6	辽宁	69.54	16
7	吉林	73.16	11
8	黑龙江	94.14	2
9	上海	60.07	31
10	江苏	63.02	25
11	浙江	72.55	12
12	安徽	67.57	18
13	福建	74.31	9
14	江西	75.01	8
15	山东	65.10	24
16	河南	66.50	19
17	湖北	74.00	10
18	湖南	69.93	15
19	广东	81.26	6
20	广西	86.90	5
21	海南	62.46	27
22	重庆	66.19	21
23	四川	87.79	4
24	贵州	70.61	14
25	云南	91.54	3
26	西藏	77.09	7
27	陕西	71.08	13
28	甘肃	66.17	22
29	青海	62.95	26
30	宁夏	60.59	29
31	新疆	66.50	20

其中：

①各省（区、市）林业低碳环保存量状态评价得分，前三名分别是内蒙古（100.00）、黑龙江（94.14）、云南（91.54），后三名分别是上海（60.07）、天津（60.22）、宁夏（60.59）。

②得分 100 分仅有内蒙古；90～100 分有 2 个，分别是黑龙江、云南；80～90 分有 3 个，分别是四川、广西、广东；70～80 分有 8 个，分别是西藏、江西、福建、湖北、吉林、浙江、陕西、贵州；60～70 分有 17 个，分别是湖南、辽宁、河北、安徽、河南、新

疆、重庆、甘肃、山西、山东、江苏、青海、海南、北京、宁夏、天津、上海。

4.5.5　跨年度林业低碳环保存量状态评价分析

2013—2016 年，各省（区、市）的林业低碳环保存量状态评价得分及变化见表 4-29。

表 4-29　2013—2016 年林业低碳环保存量状态评价得分及变化

序号	省（区、市）	2013 年得分	2014 年		2015 年		2016 年		2016 年较 2013 年上升
			得分	较上年上升	得分	较上年上升	得分	较上年上升	
1	北京	61.16	61.26	0.11	61.37	0.11	61.50	0.12	0.34
2	天津	60.09	60.12	0.04	60.17	0.04	60.22	0.05	0.13
3	河北	66.87	67.32	0.45	67.81	0.48	68.32	0.52	1.45
4	山西	64.31	64.58	0.28	64.88	0.29	65.19	0.31	0.88
5	内蒙古	96.18	97.41	1.23	98.68	1.27	100.00	1.32	3.82
6	辽宁	68.11	68.56	0.45	69.03	0.48	69.54	0.50	1.43
7	吉林	72.30	72.58	0.28	72.87	0.29	73.16	0.29	0.86
8	黑龙江	92.19	92.83	0.64	93.48	0.65	94.14	0.66	1.95
9	上海	60.00	60.02	0.02	60.04	0.02	60.07	0.03	0.07
10	江苏	61.86	62.19	0.33	62.57	0.38	63.02	0.45	1.16
11	浙江	70.54	71.17	0.63	71.84	0.67	72.55	0.71	2.01
12	安徽	66.14	66.59	0.44	67.06	0.47	67.57	0.51	1.42
13	福建	72.05	72.76	0.71	73.52	0.75	74.31	0.80	2.26
14	江西	74.65	74.77	0.12	74.89	0.12	75.01	0.12	0.37
15	山东	63.92	64.28	0.36	64.68	0.39	65.10	0.43	1.18
16	河南	65.25	65.64	0.39	66.06	0.42	66.50	0.45	1.25
17	湖北	71.04	71.95	0.91	72.94	0.98	74.00	1.06	2.96
18	湖南	70.34	70.21	−0.14	70.07	−0.14	69.93	−0.13	−0.41
19	广东	78.74	79.54	0.81	80.39	0.84	81.26	0.88	2.52
20	广西	85.26	85.80	0.53	86.34	0.54	86.90	0.56	1.63
21	海南	62.09	62.21	0.11	62.33	0.12	62.46	0.13	0.36
22	重庆	65.08	65.43	0.35	65.80	0.37	66.19	0.39	1.11
23	四川	86.73	87.08	0.35	87.43	0.35	87.79	0.36	1.06
24	贵州	68.94	69.46	0.53	70.02	0.56	70.61	0.59	1.67
25	云南	89.57	90.21	0.64	90.87	0.66	91.54	0.67	1.97
26	西藏	76.99	77.02	0.03	77.05	0.03	77.09	0.03	0.09
27	陕西	69.83	70.23	0.40	70.65	0.42	71.08	0.43	1.25
28	甘肃	65.70	65.85	0.15	66.01	0.16	66.17	0.16	0.47
29	青海	62.73	62.80	0.07	62.87	0.07	62.95	0.08	0.22
30	宁夏	60.45	60.49	0.04	60.54	0.05	60.59	0.05	0.14
31	新疆	65.97	66.14	0.17	66.32	0.18	66.50	0.18	0.53

2013—2016 年，除湖南外，其余各省（区、市）林业低碳环保存量状态评价得分均有所上升，上升幅度最大的是内蒙古（3.82），主要归因于森林面积和森林蓄积量逐年升高带来的环境净化能力和效果逐年提高；湖南林业低碳环保存量状态评价得分略有下降，主要归因于森林蓄积量逐年下降。

2013—2016 年林业低碳环保存量状态评价排名见表 4-30。

2013—2016 年，大多数省（区、市）林业低碳环保存量状态评价排名保持不变，少数排名略有升降。

表 4-30 2013—2016 年林业低碳环保存量状态评价排名

序号	省（区、市）	2013 年排名	2014 年		2015 年		2016 年		2016 年较 2013 年上升
			排名	较上年上升	排名	较上年上升	排名	较上年上升	
1	北京	28	28	0	28	0	28	0	0
2	天津	30	30	0	30	0	30	0	0
3	河北	17	17	0	17	0	17	0	0
4	山西	23	23	0	23	0	23	0	0
5	内蒙古	1	1	0	1	0	1	0	0
6	辽宁	16	16	0	16	0	16	0	0
7	吉林	9	10	–1	11	–1	11	0	0
8	黑龙江	2	2	0	2	0	2	0	0
9	上海	31	31	0	31	0	31	0	0
10	江苏	27	27	0	26	1	25	1	1
11	浙江	12	12	0	12	0	12	0	1
12	安徽	18	18	0	18	0	18	0	0
13	福建	10	9	1	9	0	9	0	1
14	江西	8	8	0	8	0	8	0	–1
15	山东	24	24	0	24	0	24	0	0
16	河南	21	21	0	20	1	19	1	0
17	湖北	11	11	0	10	1	10	0	2
18	湖南	13	14	–1	14	0	15	–1	–3
19	广东	6	6	0	6	0	6	0	0
20	广西	5	5	0	5	0	5	0	0
21	海南	26	26	0	27	–1	27	0	0
22	重庆	22	22	0	22	0	21	1	0
23	四川	4	4	0	4	0	4	0	0
24	贵州	15	15	0	15	0	14	1	2
25	云南	3	3	0	3	0	3	0	0
26	西藏	7	7	0	7	0	7	0	–2
27	陕西	14	13	1	13	0	13	0	0
28	甘肃	20	20	0	21	–1	22	–1	0
29	青海	25	25	0	25	0	26	–1	–1
30	宁夏	29	29	0	29	0	29	0	0
31	新疆	19	19	0	19	0	20	–1	0

4.6　省级林业绿色经济存量状态评价分析

4.6.1　2013 年省级林业绿色经济存量状态评价分析

2013 年，各省（区、市）的林业绿色经济存量状态评价得分及排名见表 4-31 和图 4-21。

表 4-31　2013 年林业绿色经济存量状态评价得分及排名

序号	省（区、市）	得分	排名
1	北京	66.18	27
2	天津	60.00	31
3	河北	68.35	24
4	山西	66.49	26
5	内蒙古	91.85	3
6	辽宁	72.53	15
7	吉林	77.65	12
8	黑龙江	94.47	1
9	上海	61.84	29
10	江苏	70.34	19
11	浙江	77.70	11
12	安徽	70.30	20
13	福建	79.66	10
14	江西	83.64	7
15	山东	75.75	13
16	河南	69.06	21
17	湖北	73.50	14
18	湖南	81.64	9
19	广东	87.98	4
20	广西	86.26	6
21	海南	64.16	28
22	重庆	68.85	23
23	四川	92.24	2
24	贵州	70.87	17
25	云南	86.72	5
26	西藏	82.47	8
27	陕西	72.20	16
28	甘肃	70.45	18
29	青海	66.74	25
30	宁夏	61.13	30
31	新疆	69.01	22

其中：

①各省（区、市）林业绿色经济存量状态评价得分，前三名分别是黑龙江（94.47）、四川（92.24）、内蒙古（91.85），后三名分别是天津（60.00）、宁夏（61.13）、上海（61.84）。

②得分 90～100 分有 3 个，分别是黑龙江、四川、内蒙古；80～90 分有 6 个，分别是广东、云南、广西、江西、西藏、湖南；70～80 分有 11 个，分别是福建、浙江、吉林、山东、湖北、辽宁、陕西、贵州、甘肃、江苏、安徽；60～70 分有 11 个，分别是河南、新疆、重庆、河北、青海、山西、北京、海南、上海、宁夏、天津。

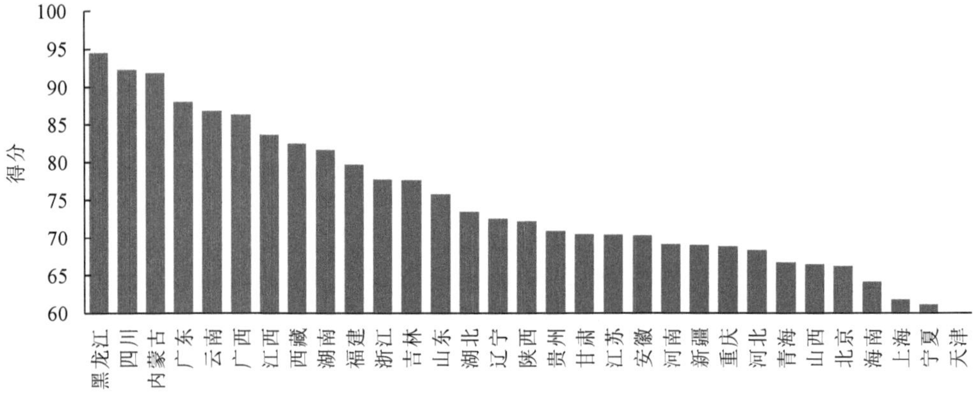

图 4-21　2013 年林业绿色经济存量状态评价得分

4.6.2　2014 年省级林业绿色经济存量状态评价分析

2014 年，各省（区、市）的林业绿色经济存量状态评价得分及排名见图 4-22 和表 4-32。

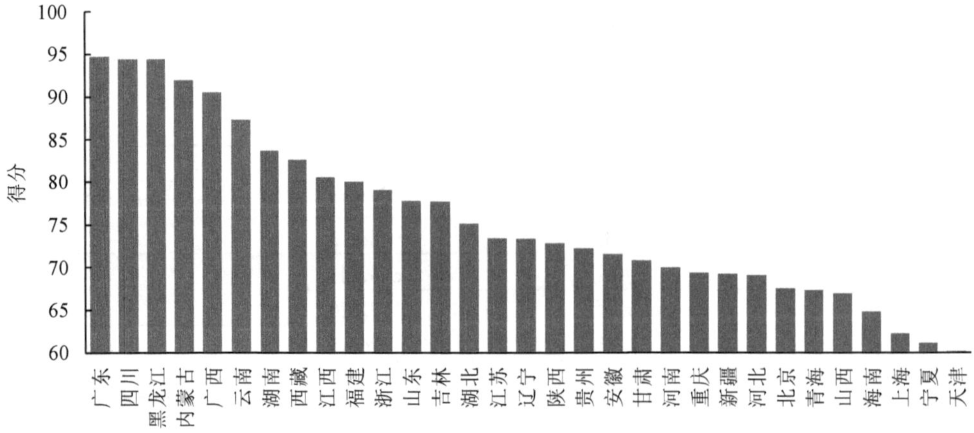

图 4-22　2014 年林业绿色经济存量状态评价得分

表 4-32　2014 年林业绿色经济存量状态评价得分及排名

序号	省（区、市）	得分	排名
1	北京	67.53	25
2	天津	60.15	31
3	河北	69.07	24
4	山西	66.97	27
5	内蒙古	91.94	4
6	辽宁	73.31	16
7	吉林	77.65	13
8	黑龙江	94.40	3
9	上海	62.20	29
10	江苏	73.37	15
11	浙江	79.04	11
12	安徽	71.53	19
13	福建	79.99	10
14	江西	80.51	9
15	山东	77.75	12
16	河南	69.94	21
17	湖北	75.14	14
18	湖南	83.72	7
19	广东	94.71	1
20	广西	90.48	5
21	海南	64.77	28
22	重庆	69.37	22
23	四川	94.41	2
24	贵州	72.22	18
25	云南	87.26	6
26	西藏	82.66	8
27	陕西	72.82	17
28	甘肃	70.78	20
29	青海	67.32	26
30	宁夏	61.14	30
31	新疆	69.24	23

其中：

①各省（区、市）林业绿色经济存量状态评价得分，前三名分别是广东（94.71）、四川（94.41）、黑龙江（94.40），后三名分别是天津（60.15）、宁夏（61.14）、上海（62.20）。

②得分 90～100 分有 5 个，分别是广东、四川、黑龙江、内蒙古、广西；80～90 分有 4 个，分别是云南、湖南、西藏、江西；70～80 分有 11 个，分别是福建、浙江、山东、吉林、湖北、江苏、辽宁、陕西、贵州、安徽、甘肃；60～70 分有 11 个，分别是河南、

重庆、新疆、河北、北京、青海、山西、海南、上海、宁夏、天津。

4.6.3 2015年省级林业绿色经济存量状态评价分析

2015年，各省（区、市）的林业绿色经济存量状态得分及排名见表4-33和图4-23。

表4-33 2015年林业绿色经济存量状态评价得分及排名

序号	省（区、市）	得分	排名
1	北京	68.28	25
2	天津	61.34	31
3	河北	69.88	24
4	山西	67.32	27
5	内蒙古	93.39	4
6	辽宁	72.85	19
7	吉林	78.89	14
8	黑龙江	95.70	3
9	上海	62.67	29
10	江苏	73.29	18
11	浙江	82.30	10
12	安徽	74.21	16
13	福建	81.76	11
14	江西	85.73	8
15	山东	78.94	13
16	河南	70.87	22
17	湖北	78.55	15
18	湖南	86.06	7
19	广东	95.96	2
20	广西	90.29	5
21	海南	65.19	28
22	重庆	70.33	23
23	四川	97.68	1
24	贵州	81.04	12
25	云南	88.95	6
26	西藏	82.98	9
27	陕西	73.94	17
28	甘肃	71.05	21
29	青海	68.01	26
30	宁夏	61.66	30
31	新疆	71.29	20

其中：

①各省（区、市）林业绿色经济存量状态评价得分，前三名分别是四川（97.68）、广

东（95.96）、黑龙江（95.70），后三名分别是天津（61.34）、宁夏（61.66）、上海（62.67）。

②得分 90～100 分有 5 个，分别是四川、广东、黑龙江、内蒙古、广西；80～90 分有 7 个，分别是云南、湖南、江西、西藏、浙江、福建、贵州；70～80 分有 11 个，分别是山东、吉林、湖北、安徽、陕西、江苏、辽宁、新疆、甘肃、河南、重庆；60～70 分有 8 个，分别是河北、北京、青海、山西、海南、上海、宁夏、天津。

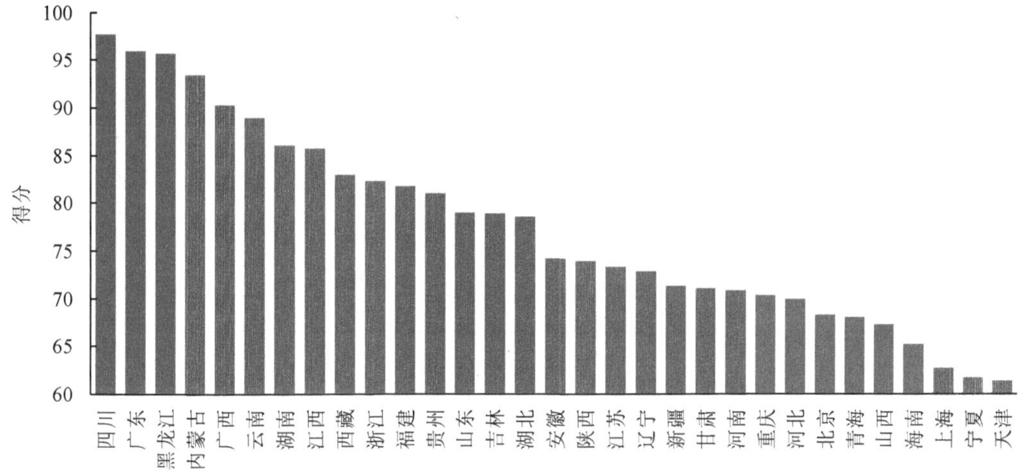

图 4-23　2015 年林业绿色经济存量状态评价得分

4.6.4　2016 年省级林业绿色经济存量状态评价分析

2016 年，各省（区、市）的林业绿色经济存量状态评价得分及排名见图 4-24 和表 4-34。

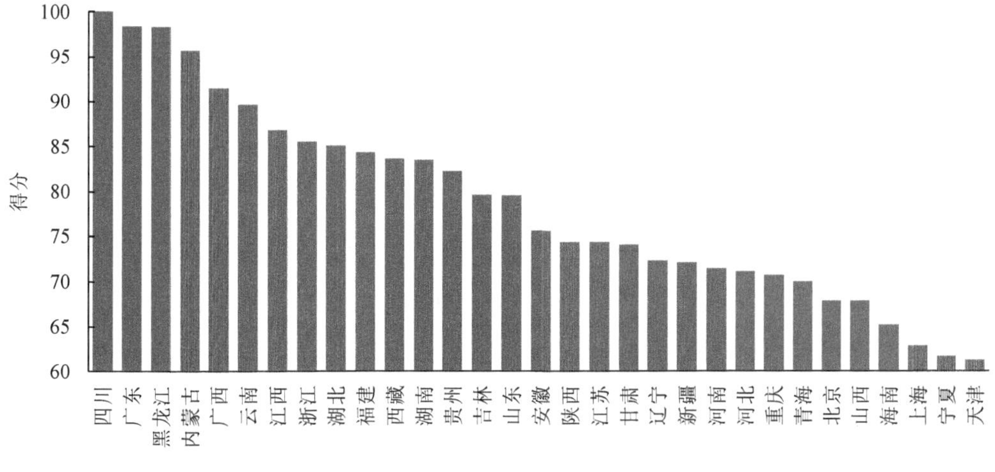

图 4-24　2016 年林业绿色经济存量状态评价得分

表 4-34 2016 年林业绿色经济存量状态评价得分及排名

序号	省（区、市）	得分	排名
1	北京	67.84	26
2	天津	61.23	31
3	河北	71.11	23
4	山西	67.83	27
5	内蒙古	95.66	4
6	辽宁	72.34	20
7	吉林	79.66	14
8	黑龙江	98.29	3
9	上海	62.84	29
10	江苏	74.34	18
11	浙江	85.54	8
12	安徽	75.55	16
13	福建	84.30	10
14	江西	86.81	7
15	山东	79.59	15
16	河南	71.43	22
17	湖北	85.13	9
18	湖南	83.49	12
19	广东	98.42	2
20	广西	91.51	5
21	海南	65.24	28
22	重庆	70.68	24
23	四川	100.00	1
24	贵州	82.28	13
25	云南	89.63	6
26	西藏	83.59	11
27	陕西	74.39	17
28	甘肃	74.09	19
29	青海	69.96	25
30	宁夏	61.64	30
31	新疆	72.13	21

其中：

①各省（区、市）林业绿色经济存量状态得分，前三名分别是四川（100.00）、广东（98.42）、黑龙江（98.29），后三名分别是天津（61.23）、宁夏（61.64）、上海（62.84）。

②得分 100 分仅有四川；90～100 分有 4 个，分别是广东、黑龙江、内蒙古、广西；80～90 分有 8 个，分别是云南、江西、浙江、湖北、福建、西藏、湖南、贵州；70～80 分有 11 个，分别是吉林、山东、安徽、陕西、江苏、甘肃、辽宁、新疆、河南、河北、重庆；60～70 分有 7 个，分别是青海、北京、山西、海南、上海、宁夏、天津。

4.6.5 跨年度林业绿色经济存量状态评价分析

2013—2016 年，各省（区、市）的林业绿色经济存量状态评价得分及变化见表 4-35。

表 4-35 2013—2016 年林业绿色经济存量状态评价得分及变化

序号	省（区、市）	2013 年得分	2014 年		2015 年		2016 年		2016 年较 2013 年上升
			得分	较上年上升	得分	较上年上升	得分	较上年上升	
1	北京	66.18	67.53	1.34	68.28	0.75	67.84	−0.44	1.66
2	天津	60.00	60.15	0.15	61.34	1.19	61.23	−0.11	1.23
3	河北	68.35	69.07	0.73	69.88	0.81	71.11	1.23	2.77
4	山西	66.49	66.97	0.48	67.32	0.35	67.83	0.51	1.34
5	内蒙古	91.85	91.94	0.09	93.39	1.45	95.66	2.27	3.81
6	辽宁	72.53	73.31	0.78	72.85	−0.46	72.34	−0.50	−0.18
7	吉林	77.65	77.65	0.00	78.89	1.24	79.66	0.76	2.01
8	黑龙江	94.47	94.40	−0.06	95.70	1.30	98.29	2.60	3.83
9	上海	61.84	62.20	0.36	62.67	0.47	62.84	0.17	1.00
10	江苏	70.34	73.37	3.03	73.29	−0.08	74.34	1.05	4.00
11	浙江	77.70	79.04	1.35	82.30	3.26	85.54	3.23	7.84
12	安徽	70.30	71.53	1.23	74.21	2.69	75.55	1.34	5.25
13	福建	79.66	79.99	0.34	81.76	1.77	84.30	2.54	4.65
14	江西	83.64	80.51	−3.13	85.73	5.22	86.81	1.08	3.17
15	山东	75.75	77.75	2.01	78.94	1.19	79.59	0.65	3.84
16	河南	69.06	69.94	0.87	70.87	0.94	71.43	0.55	2.37
17	湖北	73.50	75.14	1.64	78.55	3.40	85.13	6.58	11.63
18	湖南	81.64	83.72	2.08	86.06	2.33	83.49	−2.56	1.85
19	广东	87.98	94.71	6.74	95.96	1.24	98.42	2.47	10.45
20	广西	86.26	90.48	4.22	90.29	−0.19	91.51	1.21	5.25
21	海南	64.16	64.77	0.61	65.19	0.43	65.24	0.04	1.08
22	重庆	68.85	69.37	0.52	70.33	0.97	70.68	0.35	1.83
23	四川	92.24	94.41	2.16	97.68	3.27	100.00	2.32	7.76
24	贵州	70.87	72.22	1.35	81.04	8.82	82.28	1.24	11.41
25	云南	86.72	87.26	0.54	88.95	1.69	89.63	0.68	2.91
26	西藏	82.47	82.66	0.18	82.98	0.32	83.59	0.62	1.12
27	陕西	72.20	72.82	0.61	73.94	1.12	74.39	0.46	2.19
28	甘肃	70.45	70.78	0.33	71.05	0.27	74.09	3.03	3.63
29	青海	66.74	67.32	0.58	68.01	0.70	69.96	1.95	3.23
30	宁夏	61.13	61.14	0.00	61.66	0.52	61.64	−0.01	0.51
31	新疆	69.01	69.24	0.23	71.29	2.06	72.13	0.83	3.12

2013—2016 年，全部省（区、市）林业绿色经济存量状态评价得分除辽宁外，均有所上升，上升幅度最大的是湖北（11.63）。从单一年度看，只有少数省（区、市）在个别年度出现下降，2014 年的江西（–3.13）、2016 年的湖南（–2.56）下降幅度相对较大，主要归因于两省林业旅游带动其他产业产值指标下降较大；而上升幅度较大的是 2015 年的贵州（8.82）、2016 年的湖北（6.58），主要归因于林业总产值、林业旅游带动其他产业产值大幅增加。

2013—2016 年林业绿色经济存量状态评价排名见表 4-36。

表 4-36　2013—2016 年林业绿色经济存量状态评价排名

序号	省（区、市）	2013 年排名	2014 年		2015 年		2016 年		2016 年较 2013 年上升
			排名	较上年上升	排名	较上年上升	排名	较上年上升	
1	北京	27	25	2	25	0	26	–1	1
2	天津	31	31	0	31	0	31	0	0
3	河北	24	24	0	24	0	23	1	1
4	山西	26	27	–1	27	0	27	0	–1
5	内蒙古	3	4	–1	4	0	4	0	–1
6	辽宁	15	16	–1	19	–3	20	–1	–5
7	吉林	12	13	–1	14	–1	14	0	–2
8	黑龙江	1	3	–2	3	0	3	0	–2
9	上海	29	29	0	29	0	29	0	0
10	江苏	19	15	4	18	–3	18	0	1
11	浙江	11	11	0	10	1	8	2	3
12	安徽	20	19	1	16	3	16	0	4
13	福建	10	10	0	11	–1	10	1	0
14	江西	7	9	–2	8	1	7	1	0
15	山东	13	12	1	13	–1	15	–2	–2
16	河南	21	21	0	22	–1	22	0	–1
17	湖北	14	14	0	15	–1	9	6	5
18	湖南	9	7	2	7	0	12	–5	–3
19	广东	4	1	3	2	–1	2	0	2
20	广西	6	5	1	5	0	5	0	1
21	海南	28	28	0	28	0	28	0	0
22	重庆	23	22	1	23	–1	24	–1	–1
23	四川	2	2	0	1	1	1	0	1
24	贵州	17	18	–1	12	6	13	–1	4
25	云南	5	6	–1	6	0	6	0	–1
26	西藏	8	8	0	9	–1	11	–2	–3
27	陕西	16	17	–1	17	0	17	0	–1
28	甘肃	18	20	–2	21	–1	19	2	–1
29	青海	25	26	–1	26	0	25	1	0
30	宁夏	30	30	0	30	0	30	0	0
31	新疆	22	23	–1	20	3	21	–1	1

2013—2016 年，大多数省（区、市）林业绿色经济存量状态评价排名变化不明显，总体排名上升幅度最大的是湖北（5 名），下降幅度最大的是辽宁（–5 名）。从单一年度看，上升幅度最大的是 2016 年的湖北（6 名），下降幅度最大的是 2016 年的湖南（–5 名）。

第 5 章　林业绿色经济产出效率评价

5.1　省级林业经济产出效率评价分析

5.1.1　2013 年省级林业经济产出效率评价分析

2013 年，各省（区、市）的林业经济产出效率评价得分及排名见图 5-1 和表 5-1。

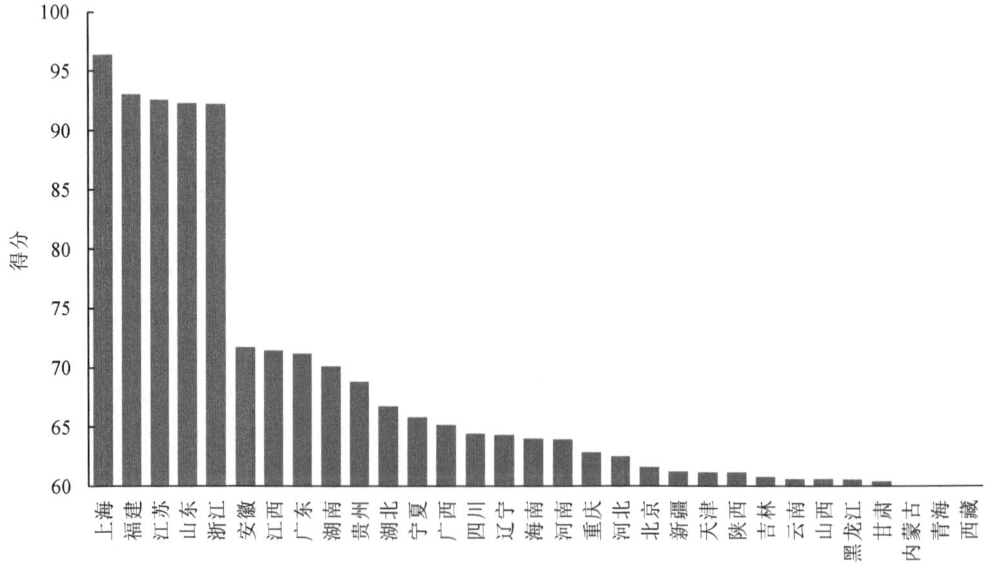

图 5-1　2013 年林业经济产出效率评价得分

表 5-1　2013 年林业经济产出效率评价得分及排名

序号	省（区、市）	得分	排名
1	北京	61.57	20
2	天津	61.17	22
3	河北	62.51	19
4	山西	60.62	26
5	内蒙古	60.04	29
6	辽宁	64.34	15
7	吉林	60.75	24
8	黑龙江	60.54	27
9	上海	96.39	1
10	江苏	92.56	3
11	浙江	92.24	5
12	安徽	71.72	6
13	福建	93.02	2
14	江西	71.44	7
15	山东	92.25	4
16	河南	63.93	17
17	湖北	66.74	11
18	湖南	70.08	9
19	广东	71.15	8
20	广西	65.18	13
21	海南	64.01	16
22	重庆	62.80	18
23	四川	64.42	14
24	贵州	68.77	10
25	云南	60.63	25
26	西藏	60.00	31
27	陕西	61.16	23
28	甘肃	60.39	28
29	青海	60.02	30
30	宁夏	65.81	12
31	新疆	61.22	21

其中：

①各省（区、市）林业经济产出效率评价得分，前三名分别是上海（96.39）、福建（93.02）、江苏（92.56），后三名分别是西藏（60.00）、青海（60.02）、内蒙古（60.04）。

②得分 90～100 分有 5 个，分别是上海、福建、江苏、山东、浙江；70～80 分有 4 个，分别是安徽、江西、广东、湖南；60～70 分有 22 个，分别是贵州、湖北、宁夏、广西、四川、辽宁、海南、河南、重庆、河北、北京、新疆、天津、陕西、吉林、云南、山西、黑龙江、甘肃、内蒙古、青海、西藏。

5.1.2 2014 年省级林业经济产出效率评价分析

2014 年，各省（区、市）的林业经济产出效率评价得分及排名见表 5-2 和图 5-2。

表 5-2 2014 年林业经济产出效率评价得分及排名

序号	省（区、市）	得分	排名
1	北京	66.37	14
2	天津	61.18	22
3	河北	62.35	20
4	山西	60.98	24
5	内蒙古	60.06	30
6	辽宁	66.17	15
7	吉林	61.00	23
8	黑龙江	60.29	28
9	上海	92.75	4
10	江苏	98.30	1
11	浙江	92.27	6
12	安徽	73.51	9
13	福建	76.65	8
14	江西	67.34	12
15	山东	92.36	5
16	河南	64.93	17
17	湖北	66.90	13
18	湖南	72.92	10
19	广东	95.13	2
20	广西	79.48	7
21	海南	65.42	16
22	重庆	64.27	19
23	四川	64.58	18
24	贵州	92.82	3
25	云南	60.90	26
26	西藏	60.11	29
27	陕西	61.65	21
28	甘肃	60.45	27
29	青海	60.03	31
30	宁夏	67.63	11
31	新疆	60.92	25

其中：

①各省（区、市）林业经济产出效率评价得分，前三名分别是江苏（98.30）、广东（95.13）、贵州（92.82），后三名分别是青海（60.03）、内蒙古（60.06）、西藏（60.11）。

②得分 90～100 分有 6 个，分别是江苏、广东、贵州、上海、山东、浙江；70～80 分有 4 个，分别是广西、福建、安徽、湖南；60～70 分有 21 个，分别是宁夏、江西、湖北、北京、辽宁、海南、河南、四川、重庆、河北、陕西、天津、吉林、山西、新疆、云南、甘肃、黑龙江、西藏、内蒙古、青海。

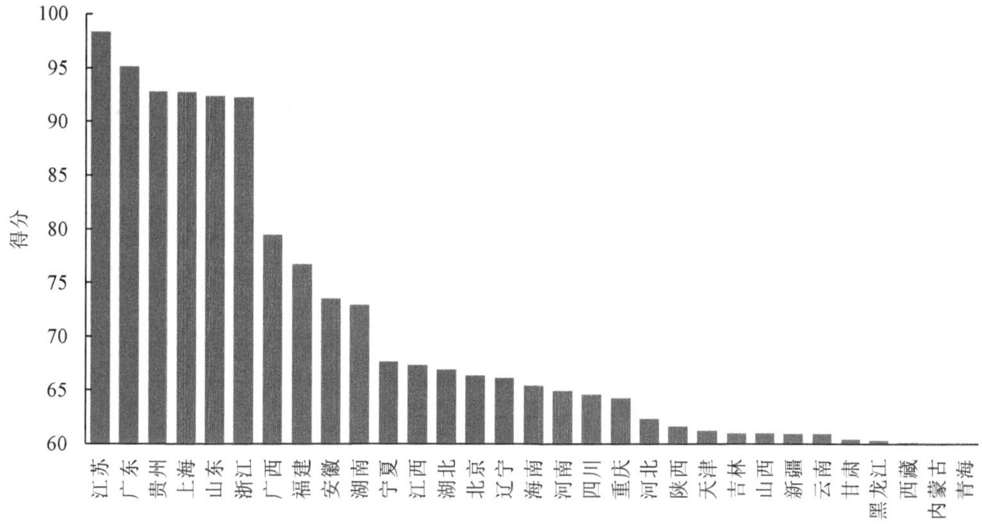

图 5-2　2014 年林业经济产出效率评价得分

5.1.3　2015 年省级林业经济产出效率评价分析

2015 年，各省（区、市）的林业经济产出效率评价得分及排名见图 5-3 和表 5-3。

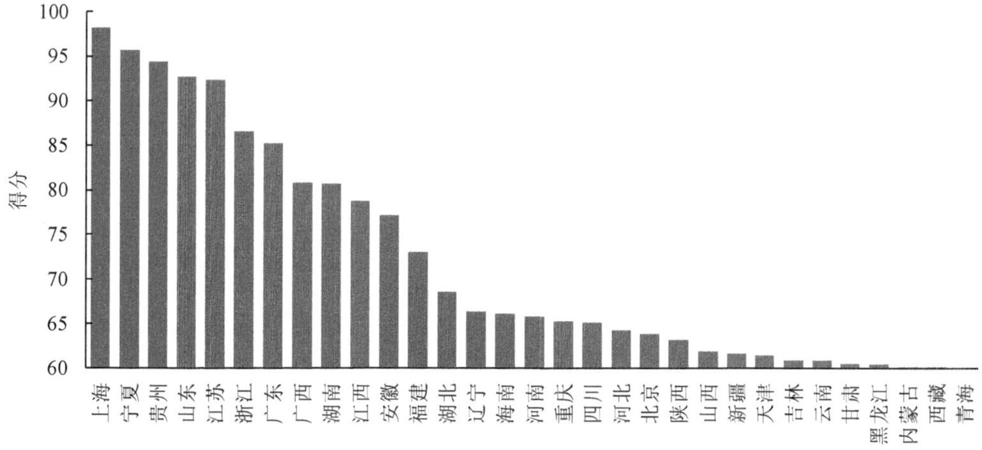

图 5-3　2015 年林业经济产出效率评价得分

表 5-3 2015 年林业经济产出效率评价得分及排名

序号	省（区、市）	得分	排名
1	北京	63.89	20
2	天津	61.42	24
3	河北	64.30	19
4	山西	61.97	22
5	内蒙古	60.18	29
6	辽宁	66.32	14
7	吉林	60.84	25
8	黑龙江	60.44	28
9	上海	98.19	1
10	江苏	92.32	5
11	浙江	86.58	6
12	安徽	77.09	11
13	福建	72.99	12
14	江西	78.72	10
15	山东	92.65	4
16	河南	65.83	16
17	湖北	68.53	13
18	湖南	80.69	9
19	广东	85.19	7
20	广西	80.86	8
21	海南	66.10	15
22	重庆	65.29	17
23	四川	65.17	18
24	贵州	94.38	3
25	云南	60.84	26
26	西藏	60.13	30
27	陕西	63.23	21
28	甘肃	60.52	27
29	青海	60.07	31
30	宁夏	95.73	2
31	新疆	61.67	23

其中：

①各省（区、市）林业经济产出效率评价得分，前三名分别是上海（98.19）、宁夏（95.73）、贵州（94.38），后三名分别是青海（60.07）、西藏（60.13）、内蒙古（60.18）。

②得分 90～100 分有 5 个，分别是上海、宁夏、贵州、山东、江苏；80～90 分有 4 个，分别是浙江、广东、广西、湖南；70～80 分有 3 个，分别是江西、安徽、福建；60～70 分有 19 个，分别是湖北、辽宁、海南、河南、重庆、四川、河北、北京、陕西、山西、新疆、天津、吉林、云南、甘肃、黑龙江、内蒙古、西藏、青海。

5.1.4　2016 年省级林业经济产出效率评价分析

2016 年，各省（区、市）的林业经济产出效率评价得分及排名见表 5-4 和图 5-4。

表 5-4　2016 年林业经济产出效率评价得分及排名

序号	省（区、市）	得分	排名
1	北京	67.62	15
2	天津	61.42	24
3	河北	63.60	22
4	山西	92.47	11
5	内蒙古	60.26	28
6	辽宁	65.52	19
7	吉林	61.03	25
8	黑龙江	60.42	27
9	上海	93.84	5
10	江苏	93.41	8
11	浙江	96.76	2
12	安徽	92.47	10
13	福建	78.28	13
14	江西	81.00	12
15	山东	93.66	6
16	河南	67.18	16
17	湖北	100.00	1
18	湖南	75.29	14
19	广东	95.76	3
20	广西	92.80	9
21	海南	65.58	18
22	重庆	66.72	17
23	四川	65.35	20
24	贵州	93.44	7
25	云南	60.91	26
26	西藏	60.10	30
27	陕西	63.92	21
28	甘肃	60.16	29
29	青海	60.05	31
30	宁夏	94.10	4
31	新疆	62.08	23

其中：

①各省（区、市）林业经济产出效率评价得分，前三名分别是湖北（100.00）、浙江（96.76）、广东（95.76），后三名分别是青海（60.05）、西藏（60.10）、甘肃（60.16）。

②得分100分仅有湖北；90～100分有10个，分别是浙江、广东、宁夏、上海、山东、贵州、江苏、广西、安徽、山西；80～90分仅有江西；70～80分有2个，分别是福建、湖南；60～70分有17个，分别是北京、河南、重庆、海南、辽宁、四川、陕西、河北、新疆、天津、吉林、云南、黑龙江、内蒙古、甘肃、西藏、青海。

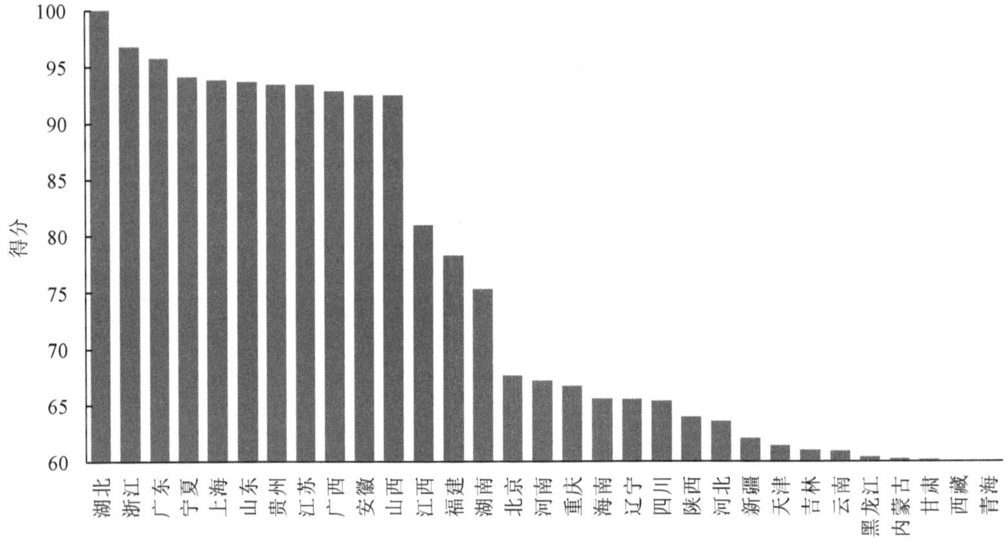

图5-4　2016年林业经济产出效率评价得分

5.1.5　跨年度林业经济产出效率评价分析

2013—2016年，各省（区、市）的林业经济产出效率评价得分及变化见表5-5。

2013—2016年，大部分省（区、市）林业经济产出效率评价得分呈上升趋势，上升幅度最大的是湖北（33.26）、山西（31.85）、宁夏（28.29），下降幅度最大的是福建（–14.74）、上海（–2.54）、甘肃（–0.23）。从单一年度看，上升幅度最大的是2016年的湖北（31.47）、2016年的山西（30.49）、2015年的宁夏（28.10）；下降幅度最大的是2014年的福建（–16.37）、2015年的广东（–9.94）、2015年的江苏（–5.98）。

表 5-5　2013—2016 年林业经济产出效率评价得分及变化

序号	省（区、市）	2013 年得分	2014 年		2015 年		2016 年		2016 年较 2013 年上升
			得分	较上年上升	得分	较上年上升	得分	较上年上升	
1	北京	61.57	66.37	4.80	63.89	–2.49	67.62	3.73	6.04
2	天津	61.17	61.18	0.01	61.42	0.24	61.42	0.00	0.25
3	河北	62.51	62.35	–0.16	64.30	1.94	63.60	–0.70	1.09
4	山西	60.62	60.98	0.36	61.97	0.99	92.47	30.49	31.85
5	内蒙古	60.04	60.06	0.02	60.18	0.12	60.26	0.09	0.23
6	辽宁	64.34	66.17	1.83	66.32	0.16	65.52	–0.80	1.18
7	吉林	60.75	61.00	0.24	60.84	–0.15	61.03	0.18	0.28
8	黑龙江	60.54	60.29	–0.24	60.44	0.15	60.42	–0.02	–0.11
9	上海	96.39	92.75	–3.64	98.19	5.43	93.84	–4.34	–2.54
10	江苏	92.56	98.30	5.74	92.32	–5.98	93.41	1.09	0.85
11	浙江	92.24	92.27	0.03	86.58	–5.69	96.76	10.18	4.52
12	安徽	71.72	73.51	1.80	77.09	3.57	92.47	15.38	20.75
13	福建	93.02	76.65	–16.37	72.99	–3.66	78.28	5.29	–14.74
14	江西	71.44	67.34	–4.10	78.72	11.38	81.00	2.28	9.56
15	山东	92.25	92.36	0.11	92.65	0.29	93.66	1.01	1.41
16	河南	63.93	64.93	1.00	65.83	0.90	67.18	1.35	3.25
17	湖北	66.74	66.90	0.17	68.53	1.63	100.00	31.47	33.26
18	湖南	70.08	72.92	2.84	80.69	7.77	75.29	–5.40	5.21
19	广东	71.15	95.13	23.98	85.19	–9.94	95.76	10.58	24.61
20	广西	65.18	79.48	14.31	80.86	1.38	92.80	11.94	27.62
21	海南	64.01	65.42	1.41	66.10	0.68	65.58	–0.52	1.56
22	重庆	62.80	64.27	1.46	65.29	1.03	66.72	1.43	3.91
23	四川	64.42	64.58	0.16	65.17	0.59	65.35	0.17	0.92
24	贵州	68.77	92.82	24.05	94.38	1.55	93.44	–0.93	24.67
25	云南	60.63	60.90	0.26	60.84	–0.06	60.91	0.07	0.27
26	西藏	60.00	60.11	0.11	60.13	0.02	60.10	–0.03	0.10
27	陕西	61.16	61.65	0.48	63.23	1.58	63.92	0.69	2.76
28	甘肃	60.39	60.45	0.06	60.52	0.08	60.16	–0.36	–0.23
29	青海	60.02	60.03	0.01	60.07	0.04	60.05	–0.01	0.03
30	宁夏	65.81	67.63	1.82	95.73	28.10	94.10	–1.63	28.29
31	新疆	61.22	60.92	–0.30	61.67	0.75	62.08	0.41	0.86

2013—2016 年林业经济产出效率评价排名见表 5-6。

2013—2016 年，少数省（区、市）林业经济产出效率评价排名上升，多数下降，上升幅度最大的是山西（15 名）、湖北（10 名）、宁夏（8 名），下降幅度最大的是福建（–11 名）、四川（–6 名）。

表 5-6 2013—2016 年林业经济产出效率评价排名

序号	省（区、市）	2013 年排名	2014 年		2015 年		2016 年		2016 年较 2013 年上升
			排名	较上年上升	排名	较上年上升	排名	较上年上升	
1	北京	20	14	6	20	−6	15	5	5
2	天津	22	22	0	24	−2	24	0	−2
3	河北	19	20	−1	19	1	22	−3	−3
4	山西	26	24	2	22	2	11	11	15
5	内蒙古	29	30	−1	29	1	28	1	1
6	辽宁	15	15	0	14	1	19	−5	−4
7	吉林	24	23	1	25	−2	25	0	−1
8	黑龙江	27	28	−1	28	0	27	1	0
9	上海	1	4	−3	1	3	5	−4	−4
10	江苏	3	1	2	5	−4	8	−3	−5
11	浙江	5	6	−1	6	0	2	4	3
12	安徽	6	9	−3	11	−2	10	1	−4
13	福建	2	8	−6	12	−4	13	−1	−11
14	江西	7	12	−5	10	2	12	−2	−5
15	山东	4	5	−1	4	1	6	−2	−2
16	河南	17	17	0	16	1	16	0	1
17	湖北	11	13	−2	13	0	1	12	10
18	湖南	9	10	−1	9	1	14	−5	−5
19	广东	8	2	6	7	−5	3	4	5
20	广西	13	7	6	8	−1	9	−1	4
21	海南	16	16	0	15	1	18	−3	−2
22	重庆	18	19	−1	17	2	17	0	1
23	四川	14	18	−4	18	0	20	−2	−6
24	贵州	10	3	7	3	0	7	−4	3
25	云南	25	26	−1	26	0	26	0	−1
26	西藏	31	29	2	30	−1	30	0	1
27	陕西	23	21	2	21	0	21	0	2
28	甘肃	28	27	1	27	0	29	−2	−1
29	青海	30	31	−1	31	0	31	0	−1
30	宁夏	12	11	1	2	9	4	−2	8
31	新疆	21	25	−4	23	2	23	0	−2

5.2 省级林业民生福祉产出效率评价分析

5.2.1 2013 年省级林业民生福祉产出效率评价分析

2013 年，各省（区、市）的林业民生福祉产出效率评价得分及排名见表 5-7 和图 5-5。

表 5-7　2013 年林业民生福祉产出效率评价得分及排名

序号	省（区、市）	得分	排名
1	北京	95.27	2
2	天津	63.69	19
3	河北	64.94	16
4	山西	63.36	21
5	内蒙古	60.20	29
6	辽宁	64.82	17
7	吉林	61.75	25
8	黑龙江	60.51	28
9	上海	94.35	4
10	江苏	73.68	8
11	浙江	81.13	5
12	安徽	68.00	10
13	福建	63.35	22
14	江西	66.78	11
15	山东	94.83	3
16	河南	72.30	9
17	湖北	65.47	15
18	湖南	66.47	12
19	广东	77.56	7
20	广西	62.38	24
21	海南	64.76	18
22	重庆	96.56	1
23	四川	66.33	13
24	贵州	78.17	6
25	云南	63.40	20
26	西藏	60.01	31
27	陕西	62.95	23
28	甘肃	61.02	27
29	青海	60.07	30
30	宁夏	66.01	14
31	新疆	61.28	26

其中：

①各省（区、市）林业民生福祉产出效率评价得分，前三名分别是重庆（96.56）、北京（95.27）、山东（94.83），后三名分别是西藏（60.01）、青海（60.07）、内蒙古（60.20）。

②得分 90～100 分有 4 个，分别是重庆、北京、山东、上海；80～90 分仅有浙江；70～80 分有 4 个，分别是贵州、广东、江苏、河南；60～70 分有 22 个，分别是安徽、江西、湖南、四川、宁夏、湖北、河北、辽宁、海南、天津、云南、山西、福建、陕西、

广西、吉林、新疆、甘肃、黑龙江、内蒙古、青海、西藏。

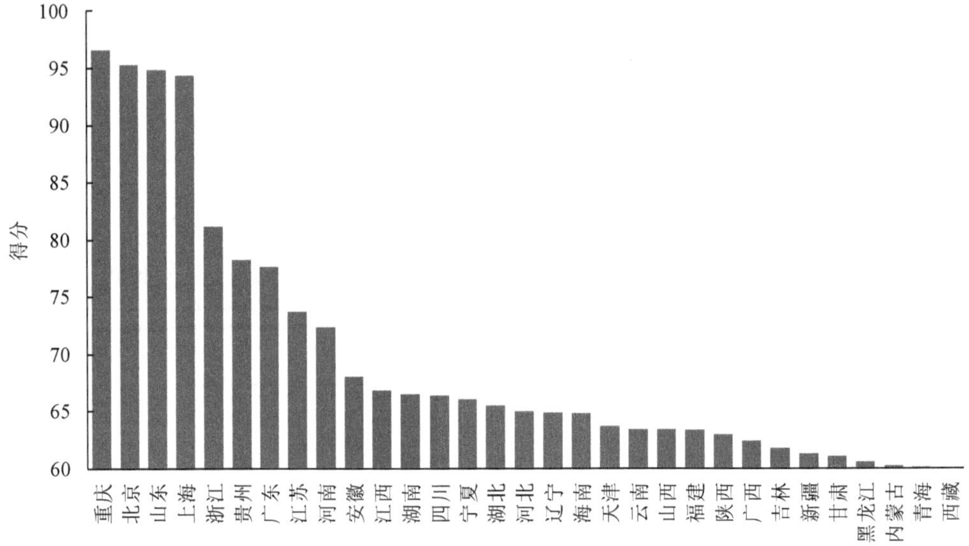

图 5-5　2013 年林业民生福祉产出效率评价得分

5.2.2　2014 年省级林业民生福祉产出效率评价分析

2014 年，各省（区、市）的林业民生福祉产出效率评价得分及排名见图 5-6 和表 5-8。

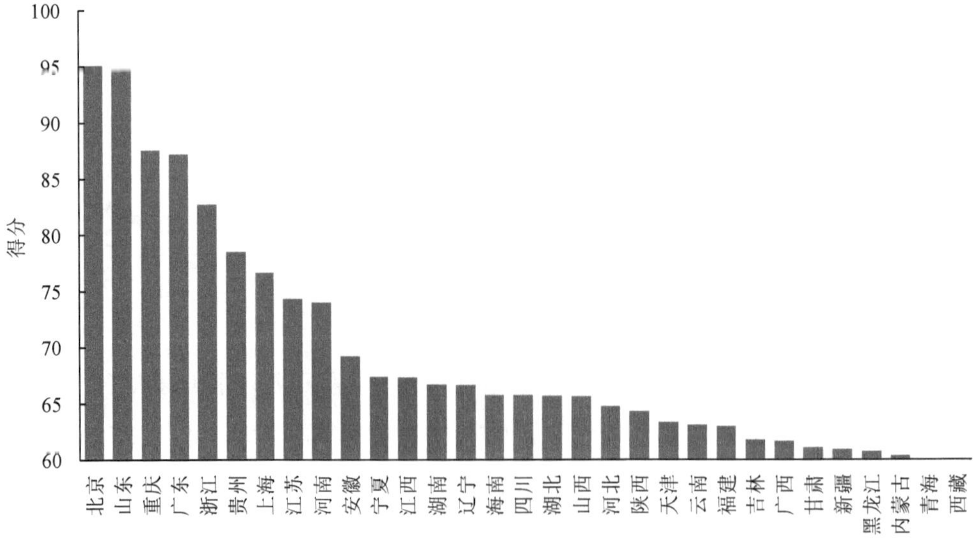

图 5-6　2014 年林业民生福祉产出效率评价得分

表 5-8　2014 年林业民生福祉产出效率评价得分及排名

序号	省（区、市）	得分	排名
1	北京	95.05	1
2	天津	63.34	21
3	河北	64.80	19
4	山西	65.65	18
5	内蒙古	60.32	29
6	辽宁	66.64	14
7	吉林	61.74	24
8	黑龙江	60.76	28
9	上海	76.68	7
10	江苏	74.34	8
11	浙江	82.68	5
12	安徽	69.24	10
13	福建	63.04	23
14	江西	67.35	12
15	山东	94.53	2
16	河南	73.97	9
17	湖北	65.71	17
18	湖南	66.73	13
19	广东	87.17	4
20	广西	61.64	25
21	海南	65.77	15
22	重庆	87.54	3
23	四川	65.75	16
24	贵州	78.50	6
25	云南	63.12	22
26	西藏	60.04	31
27	陕西	64.34	20
28	甘肃	61.10	26
29	青海	60.08	30
30	宁夏	67.42	11
31	新疆	60.89	27

其中：

①各省（区、市）林业民生福祉产出效率评价得分，前三名分别是北京（95.05）、山东（94.53）、重庆（87.54），后三名分别是西藏（60.04）、青海（60.08）、内蒙古（60.32）。

②得分 90～100 分有 2 个，分别是北京、山东；80～90 分有 3 个，分别是重庆、广东、浙江；70～80 分有 4 个，分别是贵州、上海、江苏、河南；60～70 分有 22 个，分别是安徽、宁夏、江西、湖南、辽宁、海南、四川、湖北、山西、河北、陕西、天津、云南、福建、吉林、广西、甘肃、新疆、黑龙江、内蒙古、青海、西藏。

5.2.3 2015年省级林业民生福祉产出效率评价分析

2015年，各省（区、市）的林业民生福祉产出效率评价得分及排名见表5-9和图5-7。

表5-9 2015年林业民生福祉产出效率评价得分及排名

序号	省（区、市）	得分	排名
1	北京	96.49	1
2	天津	63.58	21
3	河北	66.36	18
4	山西	71.45	10
5	内蒙古	60.32	29
6	辽宁	65.98	19
7	吉林	62.22	24
8	黑龙江	60.70	28
9	上海	78.88	7
10	江苏	79.40	6
11	浙江	87.36	5
12	安徽	69.43	12
13	福建	63.08	22
14	江西	69.52	11
15	山东	93.87	3
16	河南	74.06	9
17	湖北	66.46	17
18	湖南	67.40	14
19	广东	89.82	4
20	广西	62.09	25
21	海南	66.62	16
22	重庆	77.01	8
23	四川	65.71	20
24	贵州	95.86	2
25	云南	62.68	23
26	西藏	60.03	31
27	陕西	66.65	15
28	甘肃	61.33	26
29	青海	60.29	30
30	宁夏	67.83	13
31	新疆	61.08	27

其中：

①各省（区、市）林业民生福祉产出效率评价得分，前三名分别是北京（96.49）、贵州（95.86）、山东（93.87），后三名分别是西藏（60.03）、青海（60.29）、内蒙古（60.32）。

②得分 90～100 分有 3 个，分别是北京、贵州、山东；80～90 分有 2 个，分别是广东、浙江；70～80 分有 5 个，分别是江苏、上海、重庆、河南、山西；60～70 分有 21 个，分别是江西、安徽、宁夏、湖南、陕西、海南、湖北、河北、辽宁、四川、天津、福建、云南、吉林、广西、甘肃、新疆、黑龙江、内蒙古、青海、西藏。

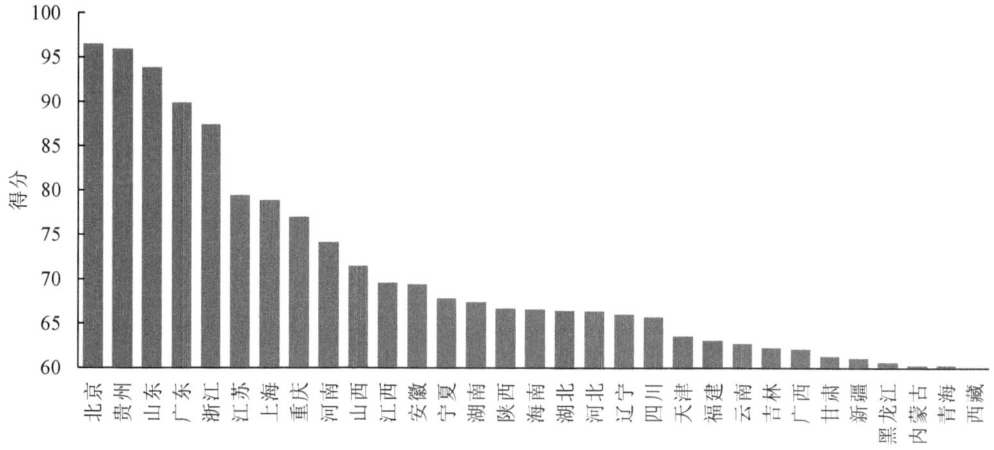

图 5-7　2015 年林业民生福祉产出效率评价得分

5.2.4　2016 年省级林业民生福祉产出效率评价分析

2016 年，各省（区、市）的林业民生福祉产出效率评价得分及排名见图 5-8 和表 5-10。

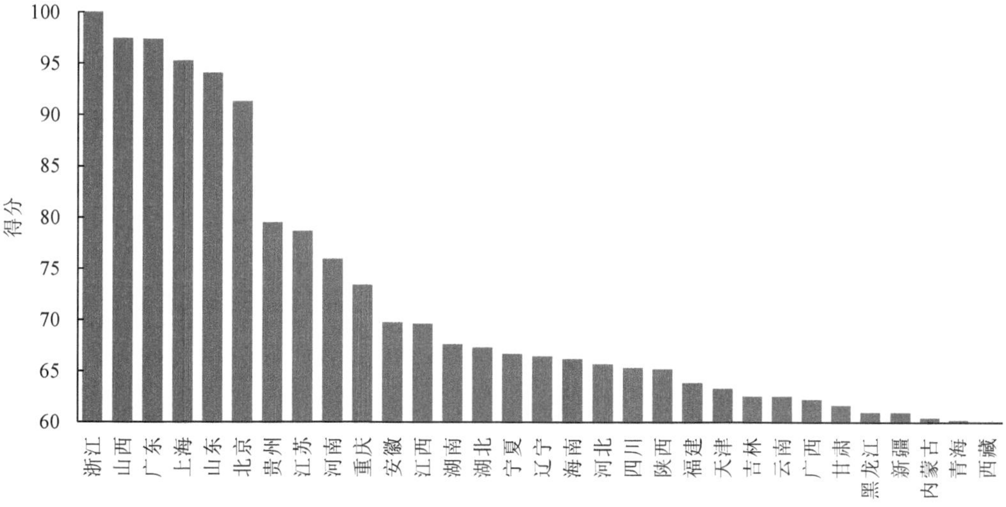

图 5-8　2016 年林业民生福祉产出效率得分

表 5-10 2016 年林业民生福祉产出效率评价得分及排名

序号	省（区、市）	得分	排名
1	北京	91.37	6
2	天津	63.34	22
3	河北	65.68	18
4	山西	97.44	2
5	内蒙古	60.47	29
6	辽宁	66.46	16
7	吉林	62.57	23
8	黑龙江	61.05	27
9	上海	95.30	4
10	江苏	78.65	8
11	浙江	100.00	1
12	安徽	69.75	11
13	福建	63.88	21
14	江西	69.62	12
15	山东	94.07	5
16	河南	75.93	9
17	湖北	67.34	14
18	湖南	67.67	13
19	广东	97.39	3
20	广西	62.26	25
21	海南	66.20	17
22	重庆	73.37	10
23	四川	65.34	19
24	贵州	79.46	7
25	云南	62.56	24
26	西藏	60.00	31
27	陕西	65.23	20
28	甘肃	61.70	26
29	青海	60.22	30
30	宁夏	66.70	15
31	新疆	61.04	28

其中：

①各省（区、市）林业民生福祉产出效率评价得分，前三名分别是浙江（100.00）、山西（97.44）、广东（97.39），后三名分别是西藏（60.00）、青海（60.22）、内蒙古（60.47）。

②得分 100 分仅有浙江；90～100 分有 5 个，分别是山西、广东、上海、山东、北京；70～80 分有 4 个，分别是贵州、江苏、河南、重庆；60～70 分有 21 个，分别是安徽、江西、湖南、湖北、宁夏、辽宁、海南、河北、四川、陕西、福建、天津、吉林、云南、广西、甘肃、黑龙江、新疆、内蒙古、青海、西藏。

5.2.5　跨年度林业民生福祉产出效率评价分析

2013—2016 年，各省（区、市）的林业民生福祉产出效率评价得分及变化见表 5-11。

表 5-11　2013—2016 年林业民生福祉产出效率评价得分及变化

序号	省（区、市）	2013 年得分	2014 年		2015 年		2016 年		2016 年较 2013 年上升
			得分	较上年上升	得分	较上年上升	得分	较上年上升	
1	北京	95.27	95.05	−0.22	96.49	1.44	91.37	−5.12	−3.90
2	天津	63.69	63.34	−0.35	63.58	0.24	63.34	−0.23	−0.34
3	河北	64.94	64.80	−0.14	66.36	1.56	65.68	−0.68	0.74
4	山西	63.36	65.65	2.29	71.45	5.80	97.44	25.98	34.08
5	内蒙古	60.20	60.32	0.11	60.32	−0.00	60.47	0.15	0.26
6	辽宁	64.82	66.64	1.82	65.98	−0.67	66.46	0.49	1.64
7	吉林	61.75	61.74	−0.01	62.22	0.48	62.57	0.35	0.82
8	黑龙江	60.51	60.76	0.26	60.70	−0.06	61.05	0.34	0.54
9	上海	94.35	76.68	−17.67	78.88	2.20	95.30	16.43	0.96
10	江苏	73.68	74.34	0.66	79.40	5.06	78.65	−0.76	4.97
11	浙江	81.13	82.68	1.55	87.36	4.68	100.00	12.64	18.87
12	安徽	68.00	69.24	1.24	69.43	0.19	69.75	0.32	1.75
13	福建	63.35	63.04	−0.32	63.08	0.05	63.88	0.80	0.53
14	江西	66.78	67.35	0.57	69.52	2.17	69.62	0.09	2.84
15	山东	94.83	94.53	−0.29	93.87	−0.66	94.07	0.20	−0.75
16	河南	72.30	73.97	1.67	74.06	0.08	75.93	1.87	3.63
17	湖北	65.47	65.71	0.24	66.46	0.75	67.34	0.88	1.86
18	湖南	66.47	66.73	0.26	67.40	0.66	67.67	0.28	1.21
19	广东	77.56	87.17	9.61	89.82	2.64	97.39	7.57	19.83
20	广西	62.38	61.64	−0.74	62.09	0.46	62.26	0.17	−0.12
21	海南	64.76	65.77	1.02	66.62	0.85	66.20	−0.42	1.45
22	重庆	96.56	87.54	−9.01	77.01	−10.54	73.37	−3.63	−23.18
23	四川	66.33	65.75	−0.58	65.71	−0.04	65.34	−0.37	−0.99
24	贵州	78.17	78.50	0.33	95.86	17.36	79.46	−16.39	1.29
25	云南	63.40	63.12	−0.29	62.68	−0.43	62.56	−0.13	−0.85
26	西藏	60.01	60.04	0.03	60.03	−0.01	60.00	−0.03	−0.01
27	陕西	62.95	64.34	1.39	66.65	2.31	65.23	−1.42	2.28
28	甘肃	61.02	61.10	0.08	61.33	0.23	61.70	0.37	0.68
29	青海	60.07	60.08	0.01	60.29	0.22	60.22	−0.07	0.15
30	宁夏	66.01	67.42	1.40	67.83	0.42	66.70	−1.13	0.69
31	新疆	61.28	60.89	−0.39	61.08	0.19	61.04	−0.04	−0.24

2013—2016 年，林业民生福祉产出效率评价得分总体呈上升趋势，上升幅度最大的是山西（34.08）、广东（19.83）、浙江（18.87），下降幅度最大的是重庆（−23.18）、北京（−3.90）、四川（−0.99）。从单一年度看，上升幅度较大的是 2016 年的山西（25.98）、

2015 年的贵州（17.36）、2016 年的浙江（12.64），下降幅度较大的是 2014 年的上海（–17.67）、2016 年的贵州（–16.39）、2015 年的重庆（–10.54）。

2013—2016 年林业民生福祉产出效率评价排名见表 5-12。

表 5-12 2013—2016 年林业民生福祉产出效率评价排名

序号	省（区、市）	2013 年排名	2014 年		2015 年		2016 年		2016 年较 2013 年上升
			排名	较上年上升	排名	较上年上升	排名	较上年上升	
1	北京	2	1	1	1	0	6	–5	–4
2	天津	19	21	–2	21	0	22	–1	–3
3	河北	16	19	–3	18	1	18	0	–2
4	山西	21	18	3	10	8	2	8	19
5	内蒙古	29	29	0	29	0	29	0	0
6	辽宁	17	14	3	19	–5	16	3	1
7	吉林	25	24	1	24	0	23	1	2
8	黑龙江	28	28	0	28	0	27	1	1
9	上海	4	7	–3	7	0	4	3	0
10	江苏	8	8	0	6	2	8	–2	0
11	浙江	5	5	0	5	0	1	4	4
12	安徽	10	10	0	12	–2	11	1	–1
13	福建	22	23	–1	22	1	21	1	1
14	江西	11	12	–1	11	1	12	–1	–1
15	山东	3	2	1	3	–1	5	–2	–2
16	河南	9	9	0	9	0	9	0	0
17	湖北	15	17	–2	17	0	14	3	1
18	湖南	12	13	–1	14	–1	13	1	–1
19	广东	7	4	3	4	0	3	1	4
20	广西	24	25	–1	25	0	25	0	–1
21	海南	18	15	3	16	–1	17	–1	1
22	重庆	1	3	–2	8	–5	10	–2	–9
23	四川	13	16	–3	20	–4	19	1	–6
24	贵州	6	6	0	2	4	7	–5	–1
25	云南	20	22	–2	23	–1	24	–1	–4
26	西藏	31	31	0	31	0	31	0	0
27	陕西	23	20	3	15	5	20	–5	3
28	甘肃	27	26	1	26	0	26	0	1
29	青海	30	30	0	30	0	30	0	0
30	宁夏	14	11	3	13	–2	15	–2	–1
31	新疆	26	27	–1	27	0	28	–1	–2

2013—2016 年，多数省（区、市）林业民生福祉产出效率评价排名变化不大，上升幅度最大的是山西（19 名）、浙江（4 名）、广东（4 名），下降幅度最大的是重庆（–9 名）、四川（–6 名）、云南（–4 名）、北京（–4 名）。从单一年度看，上升幅度最大的是 2015 年的山西（8 名）、2016 年的山西（8 名）、2015 年的陕西（5 名）；下降幅度最大的是 2015

年的重庆（–5 名）、2015 年的辽宁（–5 名）、2016 年的陕西（–5 名）、2016 年的贵州（–5 名）、2016 年的北京（–5 名）。

5.3　省级林业生态安全产出效率评价分析

5.3.1　2013 年省级林业生态安全产出效率评价分析

2013 年，各省（区、市）的林业生态安全产出效率评价得分及排名见表 5-13 和图 5-9。

表 5-13　2013 年林业生态安全产出效率评价得分及排名

序号	省（区、市）	得分	排名
1	北京	94.32	5
2	天津	84.95	10
3	河北	81.77	12
4	山西	93.39	8
5	内蒙古	71.54	17
6	辽宁	74.30	16
7	吉林	67.70	20
8	黑龙江	60.93	31
9	上海	64.24	24
10	江苏	93.09	9
11	浙江	63.60	25
12	安徽	78.98	14
13	福建	93.54	7
14	江西	62.11	28
15	山东	81.26	13
16	河南	84.10	11
17	湖北	94.51	4
18	湖南	62.00	29
19	广东	66.74	22
20	广西	63.38	26
21	海南	62.61	27
22	重庆	95.98	3
23	四川	61.96	30
24	贵州	96.23	2
25	云南	94.14	6
26	西藏	68.46	19
27	陕西	76.31	15
28	甘肃	65.94	23
29	青海	69.94	18
30	宁夏	96.92	1
31	新疆	67.53	21

其中：

①各省（区、市）林业生态安全产出效率评价得分，前三名分别是宁夏（96.92）、贵州（96.23）、重庆（95.98），后三名分别是黑龙江（60.93）、四川（61.96）、海南（62.61）。

②得分 90～100 分有 9 个，分别是宁夏、贵州、重庆、湖北、北京、云南、福建、山西、江苏；80～90 分有 4 个，分别是天津、河南、河北、山东；70～80 分有 4 个，分别是安徽、陕西、辽宁、内蒙古；60～70 分有 14 个，分别是青海、西藏、吉林、新疆、广东、甘肃、上海、浙江、广西、海南、江西、湖南、四川、黑龙江。

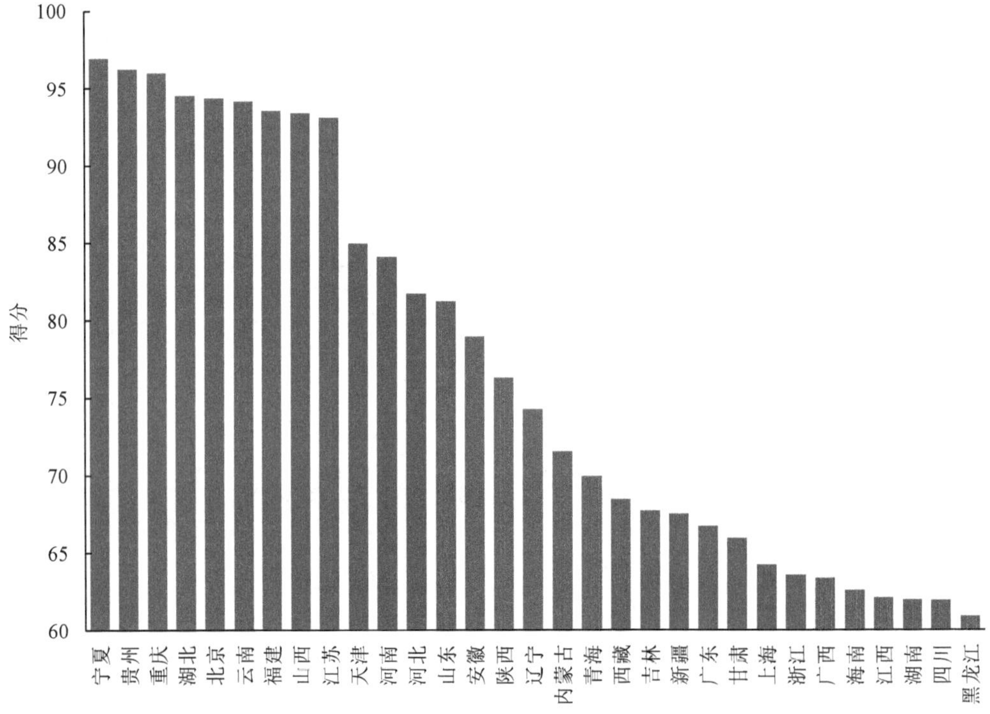

图 5-9　2013 年林业生态安全产出效率评价得分

5.3.2　2014 年省级林业生态安全产出效率评价分析

2014 年，各省（区、市）的林业生态安全产出效率评价得分及排名见表 5-14 和图 5-10。

表 5-14　2014 年林业生态安全产出效率评价得分及排名

序号	省（区、市）	得分	排名
1	北京	92.71	9
2	天津	92.73	8
3	河北	81.47	13
4	山西	93.37	3
5	内蒙古	68.58	18
6	辽宁	74.15	17
7	吉林	66.31	23
8	黑龙江	60.63	31
9	上海	64.30	24
10	江苏	92.79	5
11	浙江	63.29	25
12	安徽	79.27	14
13	福建	92.74	6
14	江西	61.73	28
15	山东	82.97	12
16	河南	84.42	11
17	湖北	92.73	7
18	湖南	62.16	27
19	广东	67.85	20
20	广西	63.03	26
21	海南	61.04	29
22	重庆	93.62	2
23	四川	60.92	30
24	贵州	93.05	4
25	云南	77.04	15
26	西藏	94.59	1
27	陕西	75.90	16
28	甘肃	66.55	22
29	青海	68.10	19
30	宁夏	88.33	10
31	新疆	66.96	21

其中：

①各省（区、市）林业生态安全产出效率评价得分，前三名分别是西藏（94.59）、重庆（93.62）、山西（93.37），后三名分别是黑龙江（60.63）、四川（60.92）、海南（61.04）。

②得分 90～100 分有 9 个，分别是西藏、重庆、山西、贵州、江苏、福建、湖北、天津、北京；80～90 分有 4 个，分别是宁夏、河南、山东、河北；70～80 分有 4 个，分别是安徽、云南、陕西、辽宁；60～70 分有 14 个，分别是内蒙古、青海、广东、新疆、

甘肃、吉林、上海、浙江、广西、湖南、江西、海南、四川、黑龙江。

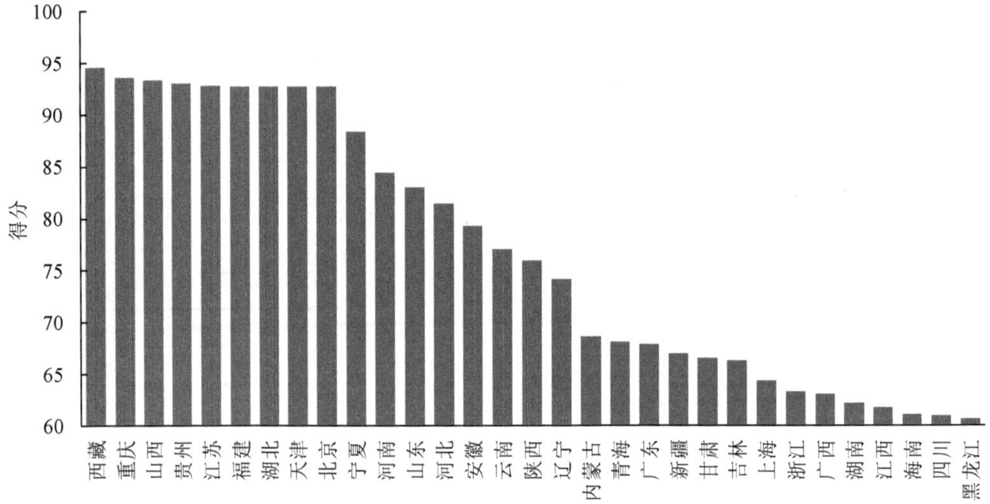

图 5-10 2014 年林业生态安全产出效率评价得分

5.3.3 2015 年省级林业生态安全产出效率评价分析

2015 年，各省（区、市）的林业生态安全产出效率评价得分及排名见图 5-11 和表 5-15。

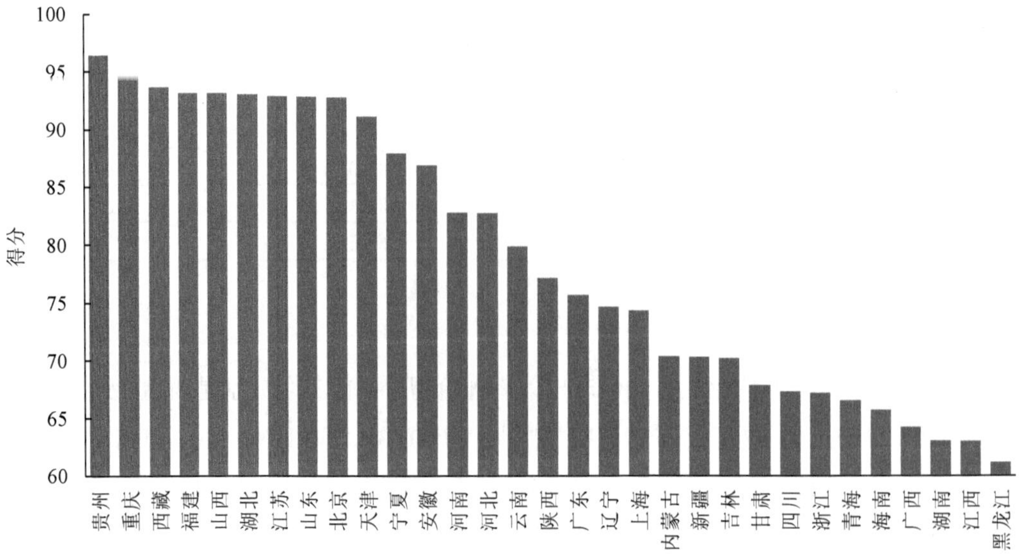

图 5-11 2015 年林业生态安全产出效率评价得分

表 5-15　2015 年林业生态安全产出效率评价得分及排名

序号	省（区、市）	得分	排名
1	北京	92.76	9
2	天津	91.06	10
3	河北	82.75	14
4	山西	93.10	5
5	内蒙古	70.31	20
6	辽宁	74.57	18
7	吉林	70.15	22
8	黑龙江	61.15	31
9	上海	74.27	19
10	江苏	92.83	7
11	浙江	67.15	25
12	安徽	86.89	12
13	福建	93.14	4
14	江西	62.95	30
15	山东	92.82	8
16	河南	82.78	13
17	湖北	93.01	6
18	湖南	63.02	29
19	广东	75.62	17
20	广西	64.22	28
21	海南	65.66	27
22	重庆	94.27	2
23	四川	67.27	24
24	贵州	96.38	1
25	云南	79.85	15
26	西藏	93.62	3
27	陕西	77.16	16
28	甘肃	67.82	23
29	青海	66.51	26
30	宁夏	87.95	11
31	新疆	70.26	21

其中：

①各省（区、市）林业生态安全产出效率评价得分，前三名分别是贵州（96.38）、重庆（94.27）、西藏（93.62），后三名分别是黑龙江（61.15）、江西（62.95）、湖南（63.02）。

②得分 90～100 分有 10 个，分别是贵州、重庆、西藏、福建、山西、湖北、江苏、山东、北京、天津；80～90 分有 4 个，分别是宁夏、安徽、河南、河北；70～80 分有 8 个，分别是云南、陕西、广东、辽宁、上海、内蒙古、新疆、吉林；60～70 分有 9 个，

分别是甘肃、四川、浙江、青海、海南、广西、湖南、江西、黑龙江。

5.3.4 2016年省级林业生态安全产出效率评价分析

2016 年，各省（区、市）的林业生态安全产出效率评价得分及排名见表 5-16 和图 5-12。

表 5-16 2016 年林业生态安全产出效率评价得分及排名

序号	省（区、市）	得分	排名
1	北京	92.82	9
2	天津	97.22	2
3	河北	100.00	1
4	山西	94.88	4
5	内蒙古	67.85	23
6	辽宁	70.98	18
7	吉林	68.63	21
8	黑龙江	60.00	31
9	上海	76.09	15
10	江苏	96.03	3
11	浙江	65.57	25
12	安徽	79.16	13
13	福建	94.08	6
14	江西	62.91	29
15	山东	79.02	14
16	河南	80.61	11
17	湖北	92.99	7
18	湖南	62.44	30
19	广东	73.70	17
20	广西	64.02	28
21	海南	65.09	27
22	重庆	94.41	5
23	四川	68.72	20
24	贵州	91.79	10
25	云南	79.36	12
26	西藏	65.44	26
27	陕西	74.40	16
28	甘肃	67.77	24
29	青海	68.06	22
30	宁夏	92.91	8
31	新疆	69.76	19

其中：

①各省（区、市）林业生态安全产出效率评价得分，前三名分别是河北（100.00）、天津（97.22）、江苏（96.03），后三名分别是黑龙江（60.00）、湖南（62.44）、江西（62.91）。

②得分 100 分仅有河北；90～100 分有 9 个，分别是天津、江苏、山西、重庆、福建、湖北、宁夏、北京、贵州；80～90 分仅有河南；70～80 分有 7 个，分别是云南、安徽、山东、上海、陕西、广东、辽宁；60～70 分有 13 个，分别是新疆、四川、吉林、青海、内蒙古、甘肃、浙江、西藏、海南、广西、江西、湖南、黑龙江。

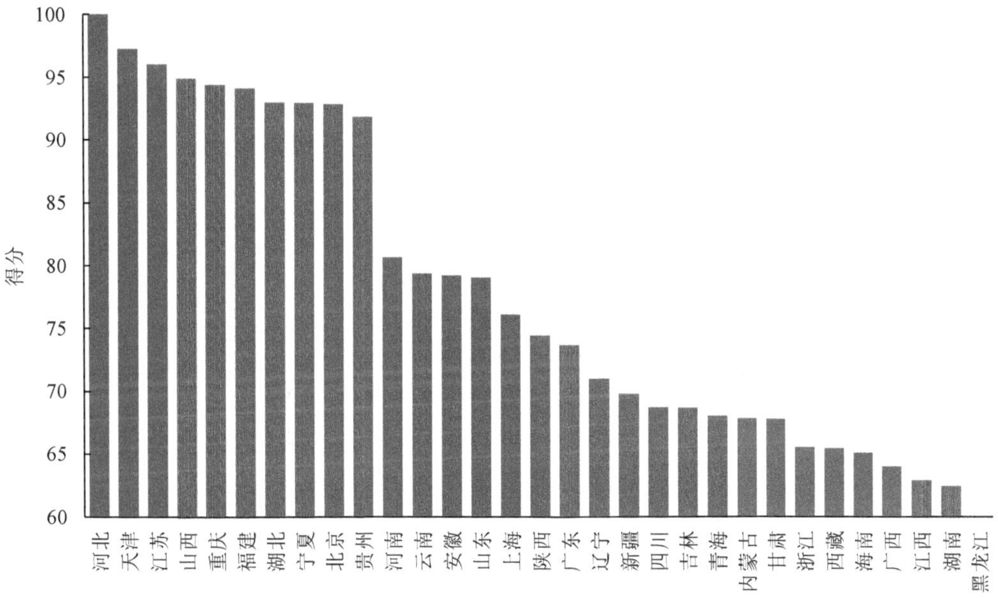

图 5-12　2016 年林业生态安全产出效率评价得分

5.3.5　跨年度林业生态安全产出效率评价分析

2013—2016 年，各省（区、市）的林业生态安全产出效率评价得分及变化见表 5-17。

2013—2016 年，林业生态安全产出效率评价得分下降幅度最大的是云南（–14.77）、贵州（–4.43）、宁夏（–4.01），上升幅度最大的是河北（18.23）、天津（12.27）、上海（11.85）。从单一年度看，下降幅度较大的是 2016 年的西藏（–28.18）、2014 年的云南（–17.09）、2016 年的山东（–13.80）；上升幅度较大的是 2014 年的西藏（26.13）、2016 年的河北（17.25）、2015 年的上海（9.97）。

表 5-17 2013—2016 年林业生态安全产出效率评价得分及变化

序号	省（区、市）	2013 年得分	2014 年		2015 年		2016 年		2016 年较 2013 年上升
			得分	较上年上升	得分	较上年上升	得分	较上年上升	
1	北京	94.32	92.71	−1.61	92.76	0.05	92.82	0.07	−1.50
2	天津	84.95	92.73	7.78	91.06	−1.66	97.22	6.16	12.27
3	河北	81.77	81.47	−0.30	82.75	1.29	100.00	17.25	18.23
4	山西	93.39	93.37	−0.02	93.10	−0.27	94.88	1.78	1.50
5	内蒙古	71.54	68.58	−2.96	70.31	1.73	67.85	−2.46	−3.69
6	辽宁	74.30	74.15	−0.15	74.57	0.42	70.98	−3.59	−3.31
7	吉林	67.70	66.31	−1.38	70.15	3.84	68.63	−1.52	0.93
8	黑龙江	60.93	60.63	−0.30	61.15	0.52	60.00	−1.15	−0.93
9	上海	64.24	64.30	0.07	74.27	9.97	76.09	1.82	11.85
10	江苏	93.09	92.79	−0.31	92.83	0.04	96.03	3.21	2.94
11	浙江	63.60	63.29	−0.30	67.15	3.86	65.57	−1.58	1.97
12	安徽	78.98	79.27	0.29	86.89	7.62	79.16	−7.74	0.18
13	福建	93.54	92.74	−0.80	93.14	0.40	94.08	0.94	0.54
14	江西	62.11	61.73	−0.39	62.95	1.22	62.91	−0.04	0.79
15	山东	81.26	82.97	1.70	92.82	9.86	79.02	−13.80	−2.24
16	河南	84.10	84.42	0.32	82.78	−1.64	80.61	−2.17	−3.50
17	湖北	94.51	92.73	−1.78	93.01	0.28	92.99	−0.02	−1.52
18	湖南	62.00	62.16	0.16	63.02	0.86	62.44	−0.58	0.44
19	广东	66.74	67.85	1.11	75.62	7.77	73.70	−1.92	6.96
20	广西	63.38	63.03	−0.35	64.22	1.19	64.02	−0.20	0.64
21	海南	62.61	61.04	−1.57	65.66	4.61	65.09	−0.56	2.48
22	重庆	95.98	93.62	−2.37	94.27	0.65	94.41	0.14	−1.57
23	四川	61.96	60.92	−1.04	67.27	6.35	68.72	1.46	6.77
24	贵州	96.23	93.05	−3.18	96.38	3.33	91.79	−4.58	−4.43
25	云南	94.14	77.04	−17.09	79.85	2.81	79.36	−0.49	−14.77
26	西藏	68.46	94.59	26.13	93.62	−0.97	65.44	−28.18	−3.02
27	陕西	76.31	75.90	−0.40	77.16	1.26	74.40	−2.76	−1.90
28	甘肃	65.94	66.55	0.62	67.82	1.27	67.77	−0.05	1.83
29	青海	69.94	68.10	−1.84	66.51	−1.59	68.06	1.55	−1.88
30	宁夏	96.92	88.33	−8.59	87.95	−0.38	92.91	4.96	−4.01
31	新疆	67.53	66.96	−0.57	70.26	3.31	69.76	−0.50	2.23

2013—2016 年林业生态安全产出效率评价排名见表 5-18。

2013—2016 年，大多数省（区、市）林业生态安全产出效率评价排名下降，少数省（区、市）上升；下降幅度最大的是贵州（−8 名）、宁夏（−7 名）、西藏（−7 名），上升幅度最大的是河北（11 名）、四川（10 名）、上海（9 名）。从单一年度看，下降幅度较大的是 2016 年的西藏（−23 名）、2014 年的云南（−9 名）、2014 年的宁夏（−9 名）、2016

年的贵州（–9 名），上升幅度较大的是 2014 年的西藏（18 名）、2016 年的河北（13 名）、2016 年的天津（8 名）。

表 5-18　2013—2016 年林业生态安全产出效率评价排名

序号	省（区、市）	2013 年排名	2014 年		2015 年		2016 年		2016 年较 2013 年上升
			排名	较上年上升	排名	较上年上升	排名	较上年上升	
1	北京	5	9	–4	9	0	9	0	–4
2	天津	10	8	2	10	–2	2	8	8
3	河北	12	13	–1	14	–1	1	13	11
4	山西	8	3	5	5	–2	4	1	4
5	内蒙古	17	18	–1	20	–2	23	–3	–6
6	辽宁	16	17	–1	18	–1	18	0	–2
7	吉林	20	23	–3	22	1	21	1	–1
8	黑龙江	31	31	0	31	0	31	0	0
9	上海	24	24	0	19	5	15	4	9
10	江苏	9	5	4	7	–2	3	4	6
11	浙江	25	25	0	25	0	25	0	0
12	安徽	14	14	0	12	2	13	–1	1
13	福建	7	6	1	4	2	6	–2	1
14	江西	28	28	0	30	–2	29	1	–1
15	山东	13	12	1	8	4	14	–6	–1
16	河南	11	11	0	13	–2	11	2	0
17	湖北	4	7	–3	6	1	7	–1	–3
18	湖南	29	27	2	29	–2	30	–1	–1
19	广东	22	20	2	17	3	17	0	5
20	广西	26	26	0	28	–2	28	0	–2
21	海南	27	29	–2	27	2	27	0	0
22	重庆	3	2	1	2	0	5	–3	–2
23	四川	30	30	0	24	6	20	4	10
24	贵州	2	4	–2	1	3	10	–9	–8
25	云南	6	15	–9	15	0	12	3	–6
26	西藏	19	1	18	3	–2	26	–23	–7
27	陕西	15	16	–1	16	0	16	0	–1
28	甘肃	23	22	1	23	–1	24	–1	–1
29	青海	18	19	–1	26	–7	22	4	–4
30	宁夏	1	10	–9	11	–1	8	3	–7
31	新疆	21	21	0	21	0	19	2	2

5.4 省级林业低碳环保产出效率评价分析

5.4.1 2013年省级林业低碳环保产出效率评价分析

2013年，各省（区、市）的林业低碳环保产出效率评价得分及排名见表5-19和图5-13。

表5-19 2013年林业低碳环保产出效率评价得分及排名

序号	省（区、市）	得分	排名
1	北京	94.75	12
2	天津	77.53	21
3	河北	96.69	5
4	山西	80.91	19
5	内蒙古	86.43	16
6	辽宁	68.18	26
7	吉林	95.17	8
8	黑龙江	82.52	18
9	上海	96.75	4
10	江苏	66.94	28
11	浙江	94.88	11
12	安徽	73.35	24
13	福建	73.80	23
14	江西	82.90	17
15	山东	86.89	15
16	河南	77.65	20
17	湖北	95.02	10
18	湖南	62.93	29
19	广东	92.40	13
20	广西	95.88	7
21	海南	67.63	27
22	重庆	97.08	3
23	四川	76.97	22
24	贵州	99.08	1
25	云南	98.38	2
26	西藏	96.32	6
27	陕西	73.00	25
28	甘肃	62.84	30
29	青海	95.10	9
30	宁夏	88.53	14
31	新疆	61.49	31

其中：

①各省（区、市）林业低碳环保产出效率评价得分，前三名分别是贵州（99.08）、云南（98.38）、重庆（97.08），后三名分别是新疆（61.49）、甘肃（62.84）、湖南（62.93）。

②得分 90～100 分有 13 个，分别是贵州、云南、重庆、上海、河北、西藏、广西、吉林、青海、湖北、浙江、北京、广东；80～90 分有 6 个，分别是宁夏、山东、内蒙古、江西、黑龙江、山西；70～80 分有 6 个，分别是河南、天津、四川、福建、安徽、陕西；60～70 分有 6 个，分别是辽宁、海南、江苏、湖南、甘肃、新疆。

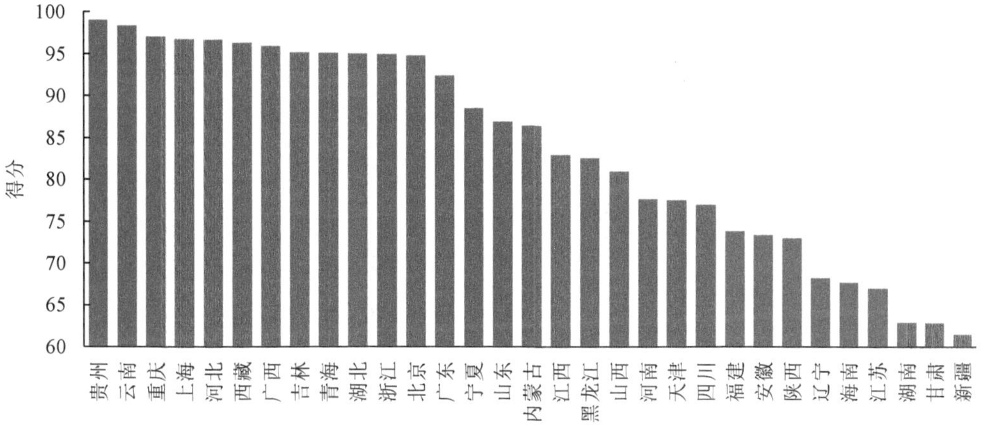

图 5-13　2013 年林业低碳环保产出效率评价得分

5.4.2　2014 年省级林业低碳环保产出效率评价分析

2014 年，各省（区、市）的林业低碳环保产出效率评价得分及排名见图 5-14 和表 5-20。

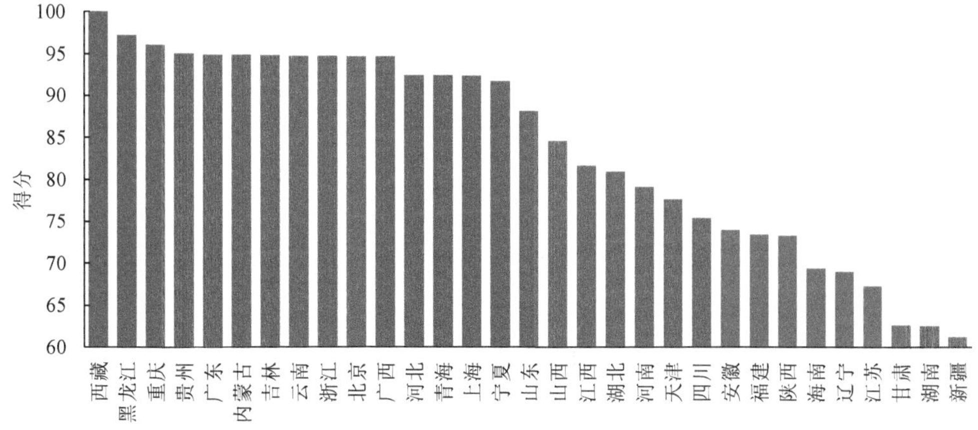

图 5-14　2014 年林业低碳环保产出效率评价得分

表 5-20 2014 年林业低碳环保产出效率评价得分及排名

序号	省（区、市）	得分	排名
1	北京	94.70	10
2	天津	77.60	21
3	河北	92.43	12
4	山西	84.62	17
5	内蒙古	94.91	6
6	辽宁	69.06	27
7	吉林	94.84	7
8	黑龙江	97.18	2
9	上海	92.35	14
10	江苏	67.38	28
11	浙江	94.76	9
12	安徽	73.97	23
13	福建	73.46	24
14	江西	81.70	18
15	山东	88.12	16
16	河南	79.12	20
17	湖北	80.95	19
18	湖南	62.55	30
19	广东	94.92	5
20	广西	94.70	10
21	海南	69.38	26
22	重庆	96.10	3
23	四川	75.44	22
24	贵州	95.11	4
25	云南	94.77	8
26	西藏	100.00	1
27	陕西	73.29	25
28	甘肃	62.62	29
29	青海	92.41	13
30	宁夏	91.74	15
31	新疆	61.25	31

其中：

①各省（区、市）林业低碳环保产出效率评价得分，前三名分别是西藏（100.00）、黑龙江（97.18）、重庆（96.10），后三名分别是新疆（61.25）、湖南（62.55）、甘肃（62.62）。

②得分 100 分仅有西藏；90～100 分有 14 个，分别是黑龙江、重庆、贵州、广东、内蒙古、吉林、云南、浙江、北京、广西、河北、青海、上海、宁夏；80～90 分有 4 个，分别是山东、山西、江西、湖北；70～80 分有 6 个，分别是河南、天津、四川、安徽、

福建、陕西；60～70 分有 6 个，分别是海南、辽宁、江苏、甘肃、湖南、新疆。

5.4.3　2015 年省级林业低碳环保产出效率评价分析

2015 年，各省（区、市）的林业低碳环保产出效率评价得分及排名见表 5-21 和图 5-15。

表 5-21　2015 年林业低碳环保产出效率评价得分及排名

序号	省（区、市）	得分	排名
1	北京	94.89	9
2	天津	84.65	19
3	河北	95.04	5
4	山西	90.07	15
5	内蒙古	89.25	16
6	辽宁	72.90	26
7	吉林	94.76	10
8	黑龙江	86.47	18
9	上海	95.36	3
10	江苏	70.09	27
11	浙江	94.71	11
12	安徽	74.76	23
13	福建	73.72	25
14	江西	94.91	7
15	山东	92.67	13
16	河南	82.83	20
17	湖北	80.04	21
18	湖南	62.45	29
19	广东	92.97	12
20	广西	94.90	8
21	海南	69.61	28
22	重庆	95.01	6
23	四川	75.04	22
24	贵州	95.18	4
25	云南	90.21	14
26	西藏	95.82	1
27	陕西	73.75	24
28	甘肃	62.36	30
29	青海	88.69	17
30	宁夏	95.71	2
31	新疆	60.36	31

其中：

①各省（区、市）林业低碳环保产出效率评价得分，前三名分别是西藏（95.82）、宁夏（95.71）、上海（95.36），后三名分别是新疆（60.36）、甘肃（62.36）、湖南（62.45）。

②得分 90～100 分有 15 个，分别是西藏、宁夏、上海、贵州、河北、重庆、江西、广西、北京、吉林、浙江、广东、山东、云南、山西；80～90 分有 6 个，分别是内蒙古、青海、黑龙江、天津、河南、湖北；70～80 分有 6 个，分别是四川、安徽、陕西、福建、辽宁、江苏；60～70 分有 4 个，分别是海南、湖南、甘肃、新疆。

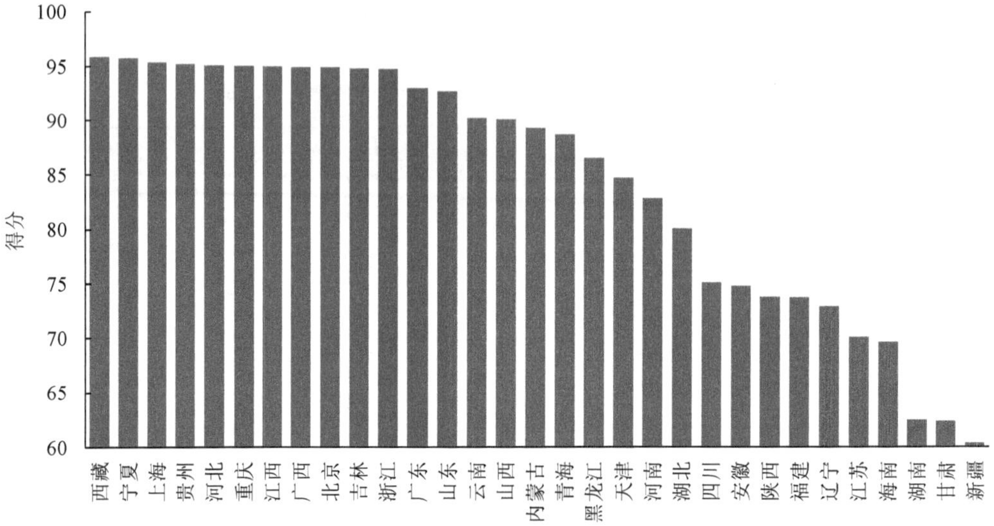

图 5-15　2015 年林业低碳环保产出效率评价得分

5.4.4　2016 年省级林业低碳环保产出效率评价分析

2016 年，各省（区、市）的林业低碳环保产出效率评价得分及排名见图 5-16 和表 5-22。

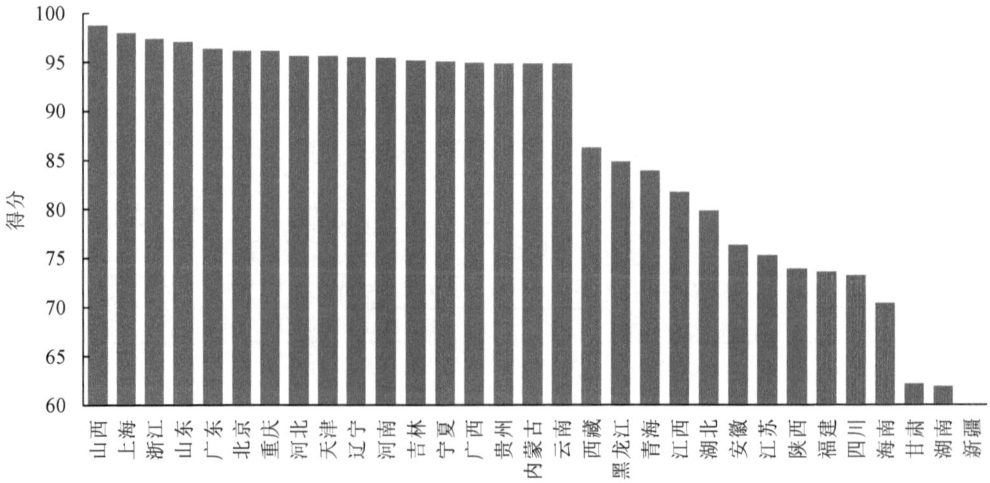

图 5-16　2016 年林业低碳环保产出效率评价得分

表 5-22　2016 年林业低碳环保产出效率评价得分及排名

序号	省（区、市）	得分	排名
1	北京	96.11	6
2	天津	95.61	9
3	河北	95.63	8
4	山西	98.75	1
5	内蒙古	94.81	16
6	辽宁	95.45	10
7	吉林	95.18	12
8	黑龙江	84.77	19
9	上海	97.97	2
10	江苏	75.26	24
11	浙江	97.35	3
12	安徽	76.32	23
13	福建	73.58	26
14	江西	81.73	21
15	山东	97.05	4
16	河南	95.44	11
17	湖北	79.80	22
18	湖南	61.91	30
19	广东	96.31	5
20	广西	94.91	14
21	海南	70.39	28
22	重庆	96.10	7
23	四川	73.15	27
24	贵州	94.85	15
25	云南	94.80	17
26	西藏	86.24	18
27	陕西	73.92	25
28	甘肃	62.14	29
29	青海	83.88	20
30	宁夏	95.05	13
31	新疆	60.00	31

其中：

①各省（区、市）林业低碳环保产出效率评价得分，前三名分别是山西（98.75）、上海（97.97）、浙江（97.35），后三名分别是新疆（60.00）、湖南（61.91）、甘肃（62.14）。

②得分 90～100 分有 17 个，分别是山西、上海、浙江、山东、广东、北京、重庆、河北、天津、辽宁、河南、吉林、宁夏、广西、贵州、内蒙古、云南；80～90 分有 4 个，分别是西藏、黑龙江、青海、江西；70～80 分有 7 个，分别是湖北、安徽、江苏、陕西、福建、四川、海南；60～70 分有 3 个，分别是甘肃、湖南、新疆。

5.4.5 跨年度林业低碳环保产出效率评价分析

2013—2016年，各省（区、市）的林业低碳环保产出效率评价得分及变化见表5-23。

表5-23 2013—2016年林业低碳环保产出效率评价得分及变化

序号	省（区、市）	2013年得分	2014年		2015年		2016年		2016年较2013年上升
			得分	较上年上升	得分	较上年上升	得分	较上年上升	
1	北京	94.75	94.70	−0.05	94.89	0.19	96.11	1.21	1.36
2	天津	77.53	77.60	0.06	84.65	7.05	95.61	10.97	18.08
3	河北	96.69	92.43	−4.26	95.04	2.61	95.63	0.58	−1.06
4	山西	80.91	84.62	3.70	90.07	5.46	98.75	8.68	17.84
5	内蒙古	86.43	94.91	8.48	89.25	−5.66	94.81	5.56	8.37
6	辽宁	68.18	69.06	0.88	72.90	3.84	95.45	22.55	27.27
7	吉林	95.17	94.84	−0.32	94.76	−0.09	95.18	0.42	0.01
8	黑龙江	82.52	97.18	14.66	86.47	−10.71	84.77	−1.69	2.26
9	上海	96.75	92.35	−4.39	95.36	3.00	97.97	2.61	1.22
10	江苏	66.94	67.38	0.45	70.09	2.71	75.26	5.17	8.33
11	浙江	94.88	94.76	−0.12	94.71	−0.05	97.35	2.64	2.47
12	安徽	73.35	73.97	0.62	74.76	0.79	76.32	1.56	2.97
13	福建	73.80	73.46	−0.33	73.72	0.26	73.58	−0.14	−0.21
14	江西	82.90	81.70	−1.20	94.91	13.21	81.73	−13.17	−1.17
15	山东	86.89	88.12	1.24	92.67	4.55	97.05	4.38	10.16
16	河南	77.65	79.12	1.46	82.83	3.72	95.44	12.61	17.79
17	湖北	95.02	80.95	−14.07	80.04	−0.91	79.80	−0.25	−15.22
18	湖南	62.93	62.55	−0.38	62.45	−0.11	61.91	−0.53	−1.02
19	广东	92.40	94.92	2.52	92.97	−1.96	96.31	3.34	3.91
20	广西	95.88	94.70	−1.18	94.90	0.20	94.91	0.01	−0.97
21	海南	67.63	69.38	1.75	69.61	0.23	70.39	0.78	2.75
22	重庆	97.08	96.10	−0.98	95.01	−1.09	96.10	1.10	−0.98
23	四川	76.97	75.44	−1.52	75.04	−0.41	73.15	−1.89	−3.82
24	贵州	99.08	95.11	−3.97	95.18	0.07	94.85	−0.33	−4.23
25	云南	98.38	94.77	−3.61	90.21	−4.56	94.80	4.59	−3.58
26	西藏	96.32	100.00	3.68	95.82	−4.18	86.24	−9.58	−10.08
27	陕西	73.00	73.29	0.29	73.75	0.46	73.92	0.18	0.93
28	甘肃	62.84	62.62	−0.22	62.36	−0.25	62.14	−0.23	−0.71
29	青海	95.10	92.41	−2.69	88.69	−3.73	83.88	−4.81	−11.23
30	宁夏	88.53	91.74	3.21	95.71	3.97	95.05	−0.66	6.52
31	新疆	61.49	61.25	−0.24	60.36	−0.89	60.00	−0.36	−1.49

2013—2016年，林业低碳环保产出效率评价得分上升幅度最大的是辽宁（27.27）、天津（18.08）、山西（17.84）；下降幅度最大的是湖北（−15.22）、青海（−11.23）、西藏（−10.08）。从单一年度看，上升幅度较大的是2016年的辽宁（22.55）、2014年的黑龙江

（14.66）、2015 年的江西（13.21）；下降幅度较大的是 2014 年的湖北（–14.07）、2016 年的江西（–13.17）、2015 年的黑龙江（–10.71）。

2013—2016 年林业低碳环保产出效率评价得分排名见表 5-24。

表 5-24　2013—2016 年林业低碳环保产出效率评价排名

序号	省（区、市）	2013 年排名	2014 年		2015 年		2016 年		2016 年较 2013 年上升
			排名	较上年上升	排名	较上年上升	排名	较上年上升	
1	北京	12	10	2	9	1	6	3	6
2	天津	21	21	0	19	2	9	10	12
3	河北	5	12	–7	5	7	8	–3	–3
4	山西	19	17	2	15	2	1	14	18
5	内蒙古	16	6	10	16	–10	16	0	0
6	辽宁	26	27	–1	26	1	10	16	16
7	吉林	8	7	1	10	–3	12	–2	–4
8	黑龙江	18	2	16	18	–16	19	–1	–1
9	上海	4	14	–10	3	11	2	1	2
10	江苏	28	28	0	27	1	24	3	4
11	浙江	11	9	2	11	–2	3	8	8
12	安徽	24	23	1	23	0	23	0	1
13	福建	23	24	–1	25	–1	26	–1	–3
14	江西	17	18	–1	7	11	21	–14	–4
15	山东	15	16	–1	13	3	4	9	11
16	河南	20	20	0	20	0	11	9	9
17	湖北	10	19	–9	21	–2	22	–1	–12
18	湖南	29	30	–1	29	1	30	–1	–1
19	广东	13	5	8	12	–7	5	7	8
20	广西	7	10	–3	8	2	14	–6	–7
21	海南	27	26	1	28	–2	28	0	–1
22	重庆	3	3	0	6	–3	7	–1	–4
23	四川	22	22	0	22	0	27	–5	–5
24	贵州	1	4	–3	4	0	15	–11	–14
25	云南	2	8	–6	14	–6	17	–3	–15
26	西藏	6	1	5	1	0	18	–17	–12
27	陕西	25	25	0	24	1	25	–1	0
28	甘肃	30	29	1	30	–1	29	1	1
29	青海	9	13	–4	17	–4	20	–3	–11
30	宁夏	14	15	–1	2	13	13	–11	1
31	新疆	31	31	0	31	0	31	0	0

2013—2016 年，林业低碳环保产出效率评价得分排名上升幅度最大的是山西（18 名）、辽宁（16 名）、天津（12 名），下降幅度最大的是云南（–15 名）、贵州（–14 名）、西藏（–12 名）、湖北（–12 名）。从单一年度看，上升幅度较大的是 2014 年的黑龙江（16 名）、2016 年的辽宁（16 名）、2016 年的山西（14 名），下降幅度较大的是 2016 年

的西藏（–17 名）、2015 年的黑龙江（–16 名）、2016 年的宁夏（–11 名）、2016 年的贵州（–11 名）。

5.5 省级林业绿色经济产出效率评价分析

5.5.1 2013 年省级林业绿色经济产出效率评价分析

2013 年，各省（区、市）的林业绿色经济产出效率评价得分及排名见表 5-25 和图 5-17。

表 5-25 2013 年林业绿色经济产出效率评价得分及排名

序号	省（区、市）	得分	排名
1	北京	97.40	5
2	天津	95.48	19
3	河北	97.05	6
4	山西	95.65	17
5	内蒙古	95.47	20
6	辽宁	69.72	26
7	吉林	95.82	15
8	黑龙江	63.60	28
9	上海	98.51	4
10	江苏	96.14	12
11	浙江	95.78	16
12	安徽	82.14	22
13	福建	96.28	9
14	江西	74.22	23
15	山东	95.88	14
16	河南	95.50	18
17	湖北	96.53	8
18	湖南	70.38	24
19	广东	83.56	21
20	广西	95.97	13
21	海南	67.29	27
22	重庆	98.65	2
23	四川	70.33	25
24	贵州	99.11	1
25	云南	98.64	3
26	西藏	96.80	7
27	陕西	63.29	29
28	甘肃	60.63	31
29	青海	96.17	11
30	宁夏	96.25	10
31	新疆	62.59	30

其中：

①各省（区、市）林业绿色经济产出效率评价得分，前三名分别是贵州（99.11）、重庆（98.65）、云南（98.64），后三名分别是甘肃（60.63）、新疆（62.59）、陕西（63.29）。

②得分 90～100 分有 20 个，分别是贵州、重庆、云南、上海、北京、河北、西藏、湖北、福建、宁夏、青海、江苏、广西、山东、吉林、浙江、山西、河南、天津、内蒙古；80～90 分有 2 个，分别是广东、安徽；70～80 分有 3 个，分别是江西、湖南、四川；60～70 分有 6 个，分别是辽宁、海南、黑龙江、陕西、新疆、甘肃。

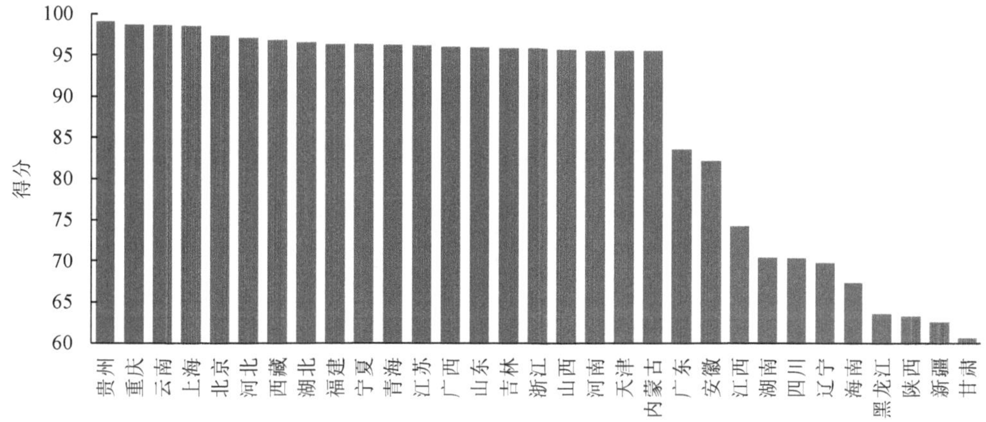

图 5-17　2013 年林业绿色经济产出效率评价得分

5.5.2　2014 年省级林业绿色经济产出效率评价分析

2014 年，各省（区、市）的林业绿色经济产出效率评价得分及排名见图 5-18 和表 5-26。

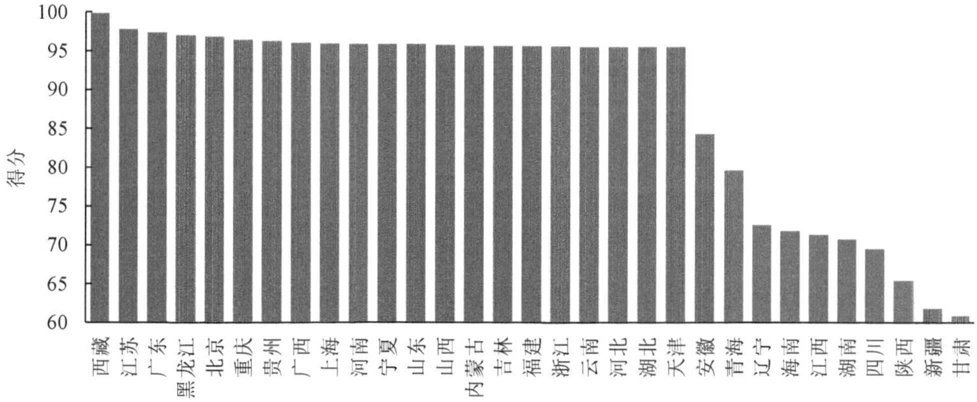

图 5-18　2014 年林业绿色经济产出效率评价得分

表 5-26　2014 年林业绿色经济产出效率评价得分及排名

序号	省（区、市）	得分	排名
1	北京	96.83	5
2	天津	95.48	21
3	河北	95.49	19
4	山西	95.77	13
5	内蒙古	95.58	14
6	辽宁	72.49	24
7	吉林	95.55	15
8	黑龙江	96.94	4
9	上海	95.89	9
10	江苏	97.77	2
11	浙江	95.55	17
12	安徽	84.29	22
13	福建	95.55	16
14	江西	71.31	26
15	山东	95.81	12
16	河南	95.82	10
17	湖北	95.48	20
18	湖南	70.72	27
19	广东	97.41	3
20	广西	95.96	8
21	海南	71.79	25
22	重庆	96.39	6
23	四川	69.45	28
24	贵州	96.23	7
25	云南	95.51	18
26	西藏	99.89	1
27	陕西	65.42	29
28	甘肃	60.85	31
29	青海	79.58	23
30	宁夏	95.81	11
31	新疆	61.79	30

其中：

①各省（区、市）林业绿色经济产出效率评价得分，前三名分别是西藏（99.89）、江苏（97.77）、广东（97.41），后三名分别是甘肃（60.85）、新疆（61.79）、陕西（65.42）。

②得分 90～100 分有 21 个，分别是西藏、江苏、广东、黑龙江、北京、重庆、贵州、广西、上海、河南、宁夏、山东、山西、内蒙古、吉林、福建、浙江、云南、河北、湖北、天津；80～90 分仅有安徽；70～80 分有 5 个，分别是青海、辽宁、海南、江西、湖南；60～70 分有 4 个，分别是四川、陕西、新疆、甘肃。

5.5.3　2015 年省级林业绿色经济产出效率评价分析

2015 年，各省（区、市）的林业绿色经济产出效率评价得分及排名见表 5-27 和图 5-19。

表 5-27　2015 年林业绿色经济产出效率评价得分及排名

序号	省（区、市）	得分	排名
1	北京	96.32	7
2	天津	95.48	21
3	河北	95.68	15
4	山西	95.54	20
5	内蒙古	65.31	29
6	辽宁	72.57	24
7	吉林	95.56	19
8	黑龙江	67.82	27
9	上海	98.80	1
10	江苏	95.97	10
11	浙江	95.60	16
12	安徽	96.37	6
13	福建	95.88	12
14	江西	95.57	17
15	山东	97.02	4
16	河南	95.57	18
17	湖北	95.78	13
18	湖南	95.90	11
19	广东	95.97	9
20	广西	95.76	14
21	海南	78.50	22
22	重庆	96.30	8
23	四川	72.64	23
24	贵州	98.62	2
25	云南	70.04	26
26	西藏	96.42	5
27	陕西	72.05	25
28	甘肃	61.40	31
29	青海	67.63	28
30	宁夏	98.12	3
31	新疆	62.84	30

其中：

①各省（区、市）林业绿色经济产出效率评价得分，前三名分别是上海（98.80）、贵州（98.62）、宁夏（98.12），后三名分别是甘肃（61.40）、新疆（62.84）、内蒙古（65.31）。

②得分 90～100 分有 21 个，分别是上海、贵州、宁夏、山东、西藏、安徽、北京、

重庆、广东、江苏、湖南、福建、湖北、广西、河北、浙江、江西、河南、吉林、山西、天津；70～80 分有 5 个，分别是海南、四川、辽宁、陕西、云南；60～70 分有 5 个，分别是黑龙江、青海、内蒙古、新疆、甘肃。

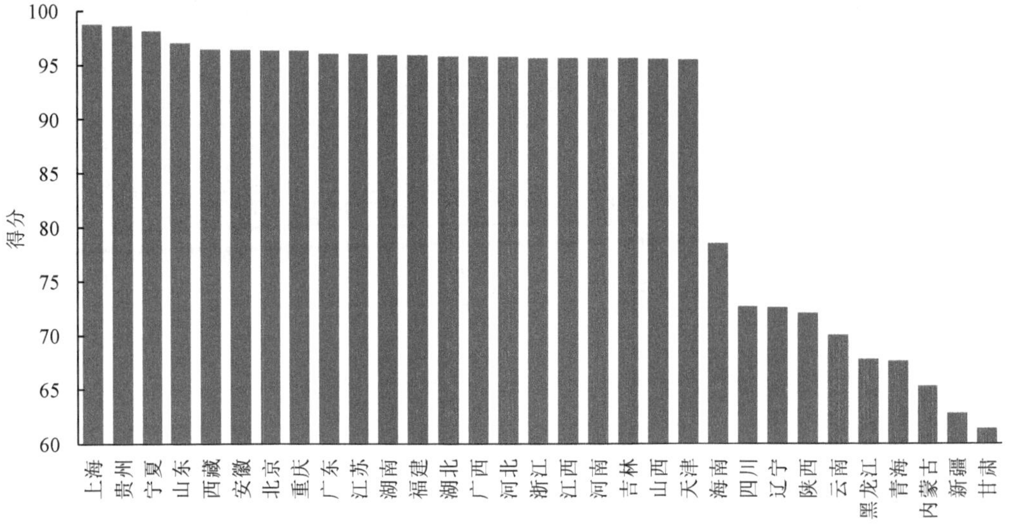

图 5-19　2015 年林业绿色经济产出效率评价得分

5.5.4　2016 年省级林业绿色经济产出效率评价分析

2016 年，各省（区、市）的林业绿色经济产出效率评价得分及排名见图 5-20 和表 5-28。

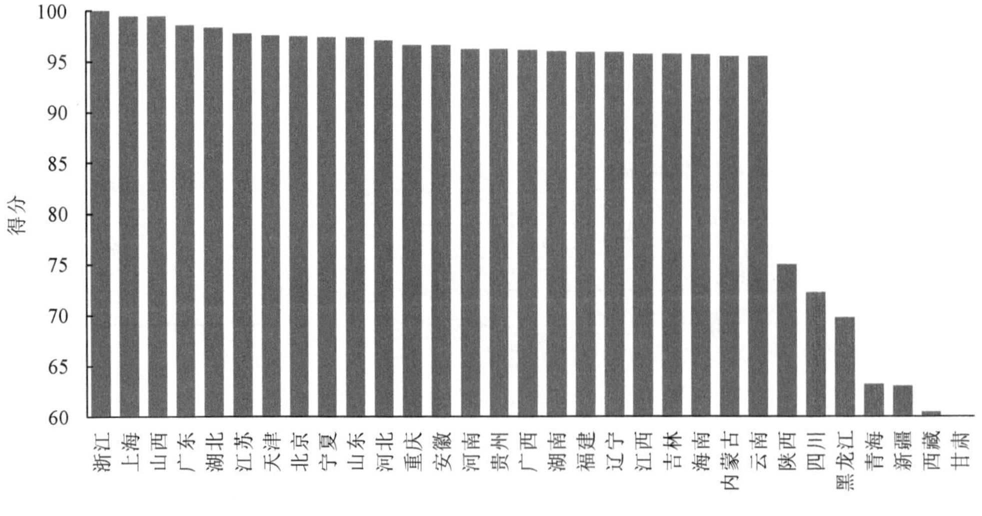

图 5-20　2016 年林业绿色经济产出效率评价得分

表 5-28　2016 年林业绿色经济产出效率评价得分及排名

序号	省（区、市）	得分	排名
1	北京	97.50	8
2	天津	97.54	7
3	河北	97.03	11
4	山西	99.43	3
5	内蒙古	95.51	23
6	辽宁	95.93	19
7	吉林	95.75	21
8	黑龙江	69.77	27
9	上海	99.48	2
10	江苏	97.74	6
11	浙江	100.00	1
12	安徽	96.64	13
13	福建	95.93	18
14	江西	95.76	20
15	山东	97.36	10
16	河南	96.21	14
17	湖北	98.33	5
18	湖南	96.00	17
19	广东	98.59	4
20	广西	96.11	16
21	海南	95.68	22
22	重庆	96.65	12
23	四川	72.25	26
24	贵州	96.21	15
25	云南	95.51	24
26	西藏	60.45	30
27	陕西	75.01	25
28	甘肃	60.00	31
29	青海	63.26	28
30	宁夏	97.37	9
31	新疆	63.06	29

其中：

①各省（区、市）林业绿色经济产出效率评价得分，前三名分别是浙江（100.00）、上海（99.48）、山西（99.43），后三名分别是甘肃（60.00）、西藏（60.45）、新疆（63.06）。

②得分 100 分仅有浙江；90～100 分有 23 个，分别是上海、山西、广东、湖北、江苏、天津、北京、宁夏、山东、河北、重庆、安徽、河南、贵州、广西、湖南、福建、辽宁、江西、吉林、海南、内蒙古、云南；70～80 分有 2 个，分别是陕西、四川；60～70 分有 5 个，分别是黑龙江、青海、新疆、西藏、甘肃。

5.5.5 跨年度林业绿色经济产出效率评价分析

2013—2016 年，各省（区、市）的林业绿色经济产出效率评价得分及变化见表 5-29。

表 5-29 2013—2016 年林业绿色经济产出效率评价得分及变化

序号	省（区、市）	2013 年得分	2014 年		2015 年		2016 年		2016 年较 2013 年上升
			得分	较上年上升	得分	较上年上升	得分	较上年上升	
1	北京	97.40	96.83	−0.57	96.32	−0.50	97.50	1.18	0.10
2	天津	95.48	95.48	0.00	95.48	−0.00	97.54	2.07	2.06
3	河北	97.05	95.49	−1.56	95.68	0.19	97.03	1.35	−0.02
4	山西	95.65	95.77	0.12	95.54	−0.23	99.43	3.89	3.78
5	内蒙古	95.47	95.58	0.10	65.31	−30.27	95.51	30.20	0.04
6	辽宁	69.72	72.49	2.77	72.57	0.08	95.93	23.36	26.21
7	吉林	95.82	95.55	−0.27	95.56	0.01	95.75	0.18	−0.08
8	黑龙江	63.60	96.94	33.34	67.82	−29.12	69.77	1.96	6.18
9	上海	98.51	95.89	−2.63	98.80	2.91	99.48	0.68	0.97
10	江苏	96.14	97.77	1.64	95.97	−1.80	97.74	1.77	1.60
11	浙江	95.78	95.55	−0.23	95.60	0.05	100.00	4.40	4.22
12	安徽	82.14	84.29	2.15	96.37	12.09	96.64	0.26	14.50
13	福建	96.28	95.55	−0.73	95.88	0.33	95.93	0.05	−0.35
14	江西	74.22	71.31	−2.91	95.57	24.27	95.76	0.19	21.54
15	山东	95.88	95.81	−0.08	97.02	1.22	97.36	0.33	1.48
16	河南	95.50	95.82	0.33	95.57	−0.25	96.21	0.64	0.71
17	湖北	96.53	95.48	−1.05	95.78	0.30	98.33	2.55	1.80
18	湖南	70.38	70.72	0.34	95.90	25.18	96.00	0.10	25.62
19	广东	83.56	97.41	13.85	95.97	−1.43	98.59	2.62	15.03
20	广西	95.97	95.96	−0.01	95.76	−0.20	96.11	0.35	0.15
21	海南	67.29	71.79	4.50	78.50	6.71	95.68	17.18	28.39
22	重庆	98.65	96.39	−2.26	96.30	−0.09	96.65	0.35	−2.00
23	四川	70.33	69.45	−0.87	72.64	3.18	72.25	−0.39	1.92
24	贵州	99.11	96.23	−2.89	98.62	2.39	96.21	−2.41	−2.90
25	云南	98.64	95.51	−3.13	70.04	−25.47	95.51	25.47	−3.14
26	西藏	96.80	99.89	3.09	96.42	−3.47	60.45	−35.97	−36.34
27	陕西	63.29	65.42	2.13	72.05	6.63	75.01	2.96	11.72
28	甘肃	60.63	60.85	0.22	61.40	0.56	60.00	−1.40	−0.63
29	青海	96.17	79.58	−16.59	67.63	−11.95	63.26	−4.37	−32.91
30	宁夏	96.25	95.81	−0.44	98.12	2.31	97.37	−0.76	1.11
31	新疆	62.59	61.79	−0.80	62.84	1.05	63.06	0.22	0.48

2013—2016 年，多数省（区、市）林业绿色经济产出效率评价得分上升，少数下降；上升幅度最大的是海南（28.39）、辽宁（26.21）、湖南（25.62），下降幅度最大的是西藏（–36.34）、青海（–32.91）、云南（–3.14）。从单一年度看，上升幅度较大的是 2014 年的黑龙江（33.34）、2016 年的内蒙古（30.20）、2016 年的云南（25.47）；下降幅度较大的是 2016 年的西藏（–35.97）、2015 年的内蒙古（–30.27）、2015 年的黑龙江（–29.12）。

2013—2016 年林业绿色经济产出效率评价排名见表 5-30。

表 5-30 2013—2016 年林业绿色经济产出效率评价得分排名

序号	省（区、市）	2013 年排名	2014 年		2015 年		2016 年		2016 年较 2013 年上升
			排名	较上年上升	排名	较上年上升	排名	较上年上升	
1	北京	5	5	0	7	–2	8	–1	–3
2	天津	19	21	–2	21	0	7	14	12
3	河北	6	19	–13	15	4	11	4	–5
4	山西	17	13	4	20	–7	3	17	14
5	内蒙古	20	14	6	29	–15	23	6	–3
6	辽宁	26	24	2	24	0	19	5	7
7	吉林	15	15	0	19	–4	21	–2	–6
8	黑龙江	28	4	24	27	–23	27	0	1
9	上海	4	9	–5	1	8	2	–1	2
10	江苏	12	2	10	10	–8	6	4	6
11	浙江	16	17	–1	16	1	1	15	15
12	安徽	22	22	0	6	16	13	–7	9
13	福建	9	16	–7	12	4	18	–6	–9
14	江西	23	26	–3	17	9	20	–3	3
15	山东	14	12	2	4	8	10	–6	4
16	河南	18	10	8	18	–8	14	4	4
17	湖北	8	20	–12	13	7	5	8	3
18	湖南	24	27	–3	11	16	17	–6	7
19	广东	21	3	18	9	–6	4	5	17
20	广西	13	8	5	14	–6	16	–2	–3
21	海南	27	25	2	22	3	22	0	5
22	重庆	2	6	–4	8	–2	12	–4	–10
23	四川	25	28	–3	23	5	26	–3	–1
24	贵州	1	7	–6	2	5	15	–13	–14
25	云南	3	18	–15	26	–8	24	2	–21
26	西藏	7	1	6	5	–4	30	–25	–23
27	陕西	29	29	0	25	4	25	0	4
28	甘肃	31	31	0	31	0	31	0	0
29	青海	11	23	–12	28	–5	28	0	–17
30	宁夏	10	11	–1	3	8	9	–6	1
31	新疆	30	30	0	30	0	29	1	1

2013—2016 年，多数省（区、市）林业绿色经济产出效率评价得分排名上升，少数排名下降；上升幅度最大的是广东（17 名）、浙江（15 名）、山西（14 名），下降幅度最大的是西藏（–23 名）、云南（–21 名）、青海（–17 名）。从单一年度看，上升幅度较大的是 2014 年的黑龙江（24 名）、2014 年的广东（18 名）、2016 年的山西（17 名）；下降幅度较大的是 2016 年的西藏（–25 名）、2015 年的黑龙江（–23 名）、2014 年的云南（–15 名）、2015 年的内蒙古（–15 名）。

第 6 章　林业绿色经济综合评价

6.1　2013 年省级林业绿色经济综合评价分析

2013 年，各省（区、市）的林业绿色经济综合评价得分及排名见图 6-1 和表 6-1。

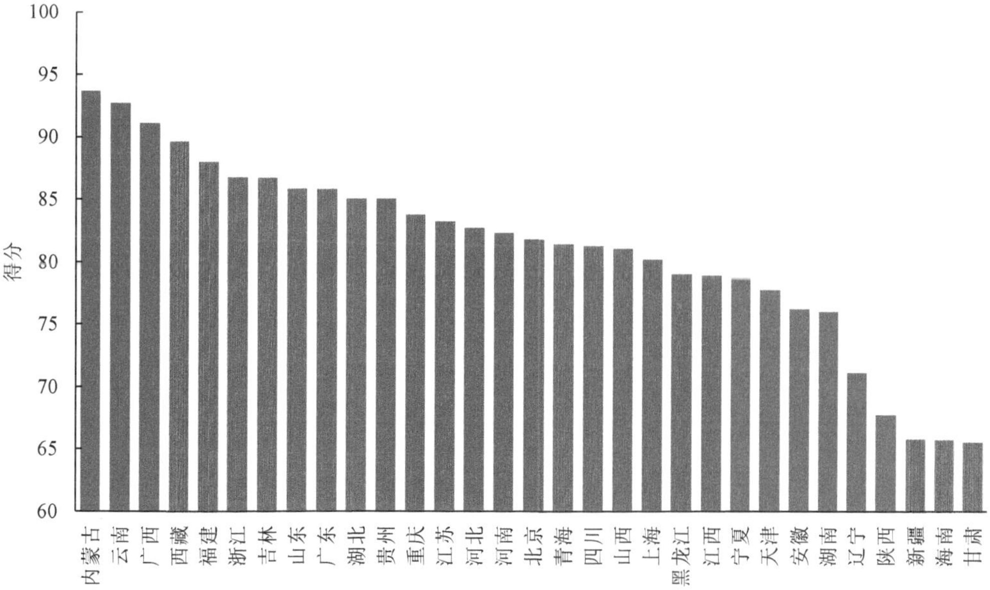

图 6-1　2013 年林业绿色经济综合评价得分

表6-1　2013年林业绿色经济综合评价得分及排名

序号	省（区、市）	综合评价得分	排名	存量状态评价得分	产出效率评价得分	存量状态评价贡献比重	产出效率评价贡献比重
1	北京	81.79	16	66.18	97.40	40.5%	59.5%
2	天津	77.74	24	60.00	95.48	38.6%	61.4%
3	河北	82.70	14	68.35	97.05	41.3%	58.7%
4	山西	81.07	19	66.49	95.65	41.0%	59.0%
5	内蒙古	93.66	1	91.85	95.47	49.0%	51.0%
6	辽宁	71.12	27	72.53	69.72	51.0%	49.0%
7	吉林	86.73	7	77.65	95.82	44.8%	55.2%
8	黑龙江	79.03	21	94.47	63.60	59.8%	40.2%
9	上海	80.18	20	61.84	98.51	38.6%	61.4%
10	江苏	83.24	13	70.34	96.14	42.3%	57.7%
11	浙江	86.74	6	77.70	95.78	44.8%	55.2%
12	安徽	76.22	25	70.30	82.14	46.1%	53.9%
13	福建	87.97	5	79.66	96.28	45.3%	54.7%
14	江西	78.93	22	83.64	74.22	53.0%	47.0%
15	山东	85.82	8	75.75	95.88	44.1%	55.9%
16	河南	82.28	15	69.06	95.50	42.0%	58.0%
17	湖北	85.01	10	73.50	96.53	43.2%	56.8%
18	湖南	76.01	26	81.64	70.38	53.7%	46.3%
19	广东	85.77	9	87.98	83.56	51.3%	48.7%
20	广西	91.11	3	86.26	95.97	47.3%	52.7%
21	海南	65.72	30	64.16	67.29	48.8%	51.2%
22	重庆	83.75	12	68.85	98.65	41.1%	58.9%
23	四川	81.28	18	92.24	70.33	56.7%	43.3%
24	贵州	84.99	11	70.87	99.11	41.7%	58.3%
25	云南	92.68	2	86.72	98.64	46.8%	53.2%
26	西藏	89.64	4	82.47	96.80	46.0%	54.0%
27	陕西	67.75	28	72.20	63.29	53.3%	46.7%
28	甘肃	65.54	31	70.45	60.63	53.7%	46.3%
29	青海	81.45	17	66.74	96.17	41.0%	59.0%
30	宁夏	78.69	23	61.13	96.25	38.8%	61.2%
31	新疆	65.80	29	69.01	62.59	52.4%	47.6%

其中：

①各省（区、市）林业绿色经济综合评价得分，前三名分别是内蒙古（93.66）、云南（92.68）、广西（91.11），后三名分别是甘肃（65.54）、海南（65.72）、新疆（65.80）。

②得分90～100分有3个，分别是内蒙古、云南、广西；80～90分有17个，分别是西藏、福建、浙江、吉林、山东、广东、湖北、贵州、重庆、江苏、河北、河南、北京、青海、四川、山西、上海；70～80分有7个，分别是黑龙江、江西、宁夏、天津、安徽、湖南、辽宁；60～70分有4个，分别是陕西、新疆、海南、甘肃。

③存量状态评价贡献占比50%以上的省（区、市）有9个，分别是黑龙江、四川、

湖南、甘肃、陕西、江西、新疆、广东、辽宁；产出效率评价贡献占比 50%以上的省（区、市）有 22 个，分别是内蒙古、海南、广西、云南、安徽、西藏、福建、浙江、吉林、山东、湖北、江苏、河南、贵州、河北、重庆、青海、山西、北京、宁夏、上海、天津。

6.2　2014 年省级林业绿色经济综合评价分析

2014 年，各省（区、市）的林业绿色经济综合评价得分及排名见表 6-2 和图 6-2。

表 6-2　2014 年林业绿色经济综合评价得分及排名

序号	省(区、市)	综合评价得分	排名	存量状态评价得分	产出效率评价得分	存量状态评价贡献比重	产出效率评价贡献比重
1	北京	82.18	17	67.53	96.83	41.1%	58.9%
2	天津	77.82	23	60.15	95.48	38.7%	61.3%
3	河北	82.28	16	69.07	95.49	42.0%	58.0%
4	山西	81.37	19	66.97	95.77	41.2%	58.8%
5	内蒙古	93.76	3	91.94	95.58	49.0%	51.0%
6	辽宁	72.90	27	73.31	72.49	50.3%	49.7%
7	吉林	86.60	10	77.65	95.55	44.8%	55.2%
8	黑龙江	95.67	2	94.40	96.94	49.3%	50.7%
9	上海	79.04	20	62.20	95.89	39.3%	60.7%
10	江苏	85.57	11	73.37	97.77	42.9%	57.1%
11	浙江	87.29	8	79.04	95.55	45.3%	54.7%
12	安徽	77.91	22	71.53	84.29	45.9%	54.1%
13	福建	87.77	7	79.99	95.55	45.6%	54.4%
14	江西	75.91	25	80.51	71.31	53.0%	47.0%
15	山东	86.78	9	77.75	95.81	44.8%	55.2%
16	河南	82.88	14	69.94	95.82	42.2%	57.8%
17	湖北	85.31	12	75.14	95.48	44.0%	56.0%
18	湖南	77.22	24	83.72	70.72	54.2%	45.8%
19	广东	96.06	1	94.71	97.41	49.3%	50.7%
20	广西	93.22	4	90.48	95.96	48.5%	51.5%
21	海南	68.28	29	64.77	71.79	47.4%	52.6%
22	重庆	82.88	15	69.37	96.39	41.8%	58.2%
23	四川	81.93	18	94.41	69.45	57.6%	42.4%
24	贵州	84.22	13	72.22	96.23	42.9%	57.1%
25	云南	91.39	5	87.26	95.51	47.7%	52.3%
26	西藏	91.27	6	82.66	99.89	45.3%	54.7%
27	陕西	69.12	28	72.82	65.42	52.7%	47.3%
28	甘肃	65.82	30	70.78	60.85	53.8%	46.2%
29	青海	73.45	26	67.32	79.58	45.8%	54.2%
30	宁夏	78.47	21	61.14	95.81	39.0%	61.0%
31	新疆	65.51	31	69.24	61.79	52.8%	47.2%

其中：

①各省（区、市）林业绿色经济综合评价得分，前三名分别是广东（96.06）、黑龙江（95.67）、内蒙古（93.76），后三名分别是新疆（65.51）、甘肃（65.82）、海南（68.28）。

②得分 90～100 分有 6 个，分别是广东、黑龙江、内蒙古、广西、云南、西藏；80～90 分有 13 个，分别是福建、浙江、山东、吉林、江苏、湖北、贵州、河南、重庆、河北、北京、四川、山西；70～80 分有 8 个，分别是上海、宁夏、安徽、天津、湖南、江西、青海、辽宁；60～70 分有 4 个，分别是陕西、海南、甘肃、新疆。

③存量状态评价贡献占比 50%以上的省（区、市）有 7 个，分别是四川、湖南、甘肃、江西、新疆、陕西、辽宁；产出效率评价贡献占比 50%以上的省（区、市）有 24 个，分别是广东、黑龙江、内蒙古、广西、云南、海南、安徽、青海、福建、西藏、浙江、山东、吉林、湖北、江苏、贵州、河南、河北、重庆、山西、北京、上海、宁夏、天津。

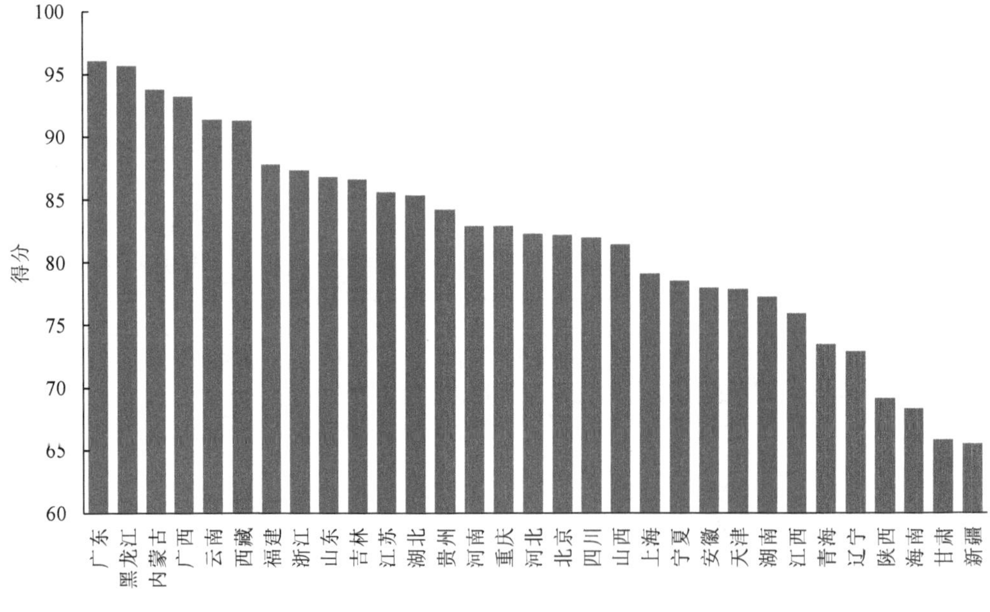

图 6-2　2014 年林业绿色经济综合评价得分

6.3　2015 年省级林业绿色经济综合评价分析

2015 年，各省（区、市）的林业绿色经济综合评价得分及排名见表 6-3 和图 6-3。

表 6-3　2015 年林业绿色经济综合评价得分及排名

序号	省（区、市）	综合评价得分	排名	存量状态评价得分	产出效率评价得分	存量状态评价贡献比重	产出效率评价贡献比重
1	北京	82.30	18	68.28	96.32	41.5%	58.5%
2	天津	78.41	25	61.34	95.48	39.1%	60.9%
3	河北	82.78	17	69.88	95.68	42.2%	57.8%
4	山西	81.43	20	67.32	95.54	41.3%	58.7%
5	内蒙古	79.35	24	93.39	65.31	58.8%	41.2%
6	辽宁	72.71	27	72.85	72.57	50.1%	49.9%
7	吉林	87.23	10	78.89	95.56	45.2%	54.8%
8	黑龙江	81.76	19	95.70	67.82	58.5%	41.5%
9	上海	80.73	21	62.67	98.80	38.8%	61.2%
10	江苏	84.63	14	73.29	95.97	43.3%	56.7%
11	浙江	88.95	7	82.30	95.60	46.3%	53.7%
12	安徽	85.29	12	74.21	96.37	43.5%	56.5%
13	福建	88.82	8	81.76	95.88	46.0%	54.0%
14	江西	90.65	4	85.73	95.57	47.3%	52.7%
15	山东	87.98	9	78.94	97.02	44.9%	55.1%
16	河南	83.22	16	70.87	95.57	42.6%	57.4%
17	湖北	87.16	11	78.55	95.78	45.1%	54.9%
18	湖南	90.98	3	86.06	95.90	47.3%	52.7%
19	广东	95.97	1	95.96	95.97	50.0%	50.0%
20	广西	93.03	2	90.29	95.76	48.5%	51.5%
21	海南	71.85	28	65.19	78.50	45.4%	54.6%
22	重庆	83.32	15	70.33	96.30	42.2%	57.8%
23	四川	85.16	13	97.68	72.64	57.4%	42.6%
24	贵州	89.83	5	81.04	98.62	45.1%	54.9%
25	云南	79.50	23	88.95	70.04	55.9%	44.1%
26	西藏	89.70	6	82.98	96.42	46.3%	53.7%
27	陕西	73.00	26	73.94	72.05	50.6%	49.4%
28	甘肃	66.23	31	71.05	61.40	53.6%	46.4%
29	青海	67.82	29	68.01	67.63	50.1%	49.9%
30	宁夏	79.89	22	61.66	98.12	38.6%	61.4%
31	新疆	67.07	30	71.29	62.84	53.2%	46.8%

其中：

①各省（区、市）林业绿色经济综合评价得分，前三名分别是广东（95.97）、广西（93.03）、湖南（90.98），后三名分别是甘肃（66.23）、新疆（67.07）、青海（67.82）。

②得分 90～100 分有 4 个，分别是广东、广西、湖南、江西；80～90 分有 17 个，分别是贵州、西藏、浙江、福建、山东、吉林、湖北、安徽、四川、江苏、重庆、河南、

河北、北京、黑龙江、山西、上海；70～80 分有 7 个，分别是宁夏、云南、内蒙古、天津、陕西、辽宁、海南；60～70 分有 3 个，分别是青海、新疆、甘肃。

③存量状态评价贡献占比 50%以上的省（区、市）有 10 个，分别是内蒙古、黑龙江、四川、云南、甘肃、新疆、陕西、辽宁、青海、广东；产出效率评价贡献占比 50%以上的省（区、市）有 21 个，分别是广西、湖南、江西、西藏、浙江、福建、海南、吉林、贵州、湖北、山东、安徽、江苏、河南、重庆、河北、北京、山西、天津、上海、宁夏。

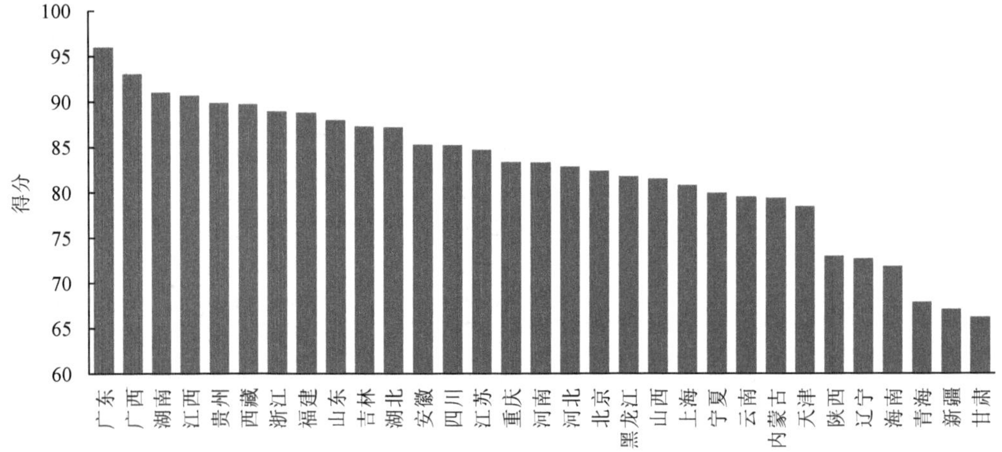

图 6-3 2015 年林业绿色经济综合评价得分

6.4 2016 年省级林业绿色经济综合评价分析

2016 年，各省（区、市）的林业绿色经济综合评价得分及排名见图 6-4 和表 6-4。

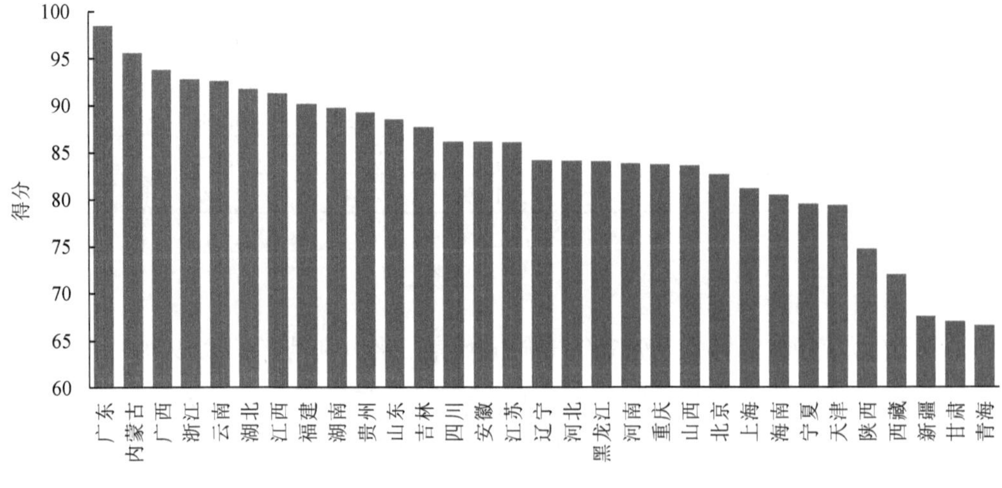

图 6-4 2016 年林业绿色经济综合评价得分

表 6-4　2016 年林业绿色经济综合评价得分及排名

序号	省（区、市）	综合评价得分	排名	存量状态评价得分	产出效率评价得分	存量状态评价贡献比重	产出效率评价贡献比重
1	北京	82.67	22	67.84	97.50	41.0%	59.0%
2	天津	79.39	26	61.23	97.54	38.6%	61.4%
3	河北	84.07	17	71.11	97.03	42.3%	57.7%
4	山西	83.63	21	67.83	99.43	40.6%	59.4%
5	内蒙古	95.59	2	95.66	95.51	50.0%	50.0%
6	辽宁	84.14	16	72.34	95.93	43.0%	57.0%
7	吉林	87.70	12	79.66	95.75	45.4%	54.6%
8	黑龙江	84.03	18	98.29	69.77	58.5%	41.5%
9	上海	81.16	23	62.84	99.48	38.7%	61.3%
10	江苏	86.04	15	74.34	97.74	43.2%	56.8%
11	浙江	92.77	4	85.54	100.00	46.1%	53.9%
12	安徽	86.09	14	75.55	96.64	43.9%	56.1%
13	福建	90.12	8	84.30	95.93	46.8%	53.2%
14	江西	91.29	7	86.81	95.76	47.5%	52.5%
15	山东	88.47	11	79.59	97.36	45.0%	55.0%
16	河南	83.82	19	71.43	96.21	42.6%	57.4%
17	湖北	91.73	6	85.13	98.33	46.4%	53.6%
18	湖南	89.74	9	83.49	96.00	46.5%	53.5%
19	广东	98.51	1	98.42	98.59	50.0%	50.0%
20	广西	93.81	3	91.51	96.11	48.8%	51.2%
21	海南	80.46	24	65.24	95.68	40.5%	59.5%
22	重庆	83.67	20	70.68	96.65	42.2%	57.8%
23	四川	86.12	13	100.00	72.25	58.1%	41.9%
24	贵州	89.24	10	82.28	96.21	46.1%	53.9%
25	云南	92.57	5	89.63	95.51	48.4%	51.6%
26	西藏	72.02	28	83.59	60.45	58.0%	42.0%
27	陕西	74.70	27	74.39	75.01	49.8%	50.2%
28	甘肃	67.04	30	74.09	60.00	55.3%	44.7%
29	青海	66.61	31	69.96	63.26	52.5%	47.5%
30	宁夏	79.50	25	61.64	97.37	38.8%	61.2%
31	新疆	67.59	29	72.13	63.06	53.4%	46.6%

其中：

①各省（区、市）林业绿色经济综合评价得分，前三名分别是广东（98.51）、内蒙古（95.59）、广西（93.81），后三名分别是青海（66.61）、甘肃（67.04）、新疆（67.59）。

②得分 90～100 分有 8 个，分别是广东、内蒙古、广西、浙江、云南、湖北、江西、福建；80～90 分有 16 个，分别是湖南、贵州、山东、吉林、四川、安徽、江苏、辽宁、河北、黑龙江、河南、重庆、山西、北京、上海、海南；70～80 分有 4 个，分别是宁夏、天津、陕西、西藏；60～70 分有 3 个，分别是新疆、甘肃、青海。

③存量状态评价贡献占比 50%以上的省（区、市）有 7 个，分别是黑龙江、四川、

西藏、甘肃、新疆、青海、广东；产出效率评价贡献占比50%以上的省（区、市）有24个，分别是内蒙古、陕西、广西、云南、江西、福建、湖南、湖北、浙江、贵州、吉林、山东、安徽、江苏、辽宁、河南、河北、重庆、北京、山西、海南、宁夏、上海、天津。

6.5 跨年度林业绿色经济综合评价分析

2013—2016年，各省（区、市）的林业绿色经济综合评价得分及变化见表6-5。

表6-5 2013—2016年林业绿色经济综合评价得分及变化

序号	省（区、市）	2013年得分	2014年		2015年		2016年		2016年较2013年上升
			得分	较上年上升	得分	较上年上升	得分	较上年上升	
1	北京	81.79	82.18	0.39	82.30	0.12	82.67	0.37	0.88
2	天津	77.74	77.82	0.08	78.41	0.59	79.39	0.98	1.65
3	河北	82.70	82.28	−0.42	82.78	0.50	84.07	1.29	1.37
4	山西	81.07	81.37	0.30	81.43	0.06	83.63	2.20	2.56
5	内蒙古	93.66	93.76	0.10	79.35	−14.41	95.59	16.24	1.93
6	辽宁	71.12	72.90	1.78	72.71	−0.19	84.14	11.43	13.01
7	吉林	86.73	86.60	−0.13	87.23	0.63	87.70	0.47	0.97
8	黑龙江	79.03	95.67	16.64	81.76	−13.91	84.03	2.28	5.00
9	上海	80.18	79.04	−1.13	80.73	1.69	81.16	0.42	0.98
10	江苏	83.24	85.57	2.33	84.63	−0.94	86.04	1.41	2.80
11	浙江	86.74	87.29	0.56	88.95	1.66	92.77	3.82	6.03
12	安徽	76.22	77.91	1.69	85.29	7.39	86.09	0.80	9.88
13	福建	87.97	87.77	−0.20	88.82	1.05	90.12	1.29	2.15
14	江西	78.93	75.91	−3.02	90.65	14.74	91.29	0.64	12.36
15	山东	85.82	86.78	0.96	87.98	1.20	88.47	0.49	2.66
16	河南	82.28	82.88	0.60	83.22	0.34	83.82	0.60	1.54
17	湖北	85.01	85.31	0.30	87.16	1.85	91.73	4.57	6.72
18	湖南	76.01	77.22	1.21	90.98	13.75	89.74	−1.23	13.73
19	广东	85.77	96.06	10.29	95.97	−0.09	98.51	2.54	12.74
20	广西	91.11	93.22	2.11	93.03	−0.19	93.81	0.78	2.70
21	海南	65.72	68.28	2.55	71.85	3.57	80.46	8.61	14.74
22	重庆	83.75	82.88	−0.87	83.32	0.44	83.67	0.35	−0.08
23	四川	81.28	81.93	0.65	85.16	3.23	86.12	0.97	4.84
24	贵州	84.99	84.22	−0.77	89.83	5.61	89.24	−0.59	4.25
25	云南	92.68	91.39	−1.30	79.50	−11.89	92.57	13.07	−0.12
26	西藏	89.64	91.27	1.64	89.70	−1.57	72.02	−17.68	−17.61
27	陕西	67.75	69.12	1.37	73.00	3.88	74.70	1.71	6.96
28	甘肃	65.54	65.82	0.28	66.23	0.41	67.04	0.82	1.50
29	青海	81.45	73.45	−8.00	67.82	−5.63	66.61	−1.21	−14.84
30	宁夏	78.69	78.47	−0.22	79.89	1.41	79.50	−0.38	0.81
31	新疆	65.80	65.51	−0.28	67.07	1.56	67.59	0.52	1.80

2013—2016 年，大部分省（区、市）林业绿色经济综合评价得分呈上升趋势，上升幅度最大的是海南（14.74）、湖南（13.73）、辽宁（13.01），下降幅度最大的是西藏（–17.61）、青海（–14.84）、云南（–0.12）。从单一年度看，上升幅度较大的是 2014 年的黑龙江（16.64）、2016 年的内蒙古（16.24）、2015 年的江西（14.74）；下降幅度较大的是 2016 年的西藏（–17.68）、2015 年的内蒙古（–14.41）、2015 年的黑龙江（–13.91）。

2013—2016 年林业绿色经济综合评价排名见表 6-6。

表 6-6 2013—2016 年林业绿色经济综合评价排名

序号	省（区、市）	2013 年排名	2014 年		2015 年		2016 年		2016 年较 2013 年上升
			排名	较上年上升	排名	较上年上升	排名	较上年上升	
1	北京	16	17	–1	18	–1	22	–4	–6
2	天津	24	23	1	25	–2	26	–1	–2
3	河北	14	16	–2	17	–1	17	0	–3
4	山西	19	19	0	20	–1	21	–1	–2
5	内蒙古	1	3	–2	24	–21	2	22	–1
6	辽宁	27	27	0	27	0	16	11	11
7	吉林	7	10	–3	10	0	12	–2	–5
8	黑龙江	21	2	19	19	–17	18	1	3
9	上海	20	20	0	21	–1	23	–2	–3
10	江苏	13	11	2	14	–3	15	–1	–2
11	浙江	6	8	–2	7	1	4	3	2
12	安徽	25	22	3	12	10	14	–2	11
13	福建	5	7	–2	8	–1	8	0	–3
14	江西	22	25	–3	4	21	7	–3	15
15	山东	8	9	–1	9	0	11	–2	–3
16	河南	15	14	1	16	–2	19	–3	–4
17	湖北	10	12	–2	11	1	6	5	4
18	湖南	26	24	2	3	21	9	–6	17
19	广东	9	1	8	1	0	1	0	8
20	广西	3	4	–1	2	2	3	–1	0
21	海南	30	29	1	28	1	24	4	6
22	重庆	12	15	–3	15	0	20	–5	–8
23	四川	18	18	0	13	5	13	0	5
24	贵州	11	13	–2	5	8	10	–5	1
25	云南	2	5	–3	23	–18	5	18	–3
26	西藏	4	6	–2	6	0	28	–22	–24
27	陕西	28	28	0	26	2	27	–1	1
28	甘肃	31	30	1	31	–1	30	1	1
29	青海	17	26	–9	29	–3	31	–2	–14
30	宁夏	23	21	2	22	–1	25	–3	–2
31	新疆	29	31	–2	30	1	29	1	0

2013—2016 年，林业绿色经济综合评价排名上升幅度最大的是湖南（17 名）、江西（15 名）、辽宁（11 名）、安徽（11 名），下降幅度最大的是西藏（–24 名）、青海（–14 名）、重庆（–8 名）。从单一年度看，上升幅度较大的是 2016 年的内蒙古（22 名）、2015 年的湖南（21 名）、2015 年的江西（21 名），下降幅度较大的是 2016 年的西藏（–22 名）、2015 年的内蒙古（–21 名）、2015 年的云南（–18 名）。

第 7 章　总结和建议

7.1　总结

7.1.1　林业绿色经济存量状态评价

从林业绿色经济存量状态评价中可知，2013—2016 年，林业绿色经济存量状态评价排名靠前的是四川、广东、黑龙江、内蒙古，排名靠后的是天津、宁夏、上海。排名具体情况见表 7-1 和表 7-2。

表 7-1　林业绿色经济存量状态评价排名靠前的省（区、市）各分项排名

省（区、市）	年份	基础资源存量状态评价排名	林业产业存量状态评价排名	民生福祉存量状态评价排名	生态安全存量状态评价排名	低碳环保存量状态评价排名	林业绿色经济存量状态评价排名
四川	2013	5	6	2	17	4	2
	2014	4	5	2	13	4	2
	2015	4	7	3	5	4	1
	2016	4	7	4	4	4	1
广东	2013	10	1	1	27	6	4
	2014	10	1	1	27	6	1
	2015	10	1	1	23	6	2
	2016	10	2	1	22	6	2
黑龙江	2013	1	13	3	6	2	1
	2014	1	18	5	11	2	3
	2015	1	16	5	9	2	3
	2016	1	16	3	7	2	3
内蒙古	2013	3	26	13	2	1	3
	2014	3	26	12	4	1	4
	2015	3	25	17	4	1	4
	2016	3	23	8	6	1	4

表 7-2 林业绿色经济存量状态评价排名靠后的省（区、市）各分项排名

省（区、市）	年份	基础资源存量状态评价排名	林业产业存量状态评价排名	民生福祉存量状态评价排名	生态安全存量状态评价排名	低碳环保存量状态评价排名	林业绿色经济存量状态评价排名
天津	2013	30	30	27	23	30	31
	2014	30	30	27	23	30	31
	2015	30	30	27	18	30	31
	2016	30	30	27	18	30	31
宁夏	2013	31	25	28	9	29	30
	2014	31	27	30	8	29	30
	2015	31	27	30	16	29	30
	2016	31	27	30	15	29	30
上海	2013	29	31	21	24	31	29
	2014	29	31	20	22	31	29
	2015	29	31	20	26	31	29
	2016	29	31	21	25	31	29

四川省基础资源存量状态评价排名位居前列，源于其森林蓄积量、林地保有量、单位面积森林蓄积量位居前列；林业产业存量状态评价排名居中上游，源于该省林业旅游收入和林业旅游带动其他产业产值排名靠前；民生福祉存量状态评价排名靠前，源于该省森林旅游康养人次、林业就业人数位居前列；生态安全存量状态评价排名逐年上升，由排名居中到排名靠前，源于该省林业自然保护地面积位居前列，新增造林面积由第 20 名上升到第 3 名；该省低碳环保各项指标均位居前列，低碳环保存量状态评价排名稳居第 4 位。综合上述因素，2013—2016 年，四川省林业绿色经济存量状态评价排名稳居第 1、2 位。

广东省基础资源存量状态评价排名稳居第10位，源于该省森林覆盖率、森林蓄积量、林地保有量、湿地保有量、乔木林占比居中上水平，而单位面积森林蓄积量、天然林占比居中下水平；林业产业存量状态评价排名稳居第 1、2 位，源于该省林业总产值、林产品产值居第 1、2 位；民生福祉存量状态评价排名稳居第 1 位，源于该省森林公园数量稳居第 1 位，森林旅游康养人次稳居前列；生态安全存量状态评价排名落后，源于该省防护林占比、森林火灾受灾控制率、森林有害生物成灾控制率较低；低碳环保存量状态评价排名稳居第 6 位，源于该省森林年固碳量、森林释氧量、森林滞尘量、森林吸收氮氧化物量稳居前列，森林吸收二氧化硫量、森林提供负氧离子量居中上水平。综合上述因素，2013 年，广东省林业绿色经济存量状态评价排名位居第 4 名；2014—2016 年，广东省林业绿色经济存量状态评价排名位居第 1、2 位。

黑龙江省基础资源存量状态评价排名稳定在第 1 名，源于该省森林天然林占比和乔

木林占比较高，森林蓄积量、林地保有量、湿地保有量位居前列；林业产业存量状态评价排名居中游，源于该省各项林业产业指标的排名均居中游，没有明显的“短板”；民生福祉存量状态评价排名靠前，源于该省林业就业规模大；生态安全存量状态评价排名居中上游，源于该省林业自然保护地面积占比较高，但森林火灾受灾控制率和森林有害生物成灾控制率居中游，且不稳定；低碳环保存量状态评价排名稳居第 2 位，源于该省低碳环保各项指标均位居前列。综合上述因素，2013—2016 年，黑龙江省林业绿色经济存量状态评价排名位居前 3 名。

内蒙古自治区森林蓄积量、林地保有量、湿地保有量、单位面积森林蓄积量稳居前列，天然林占比居中上游，乔木林占比居中游，林业基础资源存量状态评价排名稳定在第 3 位；林业产业存量状态评价排名靠后，源于该自治区除林业一产、三产占比居中游外，其他林业产业指标均居下游；民生福祉存量状态评价排名居中游，是由于除林业就业人数较多外，其余民生福祉指标居中下游；生态安全存量状态评价排名居前列，源于该自治区新增造林面积稳居第 1 位，林业自然保护地面积占比、防护林占比居中上游，但森林火灾受灾控制率、森林有害生物成灾控制率居下游，需要引起重视；低碳环保存量状态评价排名稳居第 1 位，源于该自治区低碳环保各项指标均居前列。综合上述因素，2013—2016 年，内蒙古自治区林业绿色经济存量状态评价位居第 3、4 位。

天津市基础资源存量状态评价排名居第 31 位，源于该市基础资源各项指标均处下游；林业产业存量状态评价排名靠后，源于该市除林业一产、三产占比靠前外，其余林业产业指标均靠后；民生福祉存量状态评价排名落后，源于除林业职工平均工资排名靠前外，其余指标均靠后；生态安全存量状态评价排名处于中游到中下游，源于该市林业自然保护地面积占比、新增造林面积指标靠后，森林火灾受灾控制率不稳定；低碳环保存量状态评价排名第 31 位，源于该省低碳环保各项指标均靠后。综合上述因素，2013—2016 年，天津市林业绿色经济存量状态评价排名位居第 31 名。

宁夏回族自治区基础资源存量状态评价排名居第 30 位，源于该自治区基础资源各项指标均处下游；林业产业存量状态评价排名靠后，源于该自治区林业总产值、林产品产值、林业旅游收入、林业投资均居下游；民生福祉存量状态评价排名落后，源于该自治区林业就业人数、林业旅游康养人次、森林公园数量均处下游；生态安全存量状态评价排名居于中游到中上游，源于该自治区防护林占比稳居前列，林业自然保护地面积占比居中上游，但新增造林面积居中下游，森林火灾受灾控制率和森林有害生物成灾控制率下降；低碳环保存量状态评价排名居第 29 位，源于低碳环保各项指标均靠后。综合上述因素，2013—2016 年，宁夏回族自治区林业绿色经济存量状态评价排名位居第 30 名。

上海市基础资源存量状态评价排名居第 29 位，源于该市除乔木林占比排名第 5 位外，其余各项指标均居下游；林业产业存量状态评价排名居第 31 位，源于该市林业产业各项指标均居下游；民生福祉存量状态评价排名居中下游，源于该市除林业职工平均工资稳定排名第 1 位外，其余指标均靠后；生态安全存量状态评价排名居下游，源于该市除森林火灾受灾控制率和森林有害生物成灾控制率位居前列外，其余生态安全指标均靠后；低碳环保存量状态评价排名居第 30 位，源于该市低碳环保各项指标均靠后。综合上述因素，2013—2016 年，上海市林业绿色经济存量状态评价排名位居第 29 名。

从林业绿色经济存量状态评价情况看，林业资源丰富的省（区、市），如四川、黑龙江、内蒙古等，获得了较高的绿色经济存量状态评价得分，反映出林业资源丰富的省（区、市）林业绿色经济的总体效益较高，尤其是规模化的林业带来规模化的生态、环境效益显著。而林业资源相对匮乏的省（区、市），如天津、宁夏、上海等，林业绿色经济存量状态得分相对较低。

7.1.2 林业绿色经济产出效率评价

从林业绿色经济产出效率评价可知，2013—2016 年，林业绿色经济产出效率评价排名靠前的分别是上海、北京、贵州、重庆；而排名靠后的是甘肃、新疆、陕西。排名情况具体见表 7-3 和表 7-4。

表 7-3 林业绿色经济产出效率评价排名靠前的省（区、市）各分项排名

省（区、市）	年份	经济产出效率排名	民生福祉产出效率排名	生态安全产出效率排名	低碳环保产出效率排名	林业绿色经济产出效率评价排名
上海	2013	1	4	24	4	4
	2014	4	7	24	14	9
	2015	1	7	19	3	1
	2016	5	4	15	2	2
北京	2013	20	2	5	12	5
	2014	14	1	9	10	5
	2015	20	1	9	9	7
	2016	15	6	9	6	8
贵州	2013	10	6	2	1	1
	2014	3	6	4	4	7
	2015	3	2	1	4	2
	2016	7	7	10	15	15
重庆	2013	18	1	3	3	2
	2014	19	3	2	3	6
	2015	17	8	2	6	8
	2016	17	10	5	7	12

表 7-4 林业绿色经济产出效率评价排名靠后的省（区、市）各分项排名

省（区、市）	年份	经济产出效率排名	民生福祉产出效率排名	生态安全产出效率排名	低碳环保产出效率排名	林业绿色经济产出效率评价排名
甘肃	2013	28	27	23	30	31
	2014	27	26	22	29	31
	2015	27	26	23	30	31
	2016	29	26	24	29	31
新疆	2013	21	26	21	31	30
	2014	25	27	21	31	30
	2015	23	27	21	31	30
	2016	23	28	19	31	29
陕西	2013	23	23	15	25	29
	2014	21	20	16	25	29
	2015	21	15	16	24	25
	2016	21	20	16	25	25

上海市的林业经济产出效率、民生福祉产出效率、低碳环保产出效率排名居前列，仅生态安全产出效率排名略靠后。综上，2013—2016 年上海市林业绿色经济产出效率评价排名居前列。

北京市的林业经济产出效率排名略靠后，但民生福祉产出效率、生态安全产出效率、低碳环保产出效率均居前列。综上，2013—2016 年北京市林业绿色经济产出效率评价排名居前列。

贵州省的林业经济产出效率、民生福祉产出效率排名靠前，且生态安全产出效率、低碳环保产出效率排名前列，但在 2016 年，贵州省各项指标的效率均有所下降。综上，2013—2016 年贵州省林业绿色经济产出效率评价排名居前列。

重庆市的林业经济产出效率排名居中游，但民生福祉产出效率、生态安全产出效率、低碳环保产出效率均居前列。综上，2013—2016 年重庆市林业绿色经济产出效率评价排名居前列。

甘肃省的林业经济产出效率、民生福祉产出效率、生态安全产出效率、低碳环保产出效率排名靠后，造成 2013—2016 年甘肃省林业绿色经济产出效率评价排名落后。

新疆维吾尔自治区的林业经济产出效率、民生福祉产出效率、低碳环保产出效率排名靠后，生态安全产出效率排名略微靠后。综上，2013—2016 年新疆维吾尔自治区林业绿色经济效率评价排名落后。

陕西省的林业经济产出效率、民生福祉产出效率略微靠后，生态安全产出效率排名居中游，低碳环保产出效率排名靠后，使得 2013—2016 年陕西省林业绿色经济产出效率评价排名落后。

从林业绿色经济产出效率评价情况看，林业资源体量较小而经济发展水平较高的省（区、市），较易取得更高的林业绿色经济产出效率，林业资源体量较大、地域辽阔而经济发展相对滞后的省（区、市），林业绿色经济产出效率评价排名相对靠后。

7.1.3 林业绿色经济综合评价

林业绿色经济存量状态评价和林业绿色经济产出效率评价共同构成了林业绿色经济综合评价。从林业绿色经济综合评价可知，2013—2016 年，林业绿色经济综合评价排名靠前的是广东、广西、浙江、福建等，排名靠后的是海南、新疆、甘肃。各项得分及排名具体见表 7-5 和表 7-6。

表 7-5 林业绿色经济综合评价排名靠前的省（区、市）各分项得分及排名

省（区、市）	年份	存量状态得分	存量状态得分排名	产出效率得分	产出效率得分排名	存量状态贡献占比	产出效率贡献占比	综合得分	排名
广东	2013	87.98	4	83.56	21	51.3%	48.7%	85.77	9
	2014	94.71	1	97.41	3	49.3%	50.7%	96.06	1
	2015	95.96	2	95.97	9	50.0%	50.0%	95.97	1
	2016	98.42	2	98.59	4	50.0%	50.0%	98.51	1
广西	2013	86.26	6	95.97	13	47.3%	52.7%	91.11	3
	2014	90.48	5	95.96	8	48.5%	51.5%	93.22	4
	2015	90.29	5	95.76	14	48.5%	51.5%	93.03	2
	2016	91.51	5	96.11	16	48.8%	51.2%	93.81	3
浙江	2013	77.70	11	95.78	16	44.8%	55.2%	86.74	6
	2014	79.04	11	95.55	17	45.3%	54.7%	87.29	8
	2015	82.30	10	95.60	16	46.3%	53.7%	88.95	7
	2016	85.54	8	100.00	1	46.1%	53.9%	92.77	4
福建	2013	79.66	10	96.28	9	45.3%	54.7%	87.97	5
	2014	79.99	10	95.55	16	45.6%	54.4%	87.77	7
	2015	81.76	11	95.88	12	46.0%	54.0%	88.82	8
	2016	84.30	10	95.93	18	46.8%	53.2%	90.12	8

表 7-6 林业绿色经济综合评价得分靠后的省（区、市）各项得分及排名

省（区、市）	年份	存量状态得分	存量状态得分排名	产出效率得分	产出效率得分排名	存量状态贡献占比	产出效率贡献占比	综合得分	排名
甘肃	2013	70.45	18	60.63	31	53.7%	46.3%	65.54	31
	2014	70.78	20	60.85	31	53.8%	46.2%	65.82	30
	2015	71.05	21	61.40	31	53.6%	46.4%	66.23	31
	2016	74.09	19	60.00	31	55.3%	44.7%	67.04	30
新疆	2013	69.01	22	62.59	30	52.4%	47.6%	65.80	29
	2014	69.24	23	61.79	30	52.8%	47.2%	65.51	31
	2015	71.29	20	62.84	30	53.2%	46.8%	67.07	30
	2016	72.13	21	63.06	29	53.4%	46.6%	67.59	29
海南	2013	64.16	28	67.29	27	48.8%	51.2%	65.72	30
	2014	64.77	28	71.79	25	47.4%	52.6%	68.28	29
	2015	65.19	28	78.50	22	45.4%	54.6%	71.85	28
	2016	65.24	28	95.68	22	40.5%	59.5%	80.46	24

广东省林业绿色经济存量状态评价排名稳居前列，得分逐年递增，且林业绿色经济存量状态贡献占比（除 2014 年）均大于 50%；林业绿色经济产出效率评价排名虽然在 2013 年居中游，但 2014—2016 年居前列。综合评价结果，广东省 2013 年排名第 9 名，2014—2016 年位居第 1 名。

广西壮族自治区林业绿色经济存量状态评价得分排名居前列；林业绿色经济产出效率评价排名 2014 年居前列，2013 年、2015 年、2016 年居中游，但具体得分均在 95 以上。综合评价结果，2013—2016 年广西壮族自治区居前列。

浙江省林业绿色经济存量状态评价排名居中上游，得分逐年递增；林业绿色经济产出效率评价排名 2016 年居第 1 位，2013—2015 年居中游，具体得分均在 95 分以上。综合评价结果，2013—2016 年浙江省位居前列。

福建省林业绿色经济存量状态评价排名居中上游，得分逐年递增；林业绿色经济产出效率评价排名 2013 年居中上游，2014—2016 年居中，得分均在 95 分以上。综合评价结果，2013—2016 年福建省位居前列。

甘肃省林业绿色经济存量状态评价排名居中下游，林业绿色经济产出效率评价排名靠后。综合评价结果，2013—2016 年甘肃省位居后列。

新疆维吾尔自治区林业绿色经济存量状态评价排名居中下游，林业绿色经济产出效率评价排名靠后。综合评价结果，2013—2016 年新疆维吾尔自治区位居后列。

海南省林业绿色经济存量状态评价排名靠后，林业绿色经济产出效率评价排名居中下游。综合评价结果，2013—2016 年海南省位居后列。

从林业绿色经济产出效率评价情况看，排名靠前的主要是林业资源相对丰富和经济发展水平相对较高的省（区、市），其林业绿色经济存量状态评价和林业绿色经济产出效率评价排名均有一定的优势；排名靠后的主要是林业资源体量较小、地域较辽阔且经济发展相对滞后的省（区、市），其林业绿色经济存量状态评价和林业绿色经济产出效率评价排名均有劣势。

7.2 建议

基于评价结果，本书建议林业及相关部门在林业绿色经济建设中，应当加强如下方面的工作：

（1）加强林业基础资源管理，保证绿色生态空间，注重森林可持续经营

按照《国务院关于提请审议国务院机构改革方案的议案》，新一轮国家机构改革，成立国家林业和草原局，加挂国家公园管理局牌子，统筹森林、草原、湿地监督管理。林业部门的主要职责是加强生态系统保护与修复，其中对森林的管理是重中之重，而森林可持续经营则是森林管理的基础和方向。

林业绿色经济评价中，基础资源指标得分较高的省（区、市），如黑龙江、西藏、内蒙古，得益于其加强林业基础资源管理，严守绿色生态空间，注重森林的可持续经营。除森林资源数量占有绝对优势外，天然林和乔木林占比较高，森林生态系统结构相对完善。森林资源存量状态较差的省（区、市），要注重提高森林质量，扩大森林面积和林木蓄积量，改善生态系统结构，提升森林生态功能。

（2）加快林业产业结构升级，加大绿色投资规模，提高绿色林产品供给

林业产业品种丰富，产业链长，既包括木质林产品，也包括非木质林产品，涵盖了森林培育、采伐加工、休闲旅游等的全部三次产业；林业产业也存在着周期长、自然风险高的问题，因此，林业产业既是一个朝阳产业，又是一个弱势产业。

林业绿色经济评价中，林业产业指标得分较高的省（区、市），如广东、广西，得益于产业结构的优化升级，同时加大了绿色投资规模，丰富了绿色林产品的供给。实现经济的绿色发展，要求在优先发展高新产业的同时，加快传统产业绿色转型，包括调整优化林业经济结构，按照“稳定二产、加快一产、做优三产”的发展思路，提高林业一产、三产比重，大力发展林业旅游等服务产业，既提高了林业经济收益，又提升了林业经济发展绿色度。

（3）发展林业提升民生福祉，增加林业绿色就业，推动林业旅游康养与休闲产业

我国有 56%的人口和 84%的贫困县集中在山区，山区是增加就业、脱贫致富的主战

场。山区森林面积占全国的 90%，林地是山区农民最重要的生产资料，林木是山区农民最宝贵的绿色财富，林业是农民最适合的就业门路，以生态和民生为基础，大力发展山区林业经济，有着广阔的空间。

林业绿色经济评价中，民生福祉指标得分较高的省（区、市），如广东、四川、黑龙江，得益于提升民生福祉作为林业工作的出发点和落脚点，通过合理利用丰富的林业资源，广泛吸纳就业，提高林业资源的增收潜力，大力发展林业第三产业，推动林业旅游康养与休闲产业。以广东省为例，该省 2016 年林业旅游收入 1 625.9 亿元，带动其他产业产值 246 亿元，取得了经济和生态收益双赢。

（4）筑牢林业生态安全防线，加强林业生态建设，做好生态保护和灾害防治

生态安全是新时期我国“十大安全”战略的主要组成部分。做好生态保护，推进以国家公园为主体的自然保护地建设，是林业生态系统保护的重要举措。加强灾害防治力度，提高森林火灾受灾控制率和森林有害生物成灾控制率，是林业生态安全保障工作的重要组成部分。

林业绿色经济评价中，生态安全指标得分较高的省（区、市），如西藏、内蒙古、青海，得益于重视林业生态安全防线，不断推进林业生态建设，生态保护和灾害防治措施有力。通过坚持不懈的生态保护与修复，西藏、内蒙古、青海作为“世界屋脊”“塞外明珠”“中华水塔”的地位更加巩固，各自发挥的生态安全效用也更加突出。

（5）发挥林业低碳环保作用，积极应对气候变化，为净化环境做出绿色贡献

森林是可再生自然资源，具有固碳释氧等多种生态功能，被称为地球上最大的储碳库。我国在联合国气候变化大会上多次就林业为气候变化做出的贡献给予肯定并给出承诺，要增加森林面积，提高森林蓄积量。发挥碳汇功能、净化功能，积极应对气候变化、努力改善生态环境，是林业义不容辞的责任和伟大光荣的使命。

林业绿色经济评价中，低碳环保指标得分较高的省（区、市），如内蒙古、黑龙江、云南，得益于发挥林业低碳环保作用，适应和减缓气候变化，净化大气环境。

（6）加强林业绿色投资，提高林业投资效率

从林业绿色经济存量状态评价综合指数看，排名前列的是四川、广东和黑龙江等；从林业绿色经济产出效率评价综合指数看，排名前列的是上海、北京、贵州等；结合存量状态评价和产出效率评价，从林业绿色经济综合评价看，排名前列的是广东、广西和浙江。

这些成就的取得，与这些省（区、市）加强林业投资，提高投资效率密不可分。正如联合国环境规划署所指出的：对森林等部门进行投资，从长远来看，在生态保护的同时，可以收到比常规投资更高的收益，提供更多的就业机会，提高农村贫困人口的收入，

推动全球向绿色经济转型。

7.3 研究展望

①由于存在数据可获得性等困难，本书选用的核心评价指标并未涵盖林业绿色经济所涉及的全部内容。若未来数据可获得性增强，可以补充增加核心指标，更为全面地评价各级林业绿色经济发展水平。

②林业绿色经济评价选择了2013—2016年作为评价期，虽然在一定程度上可以展示林业绿色经济的发展程度和变动情况，但时间的跨度还不够长。未来可在更长周期下开展评价分析，更加完整地反映林业绿色经济的整体情况和变动规律。

③林业绿色经济评价虽然尽量利用年度指标，但是全国森林资源清查是5年一次，因此一些基础资源指标更新不够及时，希望将来随着森林清查技术的提高，能够获取年度森林资源数据。

④林业绿色经济评价在指标评价方法和指标的赋权方面，还有很大的探索空间，未来可以采用不同的方法开展比较研究，精益求精。

⑤为了促进林业绿色经济的长远发展，促使各省（区、市）持续重视林业生态建设，有必要对各省（区、市）林业绿色经济发展进行动态跟踪评价，并发布年度评价结果。

参考文献

[1] Opschoor H. The green economy：Environment，sustainable development and the politics of the future：Michael Jacobs Pluto Press，Concord，MA，1991/Westview Press，Boulder CO，1993. 253 pp. extensive notes，bibliography，index. $49.95（hc）/18.95（pb）[J]. Ecological Economics，1995，12（3）：256.

[2] Renner M，Sweeney S，Kubit J. Green Jobs：Towards Decent Work in a Sustainable，Low-Carbon World[R]. UNEP Environmental Policy Collection，2008.

[3] UNEP. Global Green New Deal：a Policy Brief[R]. Mar. 2008，Nairobi.

[4] OECD. Interim Report of the Green Growth Strategy：Implementing Our Commitment for a Sustainable Future，Report for Meeting of the OECD Council at Ministerial Level，27 - 28 May. 2010，Paris.

[5] 亚洲科学院协会. 通向可持续发展的亚洲：绿色、转型与创新[M]. 北京：科学出版社，2011：33-35.

[6] UNEP. Green Economy：Developing Countries Success Stories，2010，Nairobi.

[7] Sheng F，Flomenhoft G，Downs T J，et al. Is the concept of a green economy a useful way of framing policy discussions and policymaking to promote sustainable development?[C]//Natural Resources Forum. Blackwell Publishing Ltd，2011：63-72.

[8] ESCAP. Conceptual Framework for Green[EB/OL]. 2011. http://www.unescap.org/our-work/environment-development/green-growth-green-economy.

[9] UNEP，FAO，UNDP，et al. Green economy in a blue world：synthesis report[J]. Theriogenology，2012，78（6）：1312-1320.

[10] UNEP Official Website – Inclusive Green Economy[EB/OL]. http://www.unep.org/greeneconomy/what-inclusive-green-economy [2017-05-28].

[11] UNEP. An inclusive green economy：a summary for leaders [EB/OL]. http://www.unep.org/greeneconomy/sites/unep.org.greeneconomy/files/publications/ige_narrative_summary_web.pdf [2017-05-28].

[12] 中华人民共和国环境保护部. 绿色发展[M]. 北京：五洲传播出版社，2012：2-5.

[13] 中华人民共和国国家发展和改革委员会. 中华人民共和国国民经济和社会发展第十二个五年规划

纲要[M]. 北京：人民出版社，2011：1-9.

[14] Barbier，Edward. The policy challenges for green economy and sustainable economic development[C]// Natural Resources Forum. Blackwell Publishing Ltd，2011：233-245.

[15] José Antonio Ocampo. “The Macroeconomics of the Green Economy”，The Transition to a Green Economy：Benefits，Challenges and Risks from a Sustainable Development Perspective，Report to Second Preparatory Committee Meeting for United Nations Conference on Sustainable Development，2011：16-38.

[16] Datt G，Hoogeveen H. El Niño or El Peso? Crisis，Poverty and Income Distribution in the Philippiness[J]. World Development，2003，31（7）：1103-1124.

[17] Hoogeveen H，Verkooijen P. Transforming Global Forest Governance[J]. Review of Policy Research，2011，28（5）：501-508.

[18] 联合国开发计划署. 2011 年人类发展报告，可持续性与平等：共享美好未来[R].

[19] 胡鞍钢. 中国创新绿色发展[M]. 北京：中国人民大学出版社，2012：7-9.

[20] 刘珉，王刚，陈文汇，等. 林业与绿色经济[M]. 北京：中国林业出版社，2018：152-159.

[21] 刘纯彬，张晨. 资源型城市绿色转型内涵的理论探讨[J]. 中国人口·资源与环境，2009，19（5）：6-10.

[22] 张叶，张国云. 绿色经济[M]. 北京：中国林业出版社，2010：9-10.

[23] 张春霞. 绿色经济发展研究[M]. 北京：中国林业出版社，2002：16-19.

[24] 杨朝飞，里杰兰德. 中国绿色经济发展机制和政策创新研究[M]. 北京：中国环境科学出版社，2012：15-18.

[25] 张莹，刘波. 我国发展绿色经济的对策选择[J]. 开放导报，2011（5）：73-75.

[26] 曹东，赵学涛，杨威杉. 中国绿色经济发展和机制政策创新研究[J]. 中国人口·资源与环境，2012（5）：48-54.

[27] 王琳，唐瑞. 绿色经济约束下的企业经济责任审计探析[J]. 商业会计，2012（2）：39-40.

[28] 陈琪，金康伟. 新农村建设中发展绿色经济的动力源探究[J]. 生态经济，2007（8）：67-70.

[29] 孙伟，周磊. “十二五”时期我国发展绿色经济的对策思考[J]. 湖北社会科学，2012（8）：81-84.

[30] 中国环境与发展国际合作委员会. 绿色转型·科学发展的战略思考：中国环境与发展国际合作委员会 2007—2009 政策研究成果 [M]. 北京：中国环境科学出版社，2010：44-50.

[31] 中国环境与发展国际合作委员会. 2011 年度政策报告：中国经济发展方式的绿色转型[M]. 北京：中国环境科学出版社，2012：62-63.

[32] 杨龙，胡晓珍. 基于 DEA 的中国绿色经济效率地区差异与收敛分析[J]. 经济学家，2010（2）：46-52.

[33] 陈诗一. 能源消耗、二氧化碳排放与中国工业的可持续发展[J]. 经济研究，2009（4）：41-55.

[34] 钱争鸣，刘晓晨．中国绿色经济效率的区域差异与影响因素分析[J]．中国人口·资源与环境，2013（7）：104-109.

[35] 钟茂初，李梦洁，杜威剑．环境规制能否倒逼产业结构调整——基于中国省际面板数据的实证检验[J]．中国人口·资源与环境，2015（8）：107-115.

[36] 张英浩，陈江龙，程钰．环境规制对中国区域绿色经济效率的影响机理研究——基于超效率模型和空间面板计量模型实证分析[J]．长江流域资源与环境，2018（11）：2407-2418.

[37] 李晓阳，赵宏磊，王思读．产业转移对中国绿色经济效率的机遇和挑战——基于人力资本的门槛回归[J]．产业经济，2018（9）：71-89.

[38] 叶仁道，张勇．我国产业结构调整与绿色经济效率的实证分析——以“一带一路”战略经济区 16 个省份为例[J]．生产力研究，2017（7）：60-69.

[39] 林伯强，谭睿鹏．中国经济集聚与绿色经济效率[J]．经济研究，2019（2）：119-132.

[40] 涂正革．环境、资源与工业增长的协调性[J]．经济研究，2008（2）：93-105.

[41] 林伯强，刘泓汛．对外贸易是否有利于提高能源环境效率——以中国工业行业为例[J]．经济研究，2015（9）：127-141.

[42] 季铸．中国 300 个省市绿色经济与绿色 GDP 指数：绿色发展是中国未来的唯一选择[J]．中国对外贸易，2012（2）：24-33.

[43] 李晓西，刘一萌，宋涛．人类绿色发展指数的测算[J]．中国社会科学，2014（6）：70-96，208-209.

[44] 李晓西．绿色经济与绿色发展测度[J]．全球化，2016，57（4）：111-112.

[45] 新华社．我国首次发布绿色发展指数评价各地发展质量[EB/OL]．http://www.stats.gov.cn/tjsj/sjjd/201712/t20171226 1567038.html[2017-12-26].

[46] 高瑞馨．林口林业局可持续发展综合评价指标体系研究[D]．哈尔滨：东北林业大学，2004.

[47] 陶少军．福建省林业可持续发展评价指标体系研究[D]．福州：福建农林大学，2007.

[48] 谢明华．江西林业可持续发展评价指标体系研究[D]．南昌：江西农业大学，2011.

[49] 侯黎明．武威市林业可持续发展指标体系研究[D]．北京：北京林业大学，2012.

[50] 于波涛．林业产业循环经济的评价指标体系[J]．学术交流，2007（5）：131-134.

[51] 徐寅杰．林业产业循环经济指标体系的构建与量化[J]．再生资源与循环经济，2010，3（12）：14-17.

[52] 刘华．关于加强林业统计工作与低碳经济指标的思考[J]．中国管理信息化，2011，14（1）：43-44.

[53] Freeman AM，Gaveman RH，Kneese AV. The Economics of environmental policy[M]. New York：John Wiley and Sons，Inc. 1973.

[54] Schaltegger S，Sturm A . Ökologische Rationalität（German/in English：Environmental rationality）[J]. Die Unternehmung，1990，4（4）：117-131.

[55] OECD. Eco-efficiency，OECD，Pairs. 1998.

[56] Tyteca D . On the Measurement of the Environmental Performance of Firms—A Literature Review and a Productive Efficiency Perspective[J]. Journal of Environmental Management，1996，46（3）：281-308.

[57] Reinhard S，Lovell C A K，Thijssen G J. Environmental efficiency with multiple environmentally detrimental variables；estimated with SFA and DEA[J]. European Journal of Operational Research，2000，121（2）：287-303.

[58] Kortelainen M. Dynamic environmental performance analysis：A Malmquist index approach[J]. Ecological Economics，2008，64（4）：701-715.

[59] 吴翔．中国绿色经济效率与绿色全要素生产率分析[D]．武汉：华中科技大学，2014.

[60] 洪功翔．政治经济学[M]．合肥：中国科学技术大学出版社，2012：342.

[61] 刘珉，陈文汇，刘智慧．林业绿色经济评价研究指标框架与试算[J]．林业经济，2016（2）.

[62]《中国森林生态服务功能评估》项目组．中国森林生态服务功能评估[M]．北京：中国林业出版社，2010.

[63] 国家林业和草原局．2018 年全国林业信息化率评测工作实施方案[Z].

[64] Cooper W. Elevated tongue-flicking rate to cricket surface chemicals by the arthropodivorous rough green snake Opheodrys aestivus[J]. Amphibia Reptilia，2007，28（3）：413-417.

[65] Kaoru Tone. A slacks-based measure of efficiency in data envelopment analysis[J]. European Journal of Operational Research，2001，130（3）：498-509.

[66] Andersen Per，Petersen Niels Christian. A Procedure for Ranking Efficient Units in Data Envelopment Analysis[J]. Management Science，1993，39（10）：1261-1264.

附表（基础数据）

附表 1　2013 年最终指标体系数据（一）[1)]

序号	省（区、市）	森林覆盖率/%	森林蓄积量/万 m^3	林地保有量/万 hm^2	湿地保有量/万 hm^2	单位面积森林蓄积量/（m^3/hm^2）	天然林占比/%	乔木林占比/%	林业总产值/亿元	林业增加值占地区生产总值比重/%	林业一产、三产占比/%
1	北京	35.84	1 425.33	101.35	4.81	24.24	36.69	12.07	180.51	0.55	99.39
2	天津	9.87	374.03	15.62	29.56	33.52	5.38	6.47	18.62	0.08	97.31
3	河北	23.41	10 774.95	718.08	94.19	24.53	39.59	9.07	1 230.50	2.60	55.12
4	山西	18.03	9 739.12	765.55	15.19	34.49	45.87	11.14	345.87	1.64	82.70
5	内蒙古	21.03	134 530.48	4 398.89	601.06	54.07	56.32	12.96	280.15	0.99	72.81
6	辽宁	38.24	25 046.29	699.89	139.48	44.94	37.70	22.32	1 737.58	3.83	67.65
7	吉林	40.38	92 257.37	856.19	99.76	120.78	78.87	26.30	1 350.99	6.21	38.79

1）全国森林资源清查是 5 年一次，因此一些基础资源指标更新不够及时。为了体现森林蓄积量、林地保有量、湿地保有量三项指标年际差异，本书以第七次全国森林资源清查数据为 2009 年数据基础，以第八次全国森林资源清查数据为 2013 年数据，假设各省（区、市）森林蓄积量、林地保有量、湿地保有量年均增长率不变，外推估算 2014—2016 年各省（区、市）森林蓄积量、林地保有量、湿地保有量数据。

序号	省（区、市）	森林覆盖率/%	森林蓄积量/万 m^3	林地保有量/万 hm^2	湿地保有量/万 hm^2	单位面积森林蓄积量/（m^3/hm^2）	天然林占比/%	乔木林占比/%	林业总产值/亿元	林业增加值占地区生产总值比重/%	林业一产、三产占比/%
8	黑龙江	43.16	164 487.01	2 207.40	514.33	83.83	87.44	41.31	1 281.38	5.32	55.02
9	上海	10.74	186.35	7.73	46.46	27.36	0.00	37.54	370.98	1.02	13.76
10	江苏	15.80	6 470.00	178.70	282.28	39.91	3.26	47.99	3 608.60	3.62	34.96
11	浙江	59.07	21 679.75	660.74	111.01	36.05	57.01	12.55	3 379.29	5.37	32.23
12	安徽	27.53	18 074.85	443.18	104.18	47.51	40.80	8.55	2 059.54	6.43	44.75
13	福建	65.95	60 796.15	926.82	87.10	75.87	52.86	32.30	3 609.53	9.90	21.15
14	江西	60.01	40 840.62	1 069.66	91.01	40.77	66.20	39.65	2 025.02	8.43	59.76
15	山东	16.73	8 919.79	331.26	173.75	35.03	3.96	25.71	5 573.92	6.06	41.21
16	河南	21.50	17 094.56	504.98	62.79	47.61	36.75	22.46	1 263.49	2.35	59.55
17	湖北	38.40	28 652.97	849.85	144.50	40.14	63.60	1.67	1 431.51	3.46	59.62
18	湖南	47.77	33 099.27	1 252.78	101.97	32.71	47.06	35.68	2 380.00	5.80	60.65
19	广东	51.26	35 682.71	1 076.44	175.34	39.38	35.95	34.31	5 595.39	5.37	30.97
20	广西	56.51	50 936.80	1 527.17	75.43	37.94	35.89	33.65	3 020.12	12.54	42.25
21	海南	55.38	8 903.83	214.49	32.00	47.42	27.46	29.45	425.23	8.03	61.14
22	重庆	38.43	14 651.76	406.28	20.72	46.30	48.60	29.05	449.44	2.11	73.97
23	四川	35.22	168 000.04	2 328.26	174.78	98.61	52.32	9.69	2 030.23	4.62	65.15
24	贵州	37.09	30 076.43	861.22	20.97	46.03	45.77	7.33	503.46	3.74	83.23
25	云南	50.03	169 309.19	2 501.04	56.35	88.45	69.79	3.24	1 170.43	5.94	72.31
26	西藏	11.98	226 207.05	1 783.64	652.90	153.72	57.37	1.92	21.94	1.61	94.27
27	陕西	41.42	39 592.52	1 228.47	30.85	46.40	62.37	10.36	712.56	2.64	87.01
28	甘肃	11.28	21 453.97	1 042.65	169.39	42.28	33.29	39.46	282.49	2.68	94.98
29	青海	5.63	4 331.21	808.04	814.36	10.66	8.38	3.24	35.62	1.01	99.95
30	宁夏	11.89	660.33	180.10	20.72	10.68	9.26	1.92	116.21	2.71	78.10
31	新疆	4.24	33 654.09	1 099.71	394.82	48.20	20.36	10.36	706.66	5.02	88.79

附表 2　2013 年最终指标体系数据（二）

序号	省（区、市）	林产品产值/亿元	林业旅游收入/万元	林业旅游带动其他产业产值/万元	林业投资/万元	林业就业人数/人	林业在岗职工平均收入/元	林业旅游康养人次/万人次	森林公园数量/处	新增造林面积/hm^2	林业自然保护地面积占国土面积比重/%
1	北京	53.94	129 978.00	28 856.00	2 071 603.00	10 698	84 311.00	14 306.70	31	45 813.00	7.81
2	天津	9.80	11 022.00	6 613.00	112 535.00	817	53 461.00	215.67	1	5 792.00	5.12
3	河北	1 047.43	429 939.00	256 786.00	676 512.00	24 334	30 435.00	2 438.56	93	318 737.00	3.36
4	山西	241.60	71 575.00	80 771.00	1 101 015.00	24 595	33 275.00	827.00	111	298 796.00	7.04
5	内蒙古	127.12	142 372.00	57 577.00	1 500 005.00	101 829	35 705.00	591.14	53	805 156.00	8.94
6	辽宁	1 124.88	1 677 367.00	897 293.00	1 363 756.00	22 407	30 140.00	4 686.80	70	237 457.00	7.87
7	吉林	1 038.42	697 417.00	233 274.00	606 084.00	108 758	28 272.00	1 411.64	56	112 446.00	13.22
8	黑龙江	850.78	649 797.00	512 344.00	1 246 000.00	296 674	20 680.00	1 214.01	41	124 122.00	12.15
9	上海	346.95	7 609.00	443.00	102 636.00	1 898	89 844.00	373.93	5	862.00	3.81
10	江苏	2 797.39	2 108 462.00	1 345 698.00	1 255 738.00	14 238	30 873.00	8 728.97	64	65 258.00	3.60
11	浙江	2 895.05	2 869 019.00	2 827 935.00	923 541.00	11 221	64 166.00	15 422.07	195	42 362.00	0.98
12	安徽	1 488.11	2 044 411.00	3 697 052.00	983 084.00	22 149	28 649.00	5 988.55	70	172 086.00	2.99
13	福建	3 242.40	736 820.00	2 989 577.00	2 384 170.00	22 485	45 913.00	3 362.74	178	100 185.00	4.28
14	江西	1 230.86	3 211 502.00	15 267 450.00	820 201.00	56 023	26 452.00	5 437.69	169	153 368.00	7.11
15	山东	4 714.94	1 965 039.00	3 488 494.00	2 700 406.00	23 835	34 755.00	8 982.83	242	220 473.00	5.83
16	河南	886.58	760 677.00	614 977.00	1 019 382.00	30 178	22 986.00	7 073.85	160	253 914.00	3.03

序号	省（区、市）	林产品产值/亿元	林业旅游收入/万元	林业旅游带动其他产业产值/万元	林业投资/万元	林业就业人数/人	林业在岗职工平均收入/元	林业旅游康养人次/万人次	森林公园数量/处	新增造林面积/hm^2	林业自然保护地面积占国土面积比重/%
17	湖北	1 040.26	1 455 708.00	5 078 387.00	674 917.00	27 491	25 196.00	4 247.28	89	246 858.00	5.10
18	湖南	1 374.28	4 167 491.00	13 652 938.00	1 603 967.00	48 622	28 461.00	8 185.66	119	349 772.00	6.55
19	广东	4 258.45	8 913 807.00	1 709 155.00	983 675.00	30 386	42 278.00	13 599.16	460	139 058.00	7.01
20	广西	2 184.69	1 788 744.00	1 491 248.00	8 283 917.00	39 880	29 276.00	8 166.48	54	149 875.00	5.57
21	海南	352.52	144 860.00	298 158.00	153 080.00	6 441	34 619.00	852.26	27	12 829.00	6.87
22	重庆	269.53	736 991.00	232 417.00	474 109.00	8 103	42 363.00	8 054.27	83	227 883.00	8.23
23	四川	1 200.06	4 814 383.00	5 979 293.00	1 901 917.00	45 604	38 237.00	23 373.38	121	126 191.00	15.00
24	贵州	224.13	1 632 369.00	1 796 583.00	390 000.00	18 836	24 010.00	5 935.68	74	340 000.00	5.12
25	云南	914.66	412 130.00	213 225.00	854 863.00	34 056	38 098.00	2 787.93	41	524 334.00	6.70
26	西藏	7.46	8 087.00	2 680.00	166 755.00	4 484	43 766.00	23.50	9	69 629.00	33.61
27	陕西	587.57	318 589.00	291 137.00	1 012 633.00	36 832	37 873.00	1 753.81	86	343 981.00	5.22
28	甘肃	227.22	53 247.00	190 397.00	784 173.00	39 755	35 228.00	725.69	93	174 470.00	19.33
29	青海	12.99	3 254.00	3 552.00	268 967.00	9 158	38 858.00	31.35	17	152 755.00	29.88
30	宁夏	90.64	106 997.00	228 498.00	186 810.00	8 938	40 753.00	649.86	11	101 145.00	9.15
31	新疆	591.23	327 317.00	358 850.00	695 760.00	22 619	39 592.00	1 090.78	61	164 450.00	5.51

附表 3 2013 年最终指标体系数据（三）[1]

序号	省（区、市）	防护林占比/%	森林火灾受灾控制率/%	森林有害生物成灾控制率/%	森林年固碳量/万 t	森林年释氧量/万 t	森林滞尘量/万 t	森林提供负氧离子量/10^{25} 个	森林吸收二氧化硫量/t	森林吸收氮氧化物量/t
1	北京	75.23	0.00	100.00	192.70	499.36	1 582.91	0.56	136 161.85	7 417.46
2	天津	77.89	0.00	100.00	24.26	99.58	245.04	0.11	20 706.21	1 266.01
3	河北	43.14	92.65	81.76	1 076.91	3 023.00	8 020.27	3.81	571 830.81	37 218.39
4	山西	72.87	80.33	53.69	575.38	1 457.53	6 498.25	2.43	499 123.67	25 739.45
5	内蒙古	61.87	65.25	49.39	4 115.06	10 308.66	78 903.86	19.02	5 152 391.64	164 157.33
6	辽宁	43.62	78.32	89.47	1 233.40	3 880.06	9 482.05	4.80	743 368.06	35 751.31
7	吉林	48.78	88.89	78.07	1 271.20	4 777.83	20 294.54	7.95	469 403.93	98 972.17
8	黑龙江	62.27	89.62	79.58	4 357.00	13 991.30	48 202.96	20.05	2 061 931.75	172 621.05
9	上海	36.93	100.00	97.71	14.84	63.96	148.97	0.07	11 242.66	554.34
10	江苏	20.04	73.08	85.85	164.33	1 245.06	2 374.97	1.26	175 486.06	10 031.80
11	浙江	33.83	49.96	95.10	1 170.34	3 517.38	19 530.62	6.50	1 471 408.02	46 507.05
12	安徽	24.17	49.68	77.86	643.80	2 462.82	13 002.33	4.18	582 139.07	27 627.88
13	福建	17.32	38.26	92.49	937.82	5 117.85	23 822.52	8.49	1 515 206.00	50 865.71
14	江西	32.26	63.17	65.85	2 006.67	6 716.16	21 754.83	9.05	1 500 050.79	55 216.55

1）本书根据《中国森林生态服务功能评估》中各指标数值（见附表 17）与第七次全国森林资源清查中各省（区、市）森林蓄积量的比值，得到各省（区、市）单位森林蓄积量森林年固碳量、单位森林蓄积量森林年释氧量、单位森林蓄积量森林滞尘量、单位森林蓄积量森林提供负氧离子量、单位森林蓄积量森林吸收二氧化硫量、单位森林蓄积量森林吸收氮氧化物量系数；再将相应省（区、市）各年度森林蓄积量与这些系数相乘获得各省（区、市）各年度森林固碳量、森林释氧量、森林滞尘量、森林提供负氧离子量、森林吸收二氧化硫量、森林吸收氮氧化物量指标数据。

序号	省（区、市）	防护林占比/%	森林火灾受灾控制率/%	森林有害生物成灾控制率/%	森林年固碳量/万t	森林年释氧量/万t	森林滞尘量/万t	森林提供负氧离子量/10^{25}个	森林吸收二氧化硫量/t	森林吸收氮氧化物量/t
15	山东	42.59	21.58	95.72	578.77	2 336.91	4 848.06	1.96	326 670.34	18 047.77
16	河南	32.70	79.69	84.37	572.69	2 785.10	6 419.25	3.50	501 708.13	27 013.28
17	湖北	30.49	79.00	63.08	1 120.40	4 665.61	18 243.92	7.44	1 126 973.12	56 406.80
18	湖南	41.12	43.73	84.26	176.51	4 855.18	21 628.75	7.62	1 484 984.38	55 696.00
19	广东	20.97	65.45	33.14	2 090.52	9 316.69	42 101.96	7.97	1 274 248.20	103 148.40
20	广西	9.30	78.83	18.61	3 581.63	11 489.73	46 448.10	9.26	1 713 743.28	154 676.13
21	海南	42.68	30.12	19.77	259.03	1 153.15	2 328.09	1.21	196 602.20	13 226.07
22	重庆	59.72	66.27	53.97	735.86	2 401.68	8 801.39	2.70	422 434.24	23 004.16
23	四川	35.62	69.67	41.51	3 197.29	11 244.27	41 127.97	16.31	2 935 907.60	124 265.75
24	贵州	50.09	76.12	78.33	1 127.00	3 655.18	14 731.69	5.14	1 012 528.06	41 631.90
25	云南	26.22	79.36	91.69	4 370.08	14 537.13	39 392.53	15.15	2 842 208.33	126 684.67
26	西藏	71.03	100.00	84.94	2 306.30	5 708.33	29 559.72	9.96	2 047 794.91	73 555.53
27	陕西	69.27	63.08	70.75	1 115.82	3 504.01	13 315.96	7.19	1 042 685.61	54 286.07
28	甘肃	91.36	71.88	64.20	726.94	1 905.33	8 173.72	3.22	610 455.01	37 859.32
29	青海	83.97	43.97	30.44	340.20	698.09	4 684.13	0.74	407 701.12	24 007.91
30	宁夏	82.03	97.72	52.96	65.36	151.13	969.82	0.24	76 240.25	4 122.27
31	新疆	93.33	80.00	38.62	590.33	1 588.93	10 424.42	3.02	818 757.46	44 570.19

附表 4　2014 年最终指标体系数据（一）

序号	省（区、市）	森林覆盖率/%	森林蓄积量/万 m^3	林地保有量/万 hm^2	湿地保有量/万 hm^2	单位面积森林蓄积量/（m^3/hm^2）	天然林占比/%	乔木林占比/%	林业总产值/亿元	林业增加值占地区生产总值比重/%	林业一产、三产占比/%
1	北京	35.84	1 542.71	101.32	5.23	24.24	36.69	12.07	192.36	0.54	97.70
2	天津	9.87	438.01	15.99	33.86	33.52	5.38	6.47	23.28	0.09	97.77
3	河北	23.41	11 475.85	721.29	90.98	24.53	39.59	9.07	1 412.71	2.88	53.12
4	山西	18.03	10 347.23	768.32	11.28	34.49	45.87	11.14	401.60	1.89	84.36
5	内蒙古	21.03	139 095.42	4 399.88	655.66	54.07	56.32	12.96	383.63	1.30	69.88
6	辽宁	38.24	26 420.87	708.55	144.24	44.94	37.70	22.32	1 833.92	3.84	67.41
7	吉林	40.38	94 330.02	858.07	95.19	120.78	78.87	26.30	1 451.00	6.31	38.58
8	黑龙江	43.16	167 736.92	2 213.25	537.42	83.83	87.44	41.31	1 381.12	5.51	54.91
9	上海	10.74	217.21	7.80	51.01	27.36	0.00	37.54	368.06	0.94	13.49
10	江苏	15.80	7 543.26	194.00	321.64	39.91	3.26	47.99	3 897.66	3.59	36.71
11	浙江	59.07	22 963.59	658.94	120.40	36.05	57.01	12.55	3 555.58	5.31	34.30
12	安徽	27.53	19 351.96	444.13	117.05	47.51	40.80	8.55	2 510.82	7.23	46.78
13	福建	65.95	64 350.57	929.85	103.14	75.87	52.86	32.30	3 971.31	9.91	21.42
14	江西	60.01	41 175.10	1 073.38	88.92	40.77	66.20	39.65	2 654.59	10.14	51.30
15	山东	16.73	9 715.07	328.60	172.60	35.03	3.96	25.71	6 093.64	6.15	43.83

序号	省（区、市）	森林覆盖率/%	森林蓄积量/万 m^3	林地保有量/万 hm^2	湿地保有量/万 hm^2	单位面积森林蓄积量/（m^3/hm^2）	天然林占比/%	乔木林占比/%	林业总产值/亿元	林业增加值占地区生产总值比重/%	林业一产、三产占比/%
16	河南	21.50	18 328.27	505.72	62.88	47.61	36.75	22.46	1 490.84	2.56	58.13
17	湖北	38.40	30 988.82	856.96	161.45	40.14	63.60	1.67	1 736.99	3.81	59.22
18	湖南	47.77	32 662.24	1 257.47	97.36	32.71	47.06	35.68	2 799.11	6.21	62.60
19	广东	51.26	37 207.49	1 077.28	185.55	39.38	35.95	34.31	6 500.34	5.75	31.25
20	广西	56.51	52 006.05	1 534.95	78.11	37.94	35.89	33.65	3 849.97	14.74	42.22
21	海南	55.38	9 365.36	215.95	32.22	47.42	27.46	29.45	442.03	7.58	69.02
22	重庆	38.43	15 623.81	407.82	30.66	46.30	48.60	29.05	521.91	2.20	73.27
23	四川	35.22	170 175.61	2 332.43	202.94	98.61	52.32	9.69	2 335.78	4.91	66.11
24	贵州	37.09	31 819.55	866.29	26.73	46.03	45.77	7.33	610.04	3.95	85.03
25	云南	50.03	172 982.36	2 507.31	70.10	88.45	69.79	3.24	1 329.64	6.23	72.39
26	西藏	11.98	226 622.99	1 793.01	690.07	153.72	57.37	1.92	23.95	1.56	99.50
27	陕西	41.42	41 183.31	1 234.20	31.25	46.40	62.37	10.36	840.16	2.85	88.20
28	甘肃	11.28	22 010.85	1 065.67	182.47	42.28	33.29	39.46	339.32	2.98	95.58
29	青海	5.63	4 441.82	853.56	965.25	10.66	8.38	3.24	42.95	1.12	99.88
30	宁夏	11.89	710.69	180.37	19.66	10.68	9.26	1.92	135.91	2.96	77.37
31	新疆	4.24	34 606.19	1 108.15	510.72	48.20	20.36	10.36	798.13	5.16	91.99

附表 5　2014 年最终指标体系数据（二）

序号	省（区、市）	林产品产值/亿元	林业旅游收入/万元	林业旅游带动其他产业产值/万元	林业投资/万元	林业就业人数/人	林业在岗职工平均收入/元	林业旅游康养人次/万人次	森林公园数量/处	新增造林面积/hm^2	林业自然保护地面积占国土面积比重/%
1	北京	53.79	264 328.00	140 501.00	2 353 682.00	11 257	84 708.00	22 800.09	31	22 937.00	7.81
2	天津	11.76	12 642.00	7 261.00	203 034.00	751	58 708.00	239.50	1	7 061.00	4.68
3	河北	1 222.32	485 004.00	248 801.00	897 626.00	23 273	34 790.00	2 680.90	101	340 042.00	3.33
4	山西	293.05	69 523.00	129 122.00	1 465 912.00	23 729	36 428.00	1 072.28	127	303 501.00	7.00
5	内蒙古	172.55	218 187.00	76 355.00	1 513 615.00	103 204	39 380.00	887.60	54	559 247.00	8.89
6	辽宁	1 260.92	1 922 567.00	1 629 614.00	1 227 495.00	21 859	30 736.00	7 607.96	70	226 471.00	7.56
7	吉林	1 054.61	746 320.00	321 107.00	678 177.00	110 182	31 309.00	1 441.44	56	108 523.00	13.87
8	黑龙江	775.81	815 167.00	246 071.00	974 013.00	280 190	23 922.00	1 672.38	41	101 079.00	12.22
9	上海	343.00	8 932.00	359.00	147 768.00	1 378	106 095.00	417.76	5	899.00	3.81
10	江苏	2 901.03	2 436 675.00	6 195 944.00	1 493 080.00	17 108	31 921.00	11 781.77	65	59 209.00	2.86
11	浙江	3 003.82	3 508 889.00	3 302 123.00	876 555.00	11 028	68 837.00	17 705.47	199	39 396.00	0.98
12	安徽	1 741.81	2 792 920.00	2 885 587.00	971 859.00	21 362	32 899.00	7 837.82	73	157 745.00	2.89
13	福建	3 526.37	1 161 553.00	1 197 363.00	2 643 740.00	23 849	43 880.00	3 444.21	178	44 346.00	4.60
14	江西	1 724.55	3 781 564.00	2 299 235.00	973 325.00	57 673	33 502.00	6 287.09	175	131 973.00	6.00
15	山东	5 033.80	2 451 427.00	3 995 827.00	3 250 914.00	23 200	41 809.00	11 356.27	251	224 972.00	5.83
16	河南	1 051.83	1 091 364.00	764 499.00	1 102 935.00	30 241	25 636.00	8 683.39	170	260 003.00	3.01

序号	省（区、市）	林产品产值/亿元	林业旅游收入/万元	林业旅游带动其他产业产值/万元	林业投资/万元	林业就业人数/人	林业在岗职工平均收入/元	林业旅游康养人次/万人次	森林公园数量/处	新增造林面积/hm^2	林业自然保护地面积占国土面积比重/%
17	湖北	1 208.51	1 994 451.00	5 308 121.00	940 769.00	28 188	36 838.00	5 313.86	93	243 799.00	5.07
18	湖南	1 493.76	5 294 404.00	15 707 033.00	1 908 333.00	49 519	32 224.00	9 650.16	123	391 942.00	6.77
19	广东	4 923.44	11 122 178.00	11 097 565.00	732 897.00	29 685	47 821.00	20 838.49	532	151 473.00	7.06
20	广西	2 757.90	2 003 383.00	7 104 407.00	10 861 358.00	42 661	32 689.00	6 056.99	56	143 651.00	5.47
21	海南	357.11	193 463.00	756 235.00	136 712.00	8 367	39 050.00	1 077.57	27	8 802.00	6.87
22	重庆	312.24	865 012.00	383 731.00	463 092.00	7 480	47 681.00	8 044.22	87	191 001.00	8.14
23	四川	1 338.94	5 907 100.00	6 823 883.00	2 403 437.00	46 385	42 843.00	24 851.50	123	98 226.00	15.17
24	贵州	248.27	2 547 201.00	2 360 694.00	402 000.00	25 861	24 719.00	7 746.77	78	320 000.00	5.18
25	云南	1 044.23	502 550.00	381 187.00	904 811.00	40 666	41 285.00	3 314.60	41	400 355.00	6.71
26	西藏	8.36	21 280.00	9 800.00	188 309.00	2 311	54 328.00	28.50	9	82 668.00	33.61
27	陕西	689.11	423 904.00	377 879.00	1 091 744.00	37 367	40 136.00	2 885.33	87	335 362.00	6.28
28	甘肃	274.26	63 191.00	207 816.00	837 211.00	40 345	38 422.00	823.45	94	214 025.00	19.33
29	青海	34.87	3 923.00	4 362.00	281 662.00	9 869	39 810.00	34.48	18	132 044.00	29.97
30	宁夏	104.38	162 297.00	269 671.00	164 160.00	9 403	38 586.00	785.35	11	84 191.00	8.28
31	新疆	705.47	206 499.00	283 260.00	730 509.00	22 240	41 235.00	792.94	61	151 336.00	5.60

附表 6　2014 年最终指标体系数据（三）

序号	省（区、市）	防护林占比/%	森林火灾受灾控制率/%	森林有害生物成灾控制率/%	森林年固碳量/万 t	森林年释氧量/万 t	森林滞尘量/万 t	森林提供负氧离子量/10^{25} 个	森林吸收二氧化硫量/t	森林吸收氮氧化物量/t
1	北京	75.23	0.00	100 00	208.57	540.48	1 713.26	0.61	147 375.16	8 028.31
2	天津	77.89	0.00	99.99	28.41	116.61	286.95	0.13	24 247.89	1 482.56
3	河北	43.14	85.87	83.89	1 146.96	3 219.65	8 541.98	4.06	609 027.76	39 639.40
4	山西	72.87	78.29	46.38	611.30	1 548.54	6 904.00	2.59	530 289.00	27 346.62
5	内蒙古	61.87	42.42	42.89	4 254.69	10 658.45	81 581.26	19.66	5 327 224.58	169 727.58
6	辽宁	43.62	63.83	77.92	1 301.09	4 093.00	10 002.44	5.07	784 165.41	37 713.41
7	吉林	48.78	61.19	59.60	1 299.75	4 885.17	20 750.48	8.12	479 949.53	101 195.67
8	黑龙江	62.27	52.82	89.53	4 443.09	14 267.74	49 155.35	20.45	2 102 671.09	176 031.68
9	上海	36.93	100.00	98.90	17.30	74.56	173.64	0.09	13 104.63	646.15
10	江苏	20.04	88.89	94 35	191.59	1 451.59	2 768.93	1.46	204 596.13	11 695.90
11	浙江	33.83	55.06	92.29	1 239.65	3 725.68	20 687.19	6.88	1 558 542.33	49 261.12
12	安徽	24.17	64.62	81.39	689.29	2 636.84	13 921.04	4.47	623 271.17	29 579.97
13	福建	17.32	30.35	93.25	992.65	5 417.06	25 215.30	8.98	1 603 791.86	53 839.55
14	江西	32.26	56.56	66.87	2 023.11	6 771.16	21 933.00	9.12	1 512 336.14	55 668.77
15	山东	42.59	41.18	98.30	630.37	2 545.27	5 280.31	2.13	355 796.13	19 656.90
16	河南	32.70	65.74	83.97	614.03	2 986.09	6 882.53	3.75	537 916.18	28 962.81

序号	省（区、市）	防护林占比/%	森林火灾受灾控制率/%	森林有害生物成灾控制率/%	森林年固碳量/万 t	森林年释氧量/万 t	森林滞尘量/万 t	森林提供负氧离子量/10^{25} 个	森林吸收二氧化硫量/t	森林吸收氮氧化物量/t
17	湖北	30.49	84.87	59.63	1 211.73	5 045.96	19 731.20	8.05	1 218 846.15	61 005.20
18	湖南	41.12	48.10	94.00	174.18	4 791.07	21 343.17	7.52	1 465 377.05	54 960.60
19	广东	20.97	60.66	37.26	2 179.85	9 714.80	43 901.04	8.31	1 328 698.84	107 556.10
20	广西	9.30	80.12	27.74	3 656.82	11 730.92	47 423.12	9.45	1 749 717.53	157 923.03
21	海南	42.68	31.11	37.89	272.45	1 212.93	2 448.77	1.27	206 793.00	13 911.63
22	重庆	59.72	81.25	55.25	784.68	2 561.02	9 385.30	2.88	450 460.13	24 530.35
23	四川	35.62	83.75	70.02	3 238.70	11 389.88	41 660.57	16.52	2 973 927.01	125 874.97
24	贵州	50.09	75.38	87.49	1 192.32	3 867.02	15 585.48	5.43	1 071 210.51	44 044.73
25	云南	26.22	72.39	93.32	4 464.89	14 852.52	40 247.15	15.47	2 903 870.19	129 433.10
26	西藏	71.03	100.00	58.94	2 310.54	5 718.83	29 614.07	9.98	2 051 560.31	73 690.78
27	陕西	69.27	34.69	79.69	1 160.65	3 644.80	13 850.99	7.48	1 084 579.85	56 467.24
28	甘肃	91.36	63.37	56.57	745.81	1 954.78	8 385.88	3.31	626 300.51	38 842.03
29	青海	83.97	22.45	41.18	348.89	715.92	4 803.75	0.76	418 112.86	24 621.01
30	宁夏	82.03	97.98	60.23	70.34	162.66	1 043.78	0.26	82 054.50	4 436.64
31	新疆	93.33	26.27	46.09	607.03	1 633.88	10 719.33	3.10	841 920.64	45 831.11

附表 7 2015 年最终指标体系数据（一）

序号	省（区、市）	森林覆盖率/%	森林蓄积量/万 m^3	林地保有量/万 hm^2	湿地保有量/万 hm^2	单位面积森林蓄积量/（m^3/hm^2）	天然林占比/%	乔木林占比/%	林业总产值/亿元	林业增加值占地区生产总值比重/%	林业一产、三产占比/%
1	北京	35.84	1 669.76	101.30	5.69	24.24	36.69	12.07	142.27	0.37	97.76
2	天津	9.87	512.92	16.37	38.78	33.52	5.38	6.47	24.42	0.09	98.35
3	河北	23.41	12 222.34	724.52	87.88	24.53	39.59	9.07	1 474.56	2.97	54.88
4	山西	18.03	10 993.31	771.09	8.37	34.49	45.87	11.14	452.75	2.13	83.91
5	内蒙古	21.03	143 815.26	4 400.87	715.21	54.07	56.32	12.96	417.79	1.41	71.43
6	辽宁	38.24	27 870.90	717.33	149.16	44.94	37.70	22.32	1 664.59	3.48	69.91
7	吉林	40.38	96 449.23	859.94	90.83	120.78	78.87	26.30	1 550.06	6.61	39.45
8	黑龙江	43.16	171 051.04	2 219.11	561.54	83.83	87.44	41.31	1 438.50	5.72	57.15
9	上海	10.74	253.19	7.87	56.01	27.36	0.00	37.54	391.79	0.94	16.46
10	江苏	15.80	8 794.55	210.62	366.48	39.91	3.26	47.99	4 084.33	3.50	36.09
11	浙江	59.07	24 323.45	657.15	130.59	36.05	57.01	12.55	3 763.46	5.27	38.01
12	安徽	27.53	20 719.31	445.08	131.50	47.51	40.80	8.55	2 831.84	7.72	50.60
13	福建	65.95	68 112.80	932.88	122.13	75.87	52.86	32.30	4 277.34	9.88	21.75
14	江西	60.01	41 512.33	1 077.11	86.88	40.77	66.20	39.65	3 063.02	10.99	52.31
15	山东	16.73	10 581.27	325.96	171.47	35.03	3.96	25.71	6 344.25	6.04	43.47
16	河南	21.50	19 651.01	506.47	62.98	47.61	36.75	22.46	1 658.19	2.69	61.08

序号	省（区、市）	森林覆盖率/%	森林蓄积量/万 m^3	林地保有量/万 hm^2	湿地保有量/万 hm^2	单位面积森林蓄积量/（m^3/hm^2）	天然林占比/%	乔木林占比/%	林业总产值/亿元	林业增加值占地区生产总值比重/%	林业一产、三产占比/%
17	湖北	38.40	33 515.08	864.12	180.38	40.14	63.60	1.67	2 324.14	4.72	61.76
18	湖南	47.77	32 230.97	1 262.17	92.96	32.71	47.06	35.68	3 225.46	6.70	63.72
19	广东	51.26	38 797.42	1 078.13	196.36	39.38	35.95	34.31	7 150.28	5.89	32.48
20	广西	56.51	53 097.74	1 542.77	80.88	37.94	35.89	33.65	4 309.90	15.39	44.27
21	海南	55.38	9 850.81	217.43	32.44	47.42	27.46	29.45	469.16	7.60	69.13
22	重庆	38.43	16 660.36	409.36	45.37	46.30	48.60	29.05	662.19	2.53	69.17
23	四川	35.22	172 379.35	2 336.60	235.63	98.61	52.32	9.69	2 664.35	5.32	67.15
24	贵州	37.09	33 663.70	871.39	34.08	46.03	45.77	7.33	810.27	4.63	86.44
25	云南	50.03	176 735.22	2 513.60	87.20	88.45	69.79	3.24	1 504.49	6.63	73.54
26	西藏	11.98	227 039.69	1 802.44	729.35	153.72	57.37	1.92	26.47	1.55	97.18
27	陕西	41.42	42 838.03	1 239.96	31.66	46.40	62.37	10.36	1 014.40	3.38	88.39
28	甘肃	11.28	22 582.18	1 089.20	196.55	42.28	33.29	39.46	385.71	3.41	95.02
29	青海	5.63	4 555.25	912.23	1 144.09	10.66	8.38	3.24	51.17	1.27	100.00
30	宁夏	11.89	764.89	180.64	18.65	10.68	9.26	1.92	154.43	3.18	76.29
31	新疆	4.24	35 585.22	1 116.66	660.64	48.20	20.36	10.36	948.55	6.10	93.73

附表 8　2015 年最终指标体系数据（二）

序号	省（区、市）	林产品产值/亿元	林业旅游收入/万元	林业旅游带动其他产业产值/万元	林业投资/万元	林业就业人数/人	林业在岗职工平均收入/元	林业旅游康养人次/万人次	森林公园数量/处	新增造林面积/hm^2	林业自然保护地面积占国土面积比重/%
1	北京	51.37	253 154.00	84 707.00	1 591 985.00	9 741	97 720.00	22 686.48	31	20 331.00	7.81
2	天津	14.16	16 311.00	9 331.00	165 355.00	751	73 029.00	284.35	1	8 032.00	4.68
3	河北	1 261.97	628 577.00	529 784.00	942 518.00	22 577	45 095.00	3 839.43	100	366 523.00	3.26
4	山西	334.67	95 874.00	160 986.00	1 312 256.00	23 808	45 949.00	1 249.34	127	285 944.00	6.85
5	内蒙古	197.59	313 431.00	201 446.00	1 604 223.00	98 362	43 042.00	927.33	55	704 054.00	8.86
6	辽宁	1 155.53	1 696 080.00	1 484 471.00	761 304.00	21 506	35 907.00	5 319.01	70	215 277.00	7.56
7	吉林	1 188.49	1 098 566.00	266 652.00	850 582.00	122 901	34 885.00	2 049.01	57	199 851.00	13.87
8	黑龙江	948.26	1 001 929.00	408 461.00	1 280 583.00	268 502	30 383.00	1 840.26	41	134 972.00	13.24
9	上海	361.03	119 769.00	239 899.00	174 443.00	1 366	118 894.00	618.50	5	3 241.00	3.81
10	江苏	3 162.87	2 770 430.00	1 899 514.00	1 253 879.00	16 833	53 676.00	12 220.45	107	45 216.00	2.86
11	浙江	3 027.08	5 440 213.00	4 332 314.00	892 099.00	10 886	84 924.00	26 622.61	199	71 595.00	0.98
12	安徽	1 936.43	3 789 367.00	5 319 366.00	1 034 419.00	20 957	39 543.00	10 222.38	73	236 941.00	2.90
13	福建	3 803.69	1 410 759.00	1 236 801.00	2 552 359.00	23 353	51 379.00	3 596.47	177	253 824.00	4.16
14	江西	2 024.91	4 851 852.00	13 341 835.00	727 465.00	56 310	39 088.00	7 674.66	177	233 694.00	6.63
15	山东	5 296.27	3 023 306.00	5 241 677.00	2 887 127.00	22 643	47 593.00	11 677.94	244	221 207.00	5.75
16	河南	1 137.56	1 359 012.00	945 014.00	1 239 647.00	28 898	28 412.00	9 550.01	171	216 820.00	3.01

序号	省（区、市）	林产品产值/亿元	林业旅游收入/万元	林业旅游带动其他产业产值/万元	林业投资/万元	林业就业人数/人	林业在岗职工平均收入/元	林业旅游康养人次/万人次	森林公园数量/处	新增造林面积/hm^2	林业自然保护地面积占国土面积比重/%
17	湖北	1 482.75	3 570 122.00	7 733 633.00	1 241 861.00	27 770	42 662.00	7 482.19	92	288 117.00	5.02
18	湖南	1 766.41	6 447 535.00	17 542 172.00	2 049 405.00	48 990	45 598.00	11 319.21	125	559 829.00	6.72
19	广东	5 311.23	13 694 563.00	2 461 863.00	967 229.00	29 491	57 231.00	24 316.68	615	401 331.00	6.99
20	广西	3 138.29	2 446 687.00	2 611 075.00	10 382 580.00	42 042	39 756.00	7 711.94	63	197 575.00	5.44
21	海南	377.02	238 592.00	772 999.00	143 742.00	9 435	49 466.00	1 336.28	28	21 642.00	6.81
22	重庆	412.73	1 214 888.00	507 577.00	620 641.00	7 254	60 213.00	6 298.56	88	246 695.00	9.60
23	四川	1 546.80	6 944 386.00	8 872 104.00	2 260 027.00	44 714	52 516.00	28 091.77	126	408 942.00	15.17
24	贵州	325.68	2 958 645.00	22 734 891.00	450 848.00	22 697	39 583.00	12 188.33	78	483 246.00	5.17
25	云南	1 161.77	684 769.00	396 903.00	1 210 178.00	39 211	50 651.00	3 744.97	40	582 529.00	6.77
26	西藏	6.38	24 200.00	14 300.00	310 030.00	2 051	64 270.00	29.70	9	82 786.00	33.61
27	陕西	814.06	681 451.00	685 378.00	1 144 133.00	37 247	46 418.00	4 991.93	89	379 086.00	5.13
28	甘肃	316.48	76 860.00	259 530.00	913 962.00	39 849	45 556.00	1 058.42	91	319 364.00	17.52
29	青海	43.84	7 885.00	7 885.00	348 088.00	9 812	42 347.00	99.42	18	112 668.00	29.97
30	宁夏	114.50	184 014.00	1 094 991.00	173 236.00	8 789	49 505.00	909.09	11	81 313.00	8.28
31	新疆	808.80	408 582.00	543 089.00	974 063.00	21 561	50 690.00	1 103.49	62	279 615.00	5.65

附表 9　2015 年最终指标体系数据（三）

序号	省（区、市）	防护林占比/%	森林火灾受灾控制率/%	森林有害生物成灾控制率/%	森林年固碳量/万 t	森林年释氧量/万 t	森林滞尘量/万 t	森林提供负氧离子量/10^{25}个	森林吸收二氧化硫量/t	森林吸收氮氧化物量/t
1	北京	75.23	100.00	100.00	225.74	584.99	1 854.36	0.66	159 511.93	8 689.46
2	天津	77.89	100.00	99.84	33.27	136.55	336.04	0.15	28 395.35	1 736.14
3	河北	43.14	81.74	78.54	1 221.57	3 429.08	9 097.63	4.32	648 644.34	42 217.90
4	山西	72.87	78.87	49.79	649.47	1 645.23	7 335.09	2.75	563 400.28	29 054.15
5	内蒙古	61.87	15.41	52.55	4 399.06	11 020.12	84 349.51	20.33	5 507 990.03	175 486.84
6	辽宁	43.62	53.95	86.58	1 372.50	4 317.63	10 551.39	5.35	827 201.80	39 783.19
7	吉林	48.78	58.23	70.30	1 328.95	4 994.92	21 216.66	8.31	490 732.05	103 469.13
8	黑龙江	62.27	79.92	85.28	4 530.87	14 549.64	50 126.55	20.85	2 144 215.35	179 509.68
9	上海	36.93	100.00	96.47	20.16	86.90	202.40	0.10	15 274.97	753.16
10	江苏	20.04	100.00	85.25	223.37	1 692.38	3 228.25	1.71	238 535.04	13 636.05
11	浙江	33.83	64.75	88.04	1 313.06	3 946.30	21 912.26	7.29	1 650 836.59	52 178.28
12	安徽	24.17	73.68	83.76	738.00	2 823.15	14 904.66	4.79	667 309.54	31 670.00
13	福建	17.32	34.05	93.99	1 050.68	5 733.77	26 689.50	9.51	1 697 556.85	56 987.26
14	江西	32.26	79.28	54.02	2 039.68	6 826.62	22 112.63	9.20	1 524 722.11	56 124.69
15	山东	42.59	54.67	97.88	686.57	2 772.20	5 751.10	2.32	387 518.77	21 409.50
16	河南	32.70	98.57	84.54	658.34	3 201.60	7 379.24	4.03	576 737.36	31 053.05

序号	省（区、市）	防护林占比/%	森林火灾受灾控制率/%	森林有害生物成灾控制率/%	森林年固碳量/万t	森林年释氧量/万t	森林滞尘量/万t	森林提供负氧离子量/10^{25}个	森林吸收二氧化硫量/t	森林吸收氮氧化物量/t
17	湖北	30.49	90.10	72.10	1 310.52	5 457.32	21 339.72	8.71	1 318 208.85	65 978.46
18	湖南	41.12	46.63	80.30	171.88	4 727.81	21 061.36	7.42	1 446 028.60	54 234.92
19	广东	20.97	57.29	45.43	2 272.99	10 129.93	45 777.00	8.66	1 385 476.24	112 152.14
20	广西	9.30	77.28	20.94	3 733.58	11 977.17	48 418.61	9.65	1 786 446.94	161 238.09
21	海南	42.68	44.43	27.39	286.58	1 275.80	2 575.70	1.34	217 512.03	14 632.74
22	重庆	59.72	64.29	72.89	836.73	2 730.93	10 007.96	3.07	480 345.37	26 157.78
23	四川	35.62	78.48	70.78	3 280.64	11 537.37	42 200.07	16.73	3 012 438.76	127 505.03
24	贵州	50.09	69.09	93.30	1 261.42	4 091.14	16 488.76	5.75	1 133 293.98	46 597.40
25	云南	26.22	73.35	93.49	4 561.75	15 174.74	41 120.32	15.81	2 966 869.81	132 241.16
26	西藏	71.03	87.63	60.98	2 314.78	5 729.34	29 668.52	10.00	2 055 332.64	73 826.28
27	陕西	69.27	37.04	76.99	1 207.29	3 791.24	14 407.51	7.78	1 128 157.37	58 736.05
28	甘肃	91.36	26.67	53.94	765.17	2 005.52	8 603.56	3.39	642 557.30	39 850.25
29	青海	83.97	12.27	38.56	357.80	734.20	4 926.43	0.78	428 790.49	25 249.77
30	宁夏	82.03	72.73	80.06	75.71	175.07	1 123.38	0.28	88 312.15	4 774.99
31	新疆	93.33	18.75	75.73	624.21	1 680.10	11 022.59	3.19	865 739.14	47 127.70

附表 10　2016 年最终指标体系数据（一）

序号	省（区、市）	森林覆盖率/%	森林蓄积量/万 m^3	林地保有量/万 hm^2	湿地保有量/万 hm^2	单位面积森林蓄积量/（m^3/hm^2）	天然林占比/%	乔木林占比/%	林业总产值/亿元	林业增加值占地区生产总值比重/%	林业一产、三产占比/%
1	北京	35.84	1 807.27	101.27	6.19	24.24	36.69	12.07	146.54	0.04	99.94
2	天津	9.87	600.66	16.76	44.41	33.52	5.38	6.47	30.71	0.10	98.81
3	河北	23.41	13 017.39	727.76	84.89	24.53	39.59	9.07	1 523.51	2.87	55.55
4	山西	18.03	11 679.74	773.88	6.22	34.49	45.87	11.14	499.09	2.32	85.39
5	内蒙古	21.03	148 695.25	4 401.86	780.18	54.07	56.32	12.96	466.10	1.50	67.33
6	辽宁	38.24	29 400.50	726.21	154.25	44.94	37.70	22.32	1 171.24	3.19	72.96
7	吉林	40.38	98 616.05	861.83	86.67	120.78	78.87	26.30	1 565.88	6.31	39.75
8	黑龙江	43.16	174 430.64	2 224.99	586.75	83.83	87.44	41.31	1 501.10	5.85	58.12
9	上海	10.74	295.12	7.94	61.49	27.36	0.00	37.54	440.14	0.96	13.97
10	江苏	15.80	10 253.42	228.66	417.58	39.91	3.26	47.99	4 256.42	3.36	35.98
11	浙江	59.07	25 763.85	655.37	141.64	36.05	57.01	12.55	4 166.33	5.38	41.07
12	安徽	27.53	22 183.27	446.04	147.74	47.51	40.80	8.55	3 192.38	7.94	50.96
13	福建	65.95	72 094.98	935.93	144.62	75.87	52.86	32.30	4 610.67	9.70	22.61
14	江西	60.01	41 852.31	1 080.85	84.88	40.77	66.20	39.65	3 504.82	11.45	52.88
15	山东	16.73	11 524.69	323.34	170.34	35.03	3.96	25.71	6 726.35	6.02	42.95
16	河南	21.50	21 069.21	507.21	63.07	47.61	36.75	22.46	1 808.21	2.70	61.17

序号	省（区、市）	森林覆盖率/%	森林蓄积量/万 m^3	林地保有量/万 hm^2	湿地保有量/万 hm^2	单位面积森林蓄积量/（m^3/hm^2）	天然林占比/%	乔木林占比/%	林业总产值/亿元	林业增加值占地区生产总值比重/%	林业一产、三产占比/%
17	湖北	38.40	36 247.30	871.35	201.53	40.14	63.60	1.67	2 999.14	55.73	6.22
18	湖南	47.77	31 805.40	1 266.89	88.76	32.71	47.06	35.68	3 736.32	7.17	63.44
19	广东	51.26	40 455.30	1 078.97	207.80	39.38	35.95	34.31	7 695.78	5.81	34.73
20	广西	56.51	54 212.34	1 550.62	83.75	37.94	35.89	33.65	4 776.96	15.71	46.15
21	海南	55.38	10 361.42	218.91	32.66	47.42	27.46	29.45	536.62	7.96	56.93
22	重庆	38.43	17 765.67	410.92	67.15	46.30	48.60	29.05	821.62	2.81	69.98
23	四川	35.22	174 611.62	2 340.79	273.58	98.61	52.32	9.69	3 060.33	5.62	68.82
24	贵州	37.09	35 614.72	876.52	43.44	46.03	45.77	7.33	1 000.08	5.11	85.56
25	云南	50.03	180 569.50	2 519.90	108.48	88.45	69.79	3.24	1 705.51	6.88	73.73
26	西藏	11.98	227 457.17	1 811.91	770.87	153.72	57.37	1.92	29.23	1.52	98.91
27	陕西	41.42	44 559.22	1 245.75	32.07	46.40	62.37	10.36	1 097.09	3.43	88.21
28	甘肃	11.28	23 168.34	1 113.24	211.72	42.28	33.29	39.46	463.25	39.04	95.55
29	青海	5.63	4 671.58	969.26	1 356.08	10.66	8.38	0.03	48.45	1.13	100.00
30	宁夏	11.89	823.22	180.91	17.70	10.68	9.26	0.02	170.56	3.25	77.50
31	新疆	4.24	36 591.95	1 125.24	854.57	48.20	20.36	0.10	1 053.49	6.57	91.84

附表 11　2016 年最终指标体系数据（二）

序号	省（区、市）	林产品产值/亿元	林业旅游收入/万元	林业旅游带动其他产业产值/万元	林业投资/万元	林业就业人数/人	林业在岗职工平均收入/元	林业旅游康养人次/万人次	森林公园数量/处	新增造林面积/hm^2	林业自然保护地面积占国土面积比重/%
1	北京	49.84	407 686.00	254 872.00	1 755 104.00	9 763	108 388.00	21 671.58	31	19 064.00	7.75
2	天津	16.17	18 340.00	9 415.00	123 328.00	755	85 767.00	292.63	1	9 291.00	4.68
3	河北	1 282.18	638 242.00	456 994 00	1 131 022.00	22 821	50 741.00	3 753.69	101	583 361.00	3.23
4	山西	373.39	104 008.00	159 405.00	1 231 851.00	24 124	48 437.00	1 583.71	132	266 694.00	7.01
5	内蒙古	238.69	521 136.00	338 689.00	1 627 553.00	192 765	48 635.00	1 486.17	55	618 484.00	8.03
6	辽宁	814.48	1 381 911.00	1 288 933.00	421 582.00	28 807	42 092.00	5 046.02	71	142 438.00	8.14
7	吉林	1 211.44	1 249 150.00	324 980.00	818 957.00	160 783	35 639.00	2 358.57	60	157 905.00	13.48
8	黑龙江	973.67	1 189 591.00	410 332.00	1 385 455.00	371 212	32 726.00	2 480.17	104	92 999.00	14.50
9	上海	410.83	121 945.00	121 945.00	232 668.00	1 375	118 983.00	1 289.18	5	3 941.00	3.81
10	江苏	3 294.74	3 107 966.00	2 258 225.00	1 049 407.00	19 138	65 061.00	12 684.98	107	30 625.00	2.86
11	浙江	3 192.39	7 163 133.00	6 398 648.00	824 296.00	10 528	94 820.00	33 276.08	241	55 648.00	1.11
12	安徽	2 139.03	4 949 875.00	7 158 945.00	1 018 263.00	23 139	41 002.00	11 022.53	80	128 042.00	2.98
13	福建	4 065.31	1 968 019.00	4 708 224.00	2 448 630.00	23 098	60 058.00	4 698.57	177	228 675.00	4.36
14	江西	2 296.20	6 324 819.00	11 211 889.00	1 163 236.00	50 758	47 796.00	9 162.89	179	289 560.00	6.21
15	山东	5 662.44	3 104 228.00	5 292 932.00	3 170 368.00	20 985	54 895.00	12 354.26	244	146 684.00	5.15
16	河南	1 236.48	1 659 154.00	1 195 743.00	1 204 485.00	28 697	33 511.00	11 463.53	171	149 002.00	3.05

序号	省（区、市）	林产品产值/亿元	林业旅游收入/万元	林业旅游带动其他产业产值/万元	林业投资/万元	林业就业人数/人	林业在岗职工平均收入/元	林业旅游康养人次/万人次	森林公园数量/处	新增造林面积/hm^2	林业自然保护地面积占国土面积比重/%
17	湖北	1 807.06	5 492 996.00	10 946 343.00	1 669 467.00	29 418	45 279.00	13 700.73	94	245 705.00	4.93
18	湖南	2 050.40	7 964 790.00	5 416 432.00	2 672 818.00	55 068	46 204.00	14 616.33	128	503 235.00	6.49
19	广东	5 551.97	16 259 173.00	2 178 460.00	790 191.00	29 601	65 862.00	26 730.42	672	305 404.00	7.26
20	广西	3 439.22	2 902 996.00	2 853 521.00	10 146 123.00	44 946	46 735.00	8 639.00	66	193 341.00	5.44
21	海南	455.31	209 063.00	570 653.00	145 151.00	9 806	52 426.00	1 253.72	28	14 521.00	6.81
22	重庆	515.33	1 512 716.00	690 742.00	557 574.00	7 107	68 756.00	4 984.30	97	226 333.00	9.31
23	四川	1 682.44	8 265 958.00	8 689 830.00	2 680 872.00	45 681	59 272.00	30 348.26	127	568 532.00	15.19
24	贵州	400.96	3 778 058.00	23 689 934.00	620 938.00	22 901	39 715.00	13 628.92	89	478 701.00	5.18
25	云南	1 324.66	805 866.00	428 018.00	1 077 250.00	39 652	64 408.00	4 045.03	42	496 451.00	6.65
26	西藏	10.24	27 800.00	15 000.00	365 069.00	3 737	82 449.00	30.30	9	55 277.00	33.61
27	陕西	891.61	747 166.00	809 805.00	1 330 824.00	37 359	50 612.00	4 229.00	90	297 642.00	5.36
28	甘肃	367.76	191 025.00	49 430.00	993 682.00	39 430	59 641.00	1 441.95	92	325 580.00	16.79
29	青海	41.85	7 634.00	7 634.00	330 888.00	20 986	50 728.00	82.60	22	178 414.00	29.97
30	宁夏	109.88	340 528.00	794 931.00	309 983.00	10 278	53 148.00	1 289.53	11	91 531.00	9.62
31	新疆	916.49	534 361.00	696 688.00	1 132 655.00	21 099	58 683.00	1 139.02	64	263 903.00	6.89

附表 12 2016 年最终指标体系数据（三）

序号	省（区、市）	防护林占比/%	森林火灾受灾控制率/%	森林有害生物成灾控制率/%	森林年固碳量/万 t	森林年释氧量/万 t	森林滞尘量/万 t	森林提供负氧离子量/10^{25} 个	森林吸收二氧化硫量/t	森林吸收氮氧化物量/t
1	北京	75.23	14.75	100.00	244.33	633.16	2 007.07	0.71	172 648.19	9 405.06
2	天津	77.89	53.85	99.95	38.96	159.91	393.51	0.18	33 252.22	2 033.10
3	河北	43.14	76.61	90.71	1 301.03	3 652.14	9 689.42	4.60	690 837.92	44 964.13
4	山西	72.87	85.66	66.73	690.03	1 747.96	7 793.09	2.92	598 579.05	30 868.29
5	内蒙古	61.87	8.88	53.91	4 548.33	11 394.06	87 211.69	21.02	5 694 889.27	181 441.53
6	辽宁	43.62	59.20	83.71	1 447.83	4 554.59	11 130.47	5.64	872 600.10	41 966.56
7	吉林	48.78	53.66	82.10	1 358.81	5 107.14	21 693.31	8.49	501 756.80	105 793.66
8	黑龙江	62.27	93.28	77.97	4 620.39	14 837.11	51 116.95	21.26	2 186 580.44	183 056.41
9	上海	36.93	100.00	97.38	23.50	101.30	235.92	0.12	17 804.76	877.90
10	江苏	20.04	91.41	92.02	260.42	1 973.12	3 763.76	1.99	278 103.84	15 898.03
11	浙江	33.83	50.94	90.72	1 390.81	4 180.00	23 209.86	7.72	1 748 596.37	55 268.19
12	安徽	24.17	55.81	75.07	790.14	3 022.62	15 957.77	5.13	714 459.51	33 907.70
13	福建	17.32	39.78	95.37	1 112.11	6 068.99	28 249.89	10.06	1 796 803.78	60 318.99
14	江西	32.26	71.81	68.75	2 056.38	6 882.53	22 293.73	9.27	1 537 209.51	56 584.35
15	山东	42.59	41.67	97.22	747.79	3 019.37	6 263.87	2.53	422 069.78	23 318.36
16	河南	32.70	81.94	82.94	705.85	3 432.66	7 911.79	4.32	618 360.24	33 294.13

序号	省（区、市）	防护林占比/%	森林火灾受灾控制率/%	森林有害生物成灾控制率/%	森林年固碳量/万t	森林年释氧量/万t	森林滞尘量/万t	森林提供负氧离子量/10^{25}个	森林吸收二氧化硫量/t	森林吸收氮氧化物量/t
17	湖北	30.49	86.64	72.27	1 417.35	5 902.21	23 079.38	9.42	1 425 671.78	71 357.15
18	湖南	41.12	39.69	70.11	169.61	4 665.39	20 783.27	7.33	1 426 935.63	53 518.81
19	广东	20.97	69.69	55.33	2 370.12	10 562.80	47 733.13	9.03	1 444 679.82	116 944.58
20	广西	9.30	77.23	17.12	3 811.95	12 228.59	49 434.99	9.85	1 823 947.35	164 622.74
21	海南	42.68	41.79	31.02	301.43	1 341.93	2 709.21	1.41	228 786.68	15 391.22
22	重庆	59.72	80.85	37.95	892.25	2 912.11	10 671.93	3.28	512 213.30	27 893.19
23	四川	35.62	82.04	71.37	3 323.12	11 686.78	42 746.55	16.95	3 051 449.24	129 156.19
24	贵州	50.09	78.98	62.26	1 334.53	4 328.25	17 444.39	6.08	1 198 975.58	49 298.02
25	云南	26.22	66.35	90.52	4 660.72	15 503.96	42 012.43	16.15	3 031 236.21	135 110.14
26	西藏	71.03	100.00	60.06	2 319.04	5 739.88	29 723.08	10.02	2 059 111.90	73 962.02
27	陕西	69.27	71.57	68.74	1 255.79	3 943.57	14 986.39	8.09	1 173 485.79	61 096.02
28	甘肃	91.36	61.74	54.59	785.03	2 057.58	8 826.88	3.48	659 236.08	40 884.64
29	青海	83.97	48.00	74.65	366.94	752.95	5 052.24	0.80	439 740.80	25 894.60
30	宁夏	82.03	95.95	34.21	81.48	188.42	1 209.05	0.30	95 047.03	5 139.14
31	新疆	93.33	22.22	66.94	641.87	1 727.63	11 334.43	3.28	890 231.47	48 460.97

附表 13　2013 年 DEA 效率评价的指标投入变量数据[1)]

DMU	省（区、市）	上期林地保有量/万 hm^2	上期湿地保有量/万 hm^2	上期森林蓄积量/万 m^3	林业投资（当期累计）/万元	林业就业人数/人
13BJ	北京	101.38	4.42	1 316.88	2 071 603	10 698
13TJ	天津	15.26	25.81	319.40	112 535	817
13HB	河北	714.88	97.51	10 116.86	676 512	24 334
13SX	山西	762.79	20.46	9 166.75	1 101 015	24 595
13NMG	内蒙古	4 397.90	551.01	130 115.36	1 500 005	101 829
13LN	辽宁	691.33	134.88	23 743.22	1 363 756	22 407
13JL	吉林	854.32	104.55	90 230.26	606 084	108 758
13HLJ	黑龙江	2 201.57	492.23	161 300.07	1 246 000	296 674
13SH	上海	7.66	42.32	159.87	102 636	1 898
13JS	江苏	164.60	247.74	5 549.44	1 255 738	14 238
13ZJ	浙江	662.54	102.35	20 467.69	923 541	11 221
13AH	安徽	442.23	92.73	16 882.02	983 084	22 149
13FJ	福建	923.80	73.56	57 438.06	2 384 170	22 485
13JX	江西	1 065.96	93.15	40 508.85	820 201	56 023
13SD	山东	333.94	174.90	8 189.61	2 700 406	23 835
13HN	河南	504.24	62.70	15 943.90	1 019 382	30 178
13HUB	湖北	842.80	129.33	26 493.19	674 917	27 491
13HUN	湖南	1 248.11	106.80	33 542.15	1 603 967	48 622
13GD	广东	1 075.60	165.69	34 220.42	983 675	30 386
13GX	广西	1 519.43	72.85	49 889.54	8 283 917	39 880
13HAN	海南	213.04	31.78	8 465.05	153 080	6 441
13CQ	重庆	404.75	14.00	13 740.18	474 109	8 103
13SC	四川	2 324.10	150.53	165 852.29	1 901 917	45 604
13GZ	贵州	856.18	16.45	28 428.80	390 000	18 836
13YN	云南	2 494.78	45.30	165 714.02	854 863	34 056
13XZ	西藏	1 774.31	617.73	225 791.87	166 755	4 484
13SHX	陕西	1 222.76	30.45	38 063.17	1 012 633	36 832
13GS	甘肃	1 020.13	157.25	20 911.18	784 173	39 755
13QH	青海	760.50	687.06	4 223.36	268 967	9 158
13NX	宁夏	179.83	21.84	613.54	186 810	8 938
13XJ	新疆	1 091.33	305.22	32 728.19	695 760	22 619

1）产出数据可在最终指标体系数据中获得，故不再列出。

附表 14　2014 年 DEA 效率评价的指标投入变量数据

DMU	省（区、市）	上期林地保有量/万 hm^2	上期湿地保有量/万 hm^2	上期森林蓄积量/万 m^3	林业投资（当期累计）/万元	林业就业人数/人
14BJ	北京	101.35	4.81	1 425.33	2 353 682	11 257
14TJ	天津	15.62	29.56	374.03	203 034	751
14HB	河北	718.08	94.19	10 774.95	897 626	23 273
14SX	山西	765.55	15.19	9 739.12	1 465 912	23 729
14NMG	内蒙古	4 398.89	601.06	134 530.48	1 513 615	103 204
14LN	辽宁	699.89	139.48	25 046.29	1 227 495	21 859
14JL	吉林	856.19	99.76	92 257.37	678 177	110 182
14HLJ	黑龙江	2 207.40	514.33	164 487.01	974 013	280 190
14SH	上海	7.73	46.46	186.35	147 768	1 378
14JS	江苏	178.70	282.28	6 470.00	1 493 080	17 108
14ZJ	浙江	660.74	111.01	21 679.75	876 555	11 028
14AH	安徽	443.18	104.18	18 074.85	971 859	21 362
14FJ	福建	926.82	87.10	60 796.15	2 643 740	23 849
14JX	江西	1 069.66	91.01	40 840.62	973 325	57 673
14SD	山东	331.26	173.75	8 919.79	3 250 914	23 200
14HN	河南	504.98	62.79	17 094.56	1 102 935	30 241
14HUB	湖北	849.85	144.50	28 652.97	940 769	28 188
14HUN	湖南	1 252.78	101.97	33 099.27	1 908 333	49 519
14GD	广东	1 076.44	175.34	35 682.71	732 897	29 685
14GX	广西	1 527.17	75.43	50 936.80	10 861 358	42 661
14HAN	海南	214.49	32.00	8 903.83	136 712	8 367
14CQ	重庆	406.28	20.72	14 651.76	463 092	7 480
14SC	四川	2 328.26	174.78	168 000.04	2 403 437	46 385
14GZ	贵州	861.22	20.97	30 076.43	402 000	25 861
14YN	云南	2 501.04	56.35	169 309.19	904 811	40 666
14XZ	西藏	1 783.64	652.90	226 207.05	188 309	2 311
14SHX	陕西	1 228.47	30.85	39 592.52	1 091 744	37 367
14GS	甘肃	1 042.65	169.39	21 453.97	837 211	40 345
14QH	青海	808.04	814.36	4 331.21	281 662	9 869
14NX	宁夏	180.10	20.72	660.33	164 160	9 403
14XJ	新疆	1 099.71	394.82	33 654.09	730 509	22 240

附表 15　2015 年 DEA 效率评价的指标投入变量数据

DMU	省（区、市）	上期林地保有量/万 hm^2	上期湿地保有量/万 hm^2	上期森林蓄积量/万 m^3	林业投资（当期累计）/万元	林业就业人数/人
15BJ	北京	101.32	5.23	1 542.71	1 591 985	9 741
15TJ	天津	15.99	33.86	438.01	165 355	751
15HB	河北	721.29	90.98	11 475.85	942 518	22 577
15SX	山西	768.32	11.28	10 347.23	1 312 256	23 808
15NMG	内蒙古	4 399.88	655.66	139 095.42	1 604 223	98 362
15LN	辽宁	708.55	144.24	26 420.87	761 304	21 506
15JL	吉林	858.07	95.19	94 330.02	850 582	122 901
15HLJ	黑龙江	2 213.25	537.42	167 736.92	1 280 583	268 502
15SH	上海	7.80	51.01	217.21	174 443	1 366
15JS	江苏	194.00	321.64	7 543.26	1 253 879	16 833
15ZJ	浙江	658.94	120.40	22 963.59	892 099	10 886
15AH	安徽	444.13	117.05	19 351.96	1 034 419	20 957
15FJ	福建	929.85	103.14	64 350.57	2 552 359	23 353
15JX	江西	1 073.38	88.92	41 175.10	727 465	56 310
15SD	山东	328.60	172.60	9 715.07	2 887 127	22 643
15HN	河南	505.72	62.88	18 328.27	1 239 647	28 898
15HUB	湖北	856.96	161.45	30 988.82	1 241 861	27 770
15HUN	湖南	1 257.47	97.36	32 662.24	2 049 405	48 990
15GD	广东	1 077.28	185.55	37 207.49	967 229	29 491
15GX	广西	1 534.95	78.11	52 006.05	10 382 580	42 042
15HAN	海南	215.95	32.22	9 365.36	143 742	9 435
15CQ	重庆	407.82	30.66	15 623.81	620 641	7 254
15SC	四川	2 332.43	202.94	170 175.61	2 260 027	44 714
15GZ	贵州	866.29	26.73	31 819.55	450 848	22 697
15YN	云南	2 507.31	70.10	172 982.36	1 210 178	39 211
15XZ	西藏	1 793.01	690.07	226 622.99	310 030	2 051
15SHX	陕西	1 234.20	31.25	41 183.31	1 144 133	37 247
15GS	甘肃	1 065.67	182.47	22 010.85	913 962	39 849
15QH	青海	858.56	965.25	4 441.82	348 088	9 812
15NX	宁夏	180.37	19.66	710.69	173 236	8 789
15XJ	新疆	1 108.15	510.72	34 606.19	974 063	21 561

附表 16　2016 年 DEA 效率评价的指标投入变量数据

DMU	省（区、市）	上期林地保有量/万 hm^2	上期湿地保有量/万 hm^2	上期森林蓄积量/万 m^3	林业投资（当期累计）/万元	林业就业人数/人
16BJ	北京	101.30	5.69	1 669.76	1 755 104	9 763
16TJ	天津	16.37	38.78	512.92	123 328	755
16HB	河北	724.52	87.88	12 222.34	1 131 022	22 821
16SX	山西	771.09	8.37	10 993.31	1 231 851	24 124
16NMG	内蒙古	4 400.87	715.21	143 815.26	1 627 553	192 765
16LN	辽宁	717.33	149.16	27 870.90	421 582	28 807
16JL	吉林	859.94	90.83	96 449.23	818 957	160 783
16HLJ	黑龙江	2 219.11	561.54	171 051.04	1 385 455	371 212
16SH	上海	7.87	56.01	253.19	232 668	1 375
16JS	江苏	210.62	366.48	8 794.55	1 049 407	19 138
16ZJ	浙江	657.15	130.59	24 323.45	824 296	10 528
16AH	安徽	445.08	131.50	20 719.31	1 018 263	23 139
16FJ	福建	932.88	122.13	68 112.80	2 448 630	23 098
16JX	江西	1 077.11	86.88	41 512.33	1 163 236	50 758
16SD	山东	325.96	171.47	10 581.27	3 170 368	20 985
16HN	河南	506.47	62.98	19 651.01	1 204 485	28 697
16HUB	湖北	864.12	180.38	33 515.08	1 669 467	29 418
16HUN	湖南	1 262.17	92.96	32 230.97	2 672 818	55 068
16GD	广东	1 078.13	196.36	38 797.42	790 191	29 601
16GX	广西	1 542.77	80.88	53 097.74	10 146 123	44 946
16HAN	海南	217.43	32.44	9 850.81	145 151	9 806
16CQ	重庆	409.36	45.37	16 660.36	557 574	7 107
16SC	四川	2 336.60	235.63	172 379.35	2 680 872	45 681
16GZ	贵州	871.39	34.08	33 663.70	620 938	22 901
16YN	云南	2 513.60	87.20	176 735.22	1 077 250	39 652
16XZ	西藏	1 802.44	729.35	227 039.69	365 069	3 737
16SHX	陕西	1 239.96	31.66	42 838.03	1 330 824	37 359
16GS	甘肃	1 089.20	196.55	22 582.18	993 682	39 430
16QH	青海	912.23	1 144.09	4 555.25	330 888	20 986
16NX	宁夏	180.64	18.65	764.89	309 983	10 278
16XJ	新疆	1 116.66	660.64	35 585.22	1 132 655	21 099

附表 17 各省（区、市）环境指标数据（基于第七次全国森林资源清查）[62]

省（区、市）	固碳量/万 t	释氧量/万 t	滞尘量/亿 kg	提供负氧离子量/10^{25} 个	吸收二氧化硫量/万 kg	吸收氮氧化物量/万 kg
北京	140.41	363.86	115.34	0.41	9 921.56	540.48
天津	12.90	52.95	13.03	0.06	1 101.05	67.32
河北	836.95	2 349.42	623.32	2.96	44 441.57	2 892.54
山西	451.58	1 143.93	510.01	1.91	39 173.32	2 020.14
内蒙古	3 600.87	9 020.56	6 904.46	16.64	450 858.55	14 364.54
辽宁	996.07	3 133.45	765.75	3.88	60 032.82	2 887.20
吉林	1 163.10	4 371.55	1 856.88	7.27	42 948.83	9 055.61
黑龙江	4 029.02	12 938.08	4 457.44	18.54	190 671.62	15 962.67
上海	8.04	34.65	8.07	0.04	609.04	30.03
江苏	88.94	673.86	128.54	0.68	9 497.81	542.95
浙江	929.76	2 794.33	1 551.58	5.16	116 893.72	3 694.68
安徽	489.95	1 874.27	989.51	3.18	44 302.23	2 102.55
福建	747.16	4 077.39	1 897.94	6.76	120 716.43	4 052.47
江西	1 942.26	6 500.57	2 105.65	8.76	145 189.93	5 344.41
山东	411.28	1 660.64	344.51	1.39	23 213.66	1 282.50
河南	433.38	2 107.59	485.77	2.65	37 966.21	2 044.20
湖北	818.90	3 410.10	1 333.45	5.44	82 370.60	4 122.78
湖南	186.15	5 120.30	2 280.98	8.04	156 607.26	5 873.73
广东	1 768.33	7 880.82	3 561.33	6.74	107 786.39	8 725.14
广西	3 296.04	10 573.56	4 274.44	8.52	157 709.21	14 234.25
海南	211.62	942.10	190.20	0.99	16 061.96	1 080.54
重庆	569.12	1 857.49	680.71	2.09	32 671.58	1 779.17
四川	3 036.90	10 680.20	3 906.48	15.49	278 862.87	11 803.20
贵州	899.61	2 917.68	1 175.93	4.10	80 823.20	3 323.19
云南	4 010.55	13 341.16	3 615.17	13.90	260 837.93	11 626.23
西藏	2 289.41	5 666.54	2 934.33	9.89	203 280.23	7 301.70
陕西	953.15	2 993.18	1 137.47	6.14	89 067.81	4 637.20
甘肃	656.12	1 719.70	737.74	2.91	55 098.18	3 417.09
青海	307.56	631.11	423.47	0.67	36 858.31	2 170.44
宁夏	48.71	112.64	72.28	0.18	5 682.14	307.23
新疆	528.00	1 421.15	932.37	2.70	73 230.45	3 986.40

数据来源：《中国森林生态服务功能评估》项目组. 中国森林生态服务功能评估[M]. 北京：中国林业出版社，2010。